Zu diesem Buch

Alexander März ist der Name eines dichtenden Schizophrenen, eines schizophrenen Dichters, der seit Jahren in einer psychiatrischen Klinik lebt. Ein junger Arzt versucht, Licht in das Dunkel dieser Existenz zu bringen: aus Aufzeichnungen des Kranken, Träumen, Gesprächen und Beobachtungen setzt sich allmählich das Bild eines künstlerisch hochbegabten Menschen zusammen, der die «Normalität» unserer Gesellschaft radikal in Frage stellt. «Indem man im Einzelfall sinnlich faßbar macht, welche Sorten von psychischer Verelendung es gibt, stößt man zwangsweise auch auf die Verelendung der Sozietät», schrieb Heinar Kipphardt. Mit seiner März-Figur lädt er den Leser ein, im Kranken einen anderen Entwurf von Menschlichkeit zu entdecken.

Heinar Kipphardt, geboren am 8. März 1922 in Heidersdorf (Schlesien), gestorben am 18. November 1982 in München, Dr. med., Fachrichtung Psychiatrie, übersiedelte 1949 von Düsseldorf nach Ost-Berlin, wurde Arzt an der Charité und später Chefdramaturg am Deutschen Theater. Seit 1961 lebte er in der Nähe von München. 1970/71 war er Chefdramaturg der Münchener Kammerspiele. Er wurde vor allem als Dramatiker bekannt. Sein Stück «In der Sache J. Robert Oppenheimer» (rororo Nr. 12111) gehört zu den Klassikern des modernen Theaters. Auch sein letztes Stück «Bruder Eichmann» (rororo Nr. 5716) erregte Aufsehen. Kipphardt wurde für seine Arbeiten vielfach ausgezeichnet; unter anderem erhielt er den Prix Italia, den Schiller-Gedächtnispreis, den Gerhart-Hauptmann-Preis und den Adolf-Grimme-Preis.

Heinar Kipphardts gesammelte literarische Arbeiten erscheinen in einer Werkausgabe im Rowohlt Taschenbuch Verlag. Der vorliegende Band enthält im Anhang Materialien aus dem Nachlaß des Schriftstellers sowie ein Nachwort des Herausgebers zur Entstehungs- und Wirkungsgeschichte des Romans.

Von Heinar Kipphardt erschienen außerdem: «Der Mann des Tages» (Nr. 4803), «Angelsbrucker Notizen» (Nr. 5605), «Traumprotokolle» (Nr. 5818), «Shakespeare dringend gesucht» (Nr. 12193), «Joel Brand» (Nr. 12194), «Schreibt die Wahrheit» (Nr. 12571), «Ruckediguh – Blut ist im Schuh» (Nr. 12572).

Heinar Kipphardt

März

Roman
und
Materialien

Rowohlt

Gesammelte Werke in Einzelausgaben

Herausgegeben von Uwe Naumann
Unter Mitarbeit von Pia Kipphardt

101.–104. Tausend März 1990

Veröffentlicht im Rowohlt Taschenbuch Verlag GmbH,
Reinbek bei Hamburg, Oktober 1978
Copyright © 1976, 1978, 1984 by Pia-Maria Kipphardt
Umschlagentwurf Klaus Detjen
(Foto von Winfried Esch aus dem
Fernsehfilm mit Ernst Jacobi)
Umschlagrückseite: Aus einem Gespräch
mit Hella Schlumberger, 10. Juni 1976
Gesetzt aus der Garamond (Linotron 202)
Gesamtherstellung Clausen & Bosse, Leck
Printed in Germany
1080-ISBN 3 499 15877 9

Inhalt

März. Roman

Materialien

A. Glossar: Zur Erläuterung einiger Begriffe
231

B. Aus Briefen (1967–80)
239

C. Das Elend der Psychiatrie. Ein Gespräch (1976)
265

D. Zur Frage des Authentischen (1977)
278

E. PSYCHIATER BLEIB M.I.R. FERN (1980)
282

Nachwort des Herausgebers
290

Bibliographie
306

In diesem späten Sommer fühle ich mich wie tot, und das ist angenehm, abzusterben eine Wollust. Ich bin 41, es kommt der Herbst, und der Winter bald. Die Büsche werden braun und grau und liegen verdorrt unterm Schnee. Ich nähere mich meinen Patienten. Bald gehe ich hier fort. (Tagebucheintragung Koflers, Abteilungsarzt der psychiatrischen Landesklinik Lohberg.)

März ist seit 11 Monaten hier abgängig. Bisher ward keine Spur von ihm gefunden. Ein Lieferwagen der Anstaltsgärtnerei, mit der Flucht von März in Verbindung gebracht, wurde unversehrt im Isarkanal geborgen.
In der Kiste unter seinem Bett lag ein Zettel: Verfügung über meine hiesige Hinterlassenschaft, Feuerzeug und Tabak kriegt Karl Fuchs, Abteilung 5. Auch Rest meiner Arbeitsbelohnung, Kategorie 1, Gärtnerei, Bohnen, soll ihm ausgezahlt werden, eine Woche und ein Tag (Montag) wenigstens 5 DM. Winterjacke, dunkelblau und strapazierfähig, ist für ihn. Als Dank für lange Freundschaft. Pullover, der noch sehr gut warm hält, kann Albert Zenger gebrauchen, der Elektriker, Abt. 5. Auch Lederbeutel mit Schraubenzieher und Spezialwerkzeug für seinen weiteren Lebensweg. Mein Schrifttum übereigne ich Dr. Kofler, der nach seinem Gusto darüber verfügen mag, auch wenn er mich bitter enttäuschte. Sincerely yours Alexander.

Es wurde angenommen, daß die zwei Tage später als abgängig gemeldete Hanna Grätz, 25 Jahre, seit acht Jahren in Lohberg, mit März geflohen sei. Sie war in der letzten Zeit häufig mit März gesehen worden. Hanna hatte nur einen Zettel an eine Schwesternschülerin hinterlassen:
Liebe Anni, hiermit verabschiede ich mich von Dir und vielleicht noch Therese für immer, denn ich verreise und stelle mich mit einem geliebten Mann auf eigene Füße. Es soll mir nicht nachgespürt wer-

den, auch meine Familie soll nicht benachrichtigt werden. Alles bisherige wird von mir hiermit ausgelöscht, besonders aber Lohberg. So werde ich auch an Dich nie schreiben und bedanke mich hiermit als Deine Dich liebende Hanna.

Von C, der geschlossenen Männerabteilung, waren Kofler acht Schreibhefte, ein Kontobuch mit festem Deckel, Taschenkalender der Bayerischen Vereinsbank 1969 und 1973 übergeben worden. Dazu Zeichnungen, Briefe, ein Schuhkarton mit Gedichten. März habe seit seiner Verlegung auf C mit niemandem gesprochen, mit untergeschlagenen Beinen unbewegt auf seinem Bett gesessen, gespannt und sehr aggressiv, hatte die Stationsärztin gesagt. «Wenn Sie von einem Nachtwächter beim Koitus überrascht und anschließend auf C gebracht würden, wären Sie das vielleicht auch», hatte Kofler geantwortet.

März? Wer ist März?
März über sich:
Mein Leben.
Bin geboren am 20. April 1936 (Geburtstag auch von Hitler, Adolf). In der Schule habe ich gelernt Lesen und Schreiben. Vier Jahre Volksschule, fünf Jahre Mittelschule, ein Jahr Handelsschule weniger zwei Monate (undisponiert, Operation). Dann lernte ich nicht die Banklehre und leider nicht das Tischlergewerbe, aber die Pelztierzucht 5½ Monate (Waschbären) und den Gartenbau (Lehrbrief bei meinen Sachen). Wenn ich jemanden hätte, der mir gut ist und auch hilft, daß ich gesunde, so möchte ich gerne in meiner Lieblingsbeschäftigung arbeiten, Tischlerei, Malen und Bootfahren, so daß ich mein Essen selbst verdiene. Seit ich auf Abteilung 5 bin, war ich mit Gartenarbeiten beschäftigt, Bohnen und Kartoffeln.
Hochachtungsvoll Alexander.

Meines Lebens trüber Lauf. Die Person von mir ist ein fremder Gymnasiast, der ebenfalls Alexander heißt und mit Familiennamen März. Seine Mutter war schön und angenehm. Blond um den Venusberg. Am Sonntag backte sie Anisplätzchen und kochte manchmal Weinschaumpudding (warm). Leider wurde sie sehr früh ermordet und zwar in Komplizenschaft auch mit der Person von mir (Justizmord). Früh gezeichnet war diese durch genetische Polizeiunterdrückung (Vater). Sie will Detektiv werden, weil, wenn sie bisweilen einen Kriminalfilm sieht, ist sie der Mörder. Hohe Aufklärungsquote.

Sehr geehrter Herr Oberarzt! Erfuhr gesten direkt nach dem Nachtmahl (kalt), was ich schon immer vermutete. Bin nicht das Kind meiner Eltern, sondern von Eva Braun und künstlich befruchtet nach dem Besuch des Grafen Ciano. So erklärt sich mein Unglück und meine Verfolgung. Durch Schluckauf bringe ich Signale hervor. So vergeht mein Leben. In innerster Dankbarkeit einer Ihrer ärmsten Asylanten Alexander.

Sehr geehrter Herr Doktor! Die Person von mir ist allein und sehr allein. Sie hat keine Verwandten und hat niemals solche gehabt. Sie wird nicht mehr ich sagen, sie wird es nie wieder sagen, es ist ihr zu blöde, denn niemand weiß, was das ist. Das Ich, wahrscheinlich, ist die Person von jemand, die ihn am stärksten interessiert. März aber ist nicht interessiert an März. Überhaupt nicht. Ist März vielleicht sein Geruch? Oder seine Hasenscharte? März ist hier in Lohberg wohl abhanden gekommen. Im Charme der Psychiatrie. Mit Grüßen von Haus zu Haus, Ihr Alexander. z. Zt. in Abteilung 5 Mitglied der Therapiegemeinschaft e. V.

Erinnerung an März: An einem klaren Herbstmorgen war Kofler wie gewöhnlich in die Klinik gefahren. Er war spät dran, beeilte sich aber nicht. Er hatte einen Kollegen gebeten, ihn bei der wöchentlichen Chefkonferenz zu vertreten, er mochte den drahtigen Professor Feuerstein nicht über Arbeitstherapie in der Industriegesellschaft reden hören und nicht über forensische Großtaten im Mordfall Pichler. Er wollte ihn nicht kleine grüne Äpfel essen sehen und keinen Gemüsesaft trinken, und Kofler wollte auch nicht reiten, nicht in den Kunstverein eintreten und keine psychopathologische Kunst mit der Unterstützung der Firma CIBA publizieren. Grasige Hügel und Wäldchen, Kühe, ein Bach, dann Apfelwiesen. Traktoren auf den Feldern, die schon zur Klinik gehören. Kofler fuhr jeden Tag 25 km durch das so geheißene Holzland, das keine Touristen anzog. Weit genug von der Stadt entfernt, aber nicht zu weit, war es für die Abgeschlossenheit einer psychiatrischen Klinik geeignet. Nicht zu erreichen durch Massenverkehrsmittel, Ruhe, Mauern,

Park, gedacht als eine nach innen gekehrte Welt für sich, Landwirtschaft, Gärtnerei, Versorgungsbetriebe, auch kleine Industriehallen neuerdings, Fensterfertigung, Fahrradmontage für ein Versandhaus, der Stifter der Reithalle. Der Kern der Klinik war ein ehemaliges Kloster, die Kirche stammt aus dem 13. Jahrhundert, der viergeschossige Klosterbau mit gewaltigen Flügeln war um 1750 im Barockstil geplant und im Rokoko vollendet worden, kürzlich stationsweise restauriert, in historischen Pastellfarben, reicher Stukkatur und Schnitzerei. Der Bibliothekssaal, eine Rarität, der Erbauungszwecken diente, Gottesdiensten beider Bekenntnisse, wurde in der Ferienzeit gern von Touristen aufgesucht. Kirche und Bibliothekssaal können besichtigt werden, ohne daß man die Klinik betritt.
Kofler bog in einen asphaltierten Weg, der am alten Gutshof vorbei von rückwärts in die Klinik führte, rechts und links Obstgehölze. An einer Kreuzung sperrte ein Schild den Weg, ein in der Mitte der Straße aufgestelltes Stoppschild. In dessen Mitte stand mit Fettstift geschrieben «Ecce Homo». Ein Pfeil zeigte links in den Feldweg. Kofler fuhr den Wagen an die Seite und sah sich in der Nähe von großen Apfelbäumen um, die eine Wiese hinauf standen. Als er schon gehen will, ist ihm, als huste jemand oder ächze. Er sieht einen nackten Mann, gekreuzigt im Apfelbaum, die Seite blutbeschmiert. Hände und Füße durchbohrt, auf dem Kopf ein goldener Lorbeerkranz. Es ist sein Patient Alexander März. Kofler steht ohne sich zu rühren. Da öffnet der Gekreuzigte die Augen und zündet sich eine Zigarette an. Er macht einige Züge, dann springt er, die Zigarette im Mund, auf die Wiese, von einer Ladung Äpfel gefolgt. Er wischt sich mit einem Büschel Gras die rote Farbe von der Bauchseite und den Füßen, nimmt aus den Taubnesseln sein verstecktes Kleiderbündel und zieht sich an.
Als Kofler ihm ein paar Tempotaschentücher gab, schrak er zusammen, als hätte er vergessen, daß Kofler da war.
«Ich staune, Herr März.»
«Die psychiatrische Wissenschaft erstaunt zu sehen, das ist ein schönes Gefühl.»
«Wieso eigentlich Christus?»
«Christus wäre recht. Ich, wäre ich Christus, wäre recht.»
«Was interessiert Sie an Christus?»
«Daß er wie ich von seinesgleichen ermordet wurde.»
«Sie? Warum?»

«Ich bin nichts wert, ich kann mich nicht einordnen.»
«Wollen Sie sich denn einordnen?»
«Wenn ich könnte, möchte ich gern wollen.»
Die verschmierte Farbe auf dem weißen Leib, die sommersprossige Haut auf dem kurzgeschorenen Kopf mit dem Kranz aus getrockneten Maisblättern, der hasenschartendeckende, verblaßte rote Vollbart um das Kindergesicht erinnerten Kofler an eine Patientenzeichnung, Christus, psychiatriert.
Kofler hatte März nie nackt gesehen, nie untersucht, offenbar war März in den Jahren auf Abteilung 5 körperlich nie krank gewesen. Er war kräftiger als sich Kofler vorgestellt hatte, gelenkiger. Das waren doch fünf, sechs Meter, die er heruntergesprungen war. Sie stiegen in das Auto und fuhren durch den alten Gutsteil mit den langgestreckten Gutsarbeiterhäusern, die um die Jahrhundertwende gebaut worden waren. Die Landesklinik bewirtschaftete ein Gut von 500 Hektar, und es befand sich auf dem technischen Stande der modernen Landwirtschaft. Schweinemast, Rindermast, Ferkelaufzucht, Kuhställe und Molkerei, Karpfenteiche, Enten- und Putenfarm. Die Gutsarbeiter, in der Überzahl langjährige Patienten, an deren Entlassung nicht mehr gedacht wurde, sahen den Arzt nur, wenn sie Neuigkeiten boten. Sie nahmen ihre Medikamente und lebten in der Obhut der Gutspfleger und der Gutsverwaltung. Einige hatten das Privileg, auch Traktoren zu fahren, andere pflegten die Reitpferde der Klinik und des Reitervereins.
März drehte ungeniert das Radio ab, entfernte im Spiegel der Sonnenblende die Farbreste aus seinem Gesicht, und warf den Kranz zum Fenster hinaus.
«Sie baten mich kürzlich gestern um ein Gedicht.»
«Worüber?»
«Die Zigarette.»
Er zog einen Zettel aus der Hosentasche und reichte ihn dem chauffierenden Kofler.
«Würden Sie mir das Gedicht vorlesen?»
März las das Gedicht wie einen Zeitungstext, den er zum erstenmal sah, machte die Zäsuren an den Zeilenenden und wiederholte auch den Titel.
Die Zigarette.
Es war ein Junge wo auf der
Straße anderer Junge war

Er zündete sich eine Ziegarette
an, das Feuer fing,
der Holunder brannte ab
mit ihm.
«Wie schreiben Sie Zigarette?» fragte Kofler.
«Mit ie.»
«Warum?»
«Das ist komischer.» März warf den Zettel aus dem Auto. Kofler hielt an und holte den Zettel, den März aber nicht zurücknehmen wollte. Es sei als Gelegenheitsarbeit für Kofler geschrieben. Ob das Gedicht etwas mit der Kreuzigung zu tun habe, fragte Kofler.
«Nicht, insofern die heutige Darbietung eine höchst unvollkommene war. Ihr Zweck war die Beförderung der Nachdenklichkeit.»
«Darbietung sagen Sie?»
«Haben Sie, Herr Doktor, nie erfahren, der Schizo vor allem ist ein Schauspieler?»
Kofler wandte ein, es handle sich dann um einen ziemlich stummen, nach innen gerichteten Schauspieler.
«Natürlich», sagte März, «denn er ist nicht nur der Schauspieler der schrecklichen Rollen seiner Bühne, sondern auch der Zuschauer, der das wahre Theater der Grausamkeit am blutenden Leibe erlebt. So wird er gefühllos, blind und stumm.»
Wie März das meine.
«Ich, zum Beispiel in diesem Augenblick, bin ein fremder Gymnasiast, Pole, der Lord Byron-Zeit, der den armen Asylanten März spielt, der im Begriff ist, Christus zu spielen. Aber doch auch gemartert wird, wie Sie wohl wissen werden, verehrter, wenig eingeweihter Doktor.»
Sie passierten die hintere Pforte, mieden die Gärtnerei, wo März zum zweitenmal in dieser Woche bei der Arbeit fehlte. Der Park und die Spazierwege waren um diese Zeit fast leer, eine kleine Kolonne, die Wege harkte, Wiesen nach Papier absuchte. Wenn Laub von den Ahornbäumen fiel, war es in einer Stunde in Säcken verstaut und abgefahren, auf Plätzen und Alleen herrschte ein Unterwassergrün, und alle Bewegungen schienen langsam. Kofler brachte März zu den alten Werkstätten, die hinter den Wirtschaftsgebäuden lagen, um zu vermeiden, daß März in der Arbeitsbelohnung zurückgestuft wurde.

«Ich bringe den Herrn März heute zu Ihnen zur Arbeitstherapie», sagte Kofler zu dem Oberpfleger, der 30 Jahre in Lohberg war und davon vielleicht 10 Jahre hier beim Matten- und Körbeflechten. Er erinnerte sich an das Jubiläum des ruhigen Mannes, der nicht leicht von den Patienten zu unterscheiden war, wenn er die Pflegerjacke ausgezogen hatte.
«Ist März nicht Gärtnerei?»
«Es geht ihm heut nicht gut», sagte Kofler, «so soll er lieber zu Ihnen, daß er seine Stunden kriegt.»
«Möchten Sie dann heut mit töpfern oder lieber Kälberstricke?» fragte ihn der Oberpfleger.
März stand still da und schwig. Er sah die lange Reihe der Fußmattenflechter und parallel dazu die Reihe der Kälberstrickproduzenten an ihren Apparaten. Einer murmelte beständig: «Ich weiß die Gründe wohl, ich weiß die Gründe nicht.» Ohne von der Arbeit aufzusehen und im Rhythmus der Arbeit.
«Glaube lieber Kälberstricke», sagte der Oberpfleger. «Neben dem Hans, der ist heute fleißig.»
Ein älterer kleiner Mann stand auf das Lob hin auf und lächelte. März stand weiter still und schwig.
«Oder in der Stanzerei? Weihnachtsfiguren?»
«Ich möchte heute lieber gar nicht.»
«Warum denn nicht, Herr März?» fragte Kofler.
«Das sehen Sie doch selbst.»

Kofler, Bericht. Es gibt von März viele verschiedene Lebensläufe, die er verfaßt hat, seit ich mich für ihn interessierte. Tatsächlich ist er 1934 in Ober-Peilau/Schlesien geboren und zwar im Dezember, nicht im April. Sein Vater ist Polizeibeamter, bedeutend älter als die Mutter. Er leidet an einer leichten Mißbildung, einer Gaumenspalte, die im Laufe seines Lebens mehrfach operiert wurde, zuletzt mit funktional gutem Ergebnis. Das Kind lernte schnell sprechen, aber seine Lautbildung war nasal. Wenn Besuch kam, durfte der Junge nicht sprechen, weil sich der Vater genierte. Die Mutter umsorgte ihn übertrieben stark, aber zum Einkaufen nahm sie ihn nicht mit. Um ihm Konflikte zu ersparen, hielt sie Kinder von ihm fern. Bis zum Schuleintritt, sagte März, habe er die Welt aus den verschleierten Fenstern der Wohnung im ersten Stock betrachtet. «Da sieht sie weißlich aus und ziemlich entfernt.» März war ein fleißiger Schüler.

Er wurde stark zum Lernen angehalten. Die Schularbeiten waren dem Vater selten ordentlich genug. Im Alter von acht Jahren wurde er im St. Hedwig-Krankenhaus in Breslau operiert. Deshalb mußte er die dritte Klasse wiederholen. Er schämte sich. In dieser Zeit wurde eine Schwester geboren, die März Ist-sie-nicht-süß nennt, nie mit ihrem Vornamen Ursula. Von mir dazu aufgefordert, schrieb März Gedichte über den Vater, die Mutter und die Familie.

Der Vater
Der Vater ist viereckig
und raucht
schwarze Virginia.
Am Sonntag im Bett
zieht er den Kindern gern
schnurgrade Scheitel.

Die Mutter
Die Mutter ist eine Milch
eine schön warme.
Aber in der man ertrinkt.

Die Familie
Wenn es Sommer ist
und schön warm
macht die glücklichere Familie
einen Ausflug in den Zoo nach Groß-Breslau.
Sie sehen die Raubtierfütterung
und andere Lustbarkeiten
z. B. das Gnu.
Im Aquarium sehen sie
den elektrischen Fisch (Rochen).
Der sieht sie auch.
So stecken sie in der Falle.

Von seiner Schwester berichtete er einen Traum.
Ich lag im Kinderbett meiner Schwester. Das war aber ein weißer Sarg mit rosa Rosen. Offenbar war ich gestorben, denn es standen schwarz gekleidete Verwandte um das Bett, die mich freundlich und erleichtert betrachteten. Ich lag weiß und leicht und dachte, das

wird ihnen noch leid tun, daß ich jetzt gestorben bin, das werden sie noch bereuen. Jemand schob mein Leichenhemd herauf über den Bauch, und ich sah mit allen den rosigen Spalt der fetten schwesterlichen Schamlippen. Der Vater sagte: Und wir haben das immer für eine Hasenscharte gehalten. Und fuhr mit dem Finger hinein.

März, Aufsätze. Lebensgedächtnisse. Unbestreitbar ist, daß ich ein Leben hatte. Ich hatte eine sogar detailfreudige Lebensgeschichte. Die habe ich jedoch aus mir unbekannter Ursache verlassen. Oder sie mich. Ich erlebte einen Lebensuntergang. Im Gewitter versank Elugelab. Wenn ich an mein Leben denke, ist es, wie wenn man etwas denken würde und wieder einschläft. Es ist mir nicht gelungen, darin Fuß zu fassen.

Es wurde auf mich immer aufgepaßt, sagte März, auch wenn ich ganz allein war, paßte jemand auf. Der Vater saß in meinem Kopf, die Mutter meist in der Milz (Seitenstechen). Wenn sie mal Urlaub machten, delegierten sie mich.

Kofler, Bericht. Zum erstenmal in Lohberg eingewiesen wurde März vor 17 Jahren. Damals war er im Damenklosett des bayerischen Innenministeriums schlafend angetroffen worden. Er sagte, er sei gekommen, seinen Namen zu ändern, sein Vorleben auszulöschen und ein neues Leben zu eröffnen, da ihm das alte mißfalle. Durch fremde Beeinflussung, Mikroimpulse und Braunsche Röhre, müsse er dauernd tun, was er nicht wünsche. Z. B. Schraubenbolzen ziehen, links abbiegen oder seinen Vater anspucken.
Dem Erzbischof von München-Freising hatte er den folgenden Brief geschrieben: Lieber Kirchenfürst! Wer war Christus? Ein nachdenklicher Mensch, der die arbeitenden Klassen aufklären und retten wollte. Leider glaubte auch er an den Himmel. Somit verunglimpfte er zum Religionsstifter und Tröster. Herzlich Dein Bruder Alexander, gefirmt von Innitzer, getauft von Piffel.
An die Tür der Wallfahrtskirche in W., die wegen einer Christusfigur berühmt war, der zu bestimmter Zeit die Haare gewachsen wären, hatte März einen Text angeschlagen, der eine Anzeige wegen Gotteslästerung zur Folge hatte, die zurückgezogen wurde, als man erfuhr, der Verfasser sei in Lohberg.
Dem Christus von Wimprasing

sagt man wachsen die Locken
was ihm wirklich wächst
das ist der Dicke,
dem Klerus in den Arsch zu stecken.
Die Diagnose lautete paranoide Schizophrenie. Alexander wurde mit 30 Cardiazolschocks behandelt.

Mein Cardiazol-Erlebnis. Sehr selten, verehrter Herr Doktor, der Sie mich um eine Schilderung meiner Cardiazol-Erlebnisse im Dienste der Wissenschaft bitten, erlebt der heutige Pflegling noch die heilpsychiatrische Maßnahme der Insulinkur, des Cardiazol- oder Elektroschocks, die mir vertraut und mit Maßen erinnerlich sind wie jedem älteren Pflegling. (Cardiazolschock 30, Insulin 60, Elektroschock 1 mal 10 und 1 mal 11.) Heute muß ein Patient schon sehr erregt und gewalttätig sein, wenn er dessen teilhaftig wird, aber viele Jahre war der wissenschaftliche Schock der große Fortschritt und Segen, und kein Schizo kam ohne diesen davon und zeigte seine Wirkung teils als Besserung und teils als Heilung. (Wie heute durch Niederspritzen mittels Haloperidol.)
Wie ich als blutjunger und begeisterter Patient zum erstenmal hier nach Lohberg kam, entschied sich mein damaliger Abteilungsarzt (heutiger Direktor) für die Cardiazolschockbehandlung. «Es gibt einen kleinen Pikser, dann fallen Sie in einen tiefen Schlaf.» So war ich einverstanden. Auf einer Liege angeschnallt fuhr mich der Pfleger ins Behandlungszimmer zu Dr. Feuerstein. Vorher hatten sie mir das Wasser abgelassen mit Katheter, aber sie legten mir auch noch Mull unter das Gesäß. Als ich fragte warum, sagten sie, es muß so sein, und ich dachte mir nichts. Sehr elegant spritzte mir Dr. Feuerstein eine große Spritze in meinen linken Arm, und es tat nicht weh. Jetzt schwoll mein Herz wie eine Schweinsblase und hörte auf, herrje, Schweiß lief, ich kriegte keine Luft und fühlte mich zernichtet. «Das Rot, das Rot, das Licht, ich schmecke Gänseklein», soll ich alle 30mal gesagt haben, und Gänseklein ist mir zuwider (die Gans in meinem Rücken), dann fiel ich in den Krampf und ich erwachte erst am Abend, stark beruhigt und sehr langsam denkend (4 mal 4 ist 77), daß ich doch noch bin und wo?, in Lohberg. Leider hatte man dann jedesmal schon vorher diese Zernichtungsangst und mußte angeschnallt und beruhigt werden. An alles andere hat man sich nicht erinnert, war das schöne. Das war noch besser bei der

Insulinbehandlung, weil man da nur stark geschwitzt hat, bevor man in Ohnmacht fiel und herrlich bei dem Elektroschock mit Siemens-Konsulvator wo man rein gar nichts merkte und danach ganz ruhig war, nicht wissen wollte, ob man Männchen oder Weibchen.
Es kam die schöne Zeit der bunten Pillen – Stopfmittel, jetzt, da wir alles chemisch machen, es gibt unter den Patienten keine Helden mehr.
Herzlich März, auf Wunsch von Dr. Kofler 1973 geschrieben und protokolliert.

Kofler, Bericht. Von einem kurzen Verwirrtheitszustand nach der ersten Serie abgesehen, habe März die Schockbehandlung gut vertragen, sei viel ruhiger geworden, habe auf Befragen meist geordnet geantwortet und wahnhafte Ideen nicht vorgebracht. Daß er offensichtlich weiterhin akustisch halluzinierte, habe er verschwiegen. Gelegentlich sei ein ausgeprägter Negativismus zu beobachten gewesen, den die Krankengeschichte an einem Beispiel beschreibt. Der damalige Abteilungsarzt (Feuerstein) habe März gefragt:
«Wie heiße ich?»
«Kleiner Mann.»
«Wieviel Finger sind das?» (Feuerstein zeigt drei)
«Vier.»
«Wieviel jetzt?» (Feuerstein zeigt vier)
«Fünf.»
«Und jetzt?» (Feuerstein zeigt einen)
«25 000.»
«Was meinen Sie mit 25 000?»
«25 000 Kniebeugen und Kopfeinfädelungsversuche durch einen Wichtelmann.» (März hebt einen Daumen)
«Ich verstehe Sie nicht, Herr März.»
«Dann müssen Sie sich eine Brille aufsetzen.» (März dreht sich weg und sieht auf den Boden.)
Als ich später dazu übergegangen war, mit den Patienten ihre Krankengeschichte zu besprechen, sagte März zu mir:
«Es war einem einfach zu blöde, da spielt man den Überblöden und denkt, daß er das merkt, aber da kennt man schlecht die Psychiatrie. ‹Lerne Ordnung, liebe sie, denn Ordnung spart dir Zeit und Müh›, wenn einer mir sagt, ich soll ihm das erklären, und ich bin in Lohberg, so kann ich doch nur mit Eisenstäben schmeißen. Weil ich das

aber nicht gelernt habe, bin ich vielleicht hier und parasitiere herum.»
«Sie waren doch aber sehr krank, oder?»
«Das ist es, Herr Doktor, daß ich das nicht weiß. Das ist wie eine Flotte von Gedankenschiffchen, dann löst sich eines los, ich sitze drin und die andern fahren weiter. Oder eine Formation von Flugzeugen, eins ist vom Kurs abgekommen oder vielleicht die andern? Hat sich ein Fremder in mir festgesetzt? Oder bin nur ich der, ders bemerkt? Ich fühlte, daß ich in die Fußstapfen eines anderen trat, da mußte ich stehen bleiben.»
«Wer war der andere?»
«Abraham.»

Einem Dr. Storch in der Aufnahmeabteilung hatte März seine damalige Verfassung so beschrieben:
«Unerwartete Lichteinstrahlung in den Kopf. Organe wie im Feuer. Mußte dauernd trinken, Organe durchspülen.»
«Das Gehirn in glühendem Zustand. Hatte wie Prometheus das Feuer gestohlen. Feuerkopf, Feueratem, Feuersbrunst. Im Feuer meiner Wandlungen brennend und nicht verbrennend.»
«Erlebte den Weltuntergang, Zersplitterung der Welt.»
«Ich lag in meinem Zimmer, das Zimmer war dreieckig, ich lag in meinem Grab. Tod, ein leuchtender und prasselnder. Bauern standen als Statisten herum. Es spielte eine Bundeswehrblaskapelle. Alles hatte so viele Namen, ein vollständiges Durcheinander. Fünf Kissen müssen so liegen, das sind die fünf Erdteile. Ich gehe nicht mehr nach der Zeit, will kein Licht, es gibt auch keine Wände mehr, wer man ist, wo man ist, das ist ein Kunterbuntdurcheinander. Norden ist nicht mehr der Nordpol. Alles wie ein Kreisel, Zerfall, Rumsdibumjuchheirassa.»

Alexander zeichnete seine eigene Hinrichtung: Er wird von einer Kreissäge der Länge nach durchgesägt und zwar beginnend am Genitale. Rechts und links von ihm stehen weinende Frauen.
«Ich werde zum Papageien gehalten, als fremdes Privateigentum, aber ich weiß nicht von wem.»
«Geheime Ausspiegelungsgesellschaft. Ermordungserziehung nach Religionsverstoß. Infamiert, gekugelt, entmenscht, jetzt reißen die Gedanken ab.»

«Da ist das Band der Gedanken in ungleiche Teile geschnitten und passen nicht aneinander. Die Zweitsprache kommt leise vom Fernseher unter der Erstsprache als wäre sie ein Geheimbefehl. Da habe ich schon die Antenne verdreht, und es schwand das Bild, aber die Stimme wollte mich immer noch zu ihrem Staatsbürger machen.» (März zu Dr. Storch)

März kam mehrmals auf ein Erlebnis zurück, das rückblickend als sein schizophrenes Primärerlebnis bezeichnet werden kann. Von mir um eine Schilderung gebeten, schrieb er:
Den weißen Himmel sah der Sechzehnjährige voll weißer Wolken, auf denen in steter Folge und wie im Kino Bilder erschienen, allerdings ebenfalls weiß, in weißen Heerzügen und ungeheuer schnell sich verwandelnd. Manchmal nur Teile von Bildern, ein Mund zum Beispiel, weißer geöffneter Mund und sonst nichts. Oder nur das halbe Gesicht und nicht dazu passend ein anderes, seitenverkehrt.
Es wundert mich seither immer, wenn bei den ganzen vielen Teilen etwas zueinander paßt, zum Beispiel die Tasse auf dem Tisch da zu dem beschriebenen Zettel. Wieso passen die zueinander? Oder das Telefon zu seinem Hörer? Der Hörer zum Beispiel könnte sehr gut auch eine Zange sein. Das Tele voll von Nummern war. Vielleicht passen die meisten Teile nur zueinander, weil es gefährlich ist, nicht zueinander zu passen. Da paßt man schon lieber. Aber in Wirklichkeit paßt zueinander rein gar nichts. Wenn ich die Bilder sah, wußte ich, sie passen nicht zueinander und sie bedeuten nichts. Die Bilder jeder Menge und alles für die Katz. Ein Puzzle aus verschiedenen Spielen?

März habe sich lange geweigert, das Besuchszimmer zu betreten, wenn die Mutter zu Besuch kam. Niemand sei je von seiner Mutter so verlassen worden wie er.
M. habe viele Briefe mit immer dem gleichen Text geschrieben: «Psychiatriesoldat März bittet nach guter Führung ehrenwert entlassen zu werden. Gehorsamst Alexander.»
M. habe sich gelegentlich von der Psychiatrie verfolgt gefühlt. «Die Psychiatrie ist die Heilige Inquisition der seelischen Gesundheit.»
M. habe in der Gärtnerei zu arbeiten begonnen.
Obwohl eine völlige psychische Restitution nicht erreicht wurde,

sei M. nach 6 Monaten als sozial angepaßt und arbeitsfähig entlassen worden.
Bei seiner Entlassung, lobt die Mutter, habe er sich sehr artig von allen Ärzten und Pflegern und Patienten verabschiedet. Er habe auf jeden gewartet und bei den Ärzten die Abschiedsformel verwendet: «Ich bedanke mich bei Ihnen, Herr Doktor, für Ihre Bemühungen um meine Gesundheit, die ich zu verdienen hoffe durch weitere Anstrengungen.»

Kofler, Notizen. Der eingelieferte Patient, der das Etikett schizophren bekommen hat, hat ohne sein Wissen eine Rolle übernommen und startet zu seiner Karriere. Von der Einlieferung an wird er ohne Unterbrechung degradiert und er verliert Stück für Stück seine Entscheidungsfreiheit und alle bürgerlichen Freiheiten. Es wird ihm bestritten, ein Mensch zu sein, und dieses Prädikat wird ihm schließlich aberkannt. Er ist kein Mensch, sondern dessen Gegenteil, ein Verrückter, und er muß in der Anstalt bleiben, bis er einen Zusatz zu seinem Etikett bekommt ‹resozialisiert›, ‹gebessert›, ‹angepaßt›. Er bleibt aber auch draußen der Schizophrene, und er hat keine Möglichkeit, stolz darauf zu sein.
Ein Patient sagte mir, wenn man mich fragt, wo ich die Knüpfarbeit gelernt habe, so sage ich lieber im Gefängnis, aber nicht in Lohberg.

Tagebuch Koflers. Bei einem Mord untersucht die Polizei die Umstände jedes einzelnen Falles. Vielleicht sollten wir die interpersonalen Umstände des psychischen Mordes ebenso einzeln erforschen.

Rekonstruktion
einer vorklinischen Karriere 1

Familienfoto. Im dunklen Flur, im abgedunkelten Schlafzimmer, im finstern Hängeboden zwischen den Koffern warte ich auf die Mutter, die mich nicht mitgenommen hat. Ist-sie-nicht-süß ist in der Spielschule. Gertrud beim Wäschemangeln. Sehr langsam vergeht die Zeit im Finstern. Meine Leiden sollen meiner Mutter sehr leid tun. Als sie endlich heimkommt, findet sie mich gar nicht. Wie sie mehrmals ruft, höre ich sie nicht. Sie findet mich im Hängeboden und stellt sich sehr geängstigt. «Hier bist du? Wieso bist du denn hier und ängstigst mich?» Da ich meine Bestrafung ausdehne und nicht antworte, lockt sie mich mit einem Geschenk: «Was ich dir mitgebracht habe, was du schon immer gewollt hast, eine Norwegermütze.» Sie setzt mir die Mütze vor dem Spiegel auf, betrachtet mich mit der Norwegermütze im Spiegel, und ich betrachte im Spiegel sie. «Den Rand hier kann man so runterschlagen, kann man ganz runterschlagen.» Sie schlägt den Rand herunter. Ich sehe mich vor ihr im Spiegel. Der Rand deckt Mund und Hasenscharte. «Jetzt bist du ein schöner Junge», drückt mich die Mutter an ihre weiche Brust.
Da war es aus mit Drum und Dran, die Welt sah anders aus.

In einem Therapiegespräch mit Kofler sagte März einmal: «Das Gesicht ist der erste Blickfänger des Menschen.»
Zu einem Gedicht über die Maske aufgefordert, schrieb er:
Die Maske ist lieb,
ach wenn sie mir nur blieb.

Familienfoto. Übung macht den Meister, früh übt sich, was ein Meister werden will, so lernte ich früh das Lesen aus einer Schulfibel zum Zwecke der Verbesserung der Lautbildung. Kaum war der Vater am Abend vom Dienst heimgekehrt, hatte gegessen und notdürftig Nachrichten gehört, widmete er sich schon neuen Pflichten: Kontrolle der aufgegebenen Sprachübungen. Er saß in seinem geraden Lehnstuhl mit seiner schwarzen Virginia, Stiefel und Amtstracht abgelegt, vor ihm auf einem Fußschemel der fibelstudierende Sohn. Ar-beit und Fleiß, das sind die Flü-gel, beginnt der Mängelbehaftete eifrig, da trifft ihn die Korrektur, Flü-gel des Vaters mit schön geflötetem Ü, Flü-gel der Mängelbehaftete, Flüügel der flötende Vater, Flü-gel der Mängelbehaftete, Flüügel, Flüügel, von Anfang, verlangt der flötende Vater, Ar-beit und Fleiß, das sind die Flü-gel, sie füh-ren ü-ber Strom und Hü-gel, vollendet der Nichtgenügen-könnende trockenen Mundes und schwitzend. Seufzend lobt ihn der Vater. Bringt schnell die Mutter sein Bier.

«Ich hatte soviel Angst, ihren Anforderungen nicht zu genügen, daß ich nichts anderes tun konnte als den Maßnahmen zuzustimmen, die sie über mich verhängten, und sie hielten das für Freundlichkeit. Ich stimmte aber nicht wirklich zu, sondern nur unter dem Vorbehalt meiner Schwäche. Der ihre Anweisungen befolgte, der war nicht ich, der war ein von mir vorübergehend Beauftragter.»

Erinnerung. Es war meine Seligkeit, die Mutter kämmen zu dürfen, die Vergebung, wenn sie sich von mir entfernt hatte. Da saß sie in einem schwarzen Korbsessel, und ich löste die Spangen von ihrem langen, langen Haar. Ich stand auf einem Fußschemel (Ritsche) und kämmte und kämmte und kämmte, machte die Mutter schön. Zwischen den Beinen war was, wurde was warm. Einmal wurde ich ohnmächtig. Da war die Mutter besorgt. Wenn ich heute Haare rieche oder denke, daß ich Haare rieche, muß ich niesen. Zum Beispiel beim Friseur werde ich sehr aufgeregt und leide an Erektionen. Einmal, als mir eine Friseuse die Haare geschnitten hat (München-Allach), mußte ich bis tausend zählen und erlitt einen Schweißausbruch. Wenn ich ein schönes Mädchen sehe, möchte ich sie gerne kämmen, denn das vergibt mir die Schuld. Haare abschneiden ist sehr gewalttätig. Der Frisiersalon ist ein Ort der Sehnsucht. Ist der Künstler vielleicht eine weibliche Identifikation?

Familienfoto. Der Hund meines Vaters war eine Hündin, ein Rasse-Cocker-Spaniel, braun gesprenkelt und mußte volldressiert auf meinen Vater hören in jeder Lebenslage, Herr und Hund perfekt, im Unterschied zu mir. Eines Tages, in der Dämmerung, als sie läufig war, entlief sie dem Vater, der pfiff auf der Hundepfeife, so hell an die 10000 Hertz, aber sie kam nicht und entlief. Das war für mich ein Triumph. Sie kam den ganzen Abend nicht, und es wartete der Vater allein in der schwarzen Wohnstube und trank Bier bei Radio Königswusterhausen. Als sie dennoch nicht kam, legte er sich ins Bett und stritt mit meiner Mutter. Sie kam aber als es schon hell wurde, pudelnaß und versaut jaulte sie und kroch auf dem Boden. Ich hörte wie sie der Vater ungeheuer mit der Hundepeitsche schlug und trat, daß sie nur noch quietschte. Die Mutter wollte ihn zurückhalten, da machte er aus der Hundeleine eine Schlaufe und hängte die Rassehündin an den Garderobehaken, der aber abriß und die Hündin schiß auf den Kokosläufer. Den reinigte die Mutter mit warmem Wasser und Seifenlauge. Es war meine Empfindung, es ist nicht die Hündin an dem Garderobehaken, sondern die Mutter. Wenn ich neun bin, erschieße ich ihn mit seinem Dienstrevolver, tröstete ich mich.

Erinnerungen. Das Kind von mir (Oberpeilau-Ich) spielte gerne Tierarzt, behandelte die kranken Tiere, war aber auch gern die kranken Tiere und ließ sich vergeblich gesund pflegen. Zum Beispiel die Fliege vom Fliegenfänger, die nur einen Flügel hatte.

Ninne, ninne, nause, der Vater ist nicht zu Hause. Schlief sofort und gerne ein, wenn meine Großmutter das sang.

Im Krankenhaus St. Hedwig lag der Verschönerungsbedürftige auf einem Saal mit alten Männern. Er beobachtet, wie sie ihr Wasser in gläserne Enten lassen und ihre Spucke in Phiolen. Einem hatten sie an den Bauch ein künstliches Arschloch gemacht, einem anderen ein Röhrchen in seinen Schwanz. Da wollte er kein alter Mann werden und entwich mit dem Zug zu seiner Großmutter. Als ihn der Vater entdeckte, brachte er ihn jedoch zurück. Der Operateur, glatzköpfiger Riese, fragte scheinheilig, warum er nicht operiert werden wolle. «Mir gefallen deine Haare nicht», antwortete der Mängelbehaftete.

Die Strafe der Mutter war, mich, hatte ich gefehlt, nicht mehr zu bemerken. Sie sah mich nicht, sie hörte mich nicht, wenn ich mich auf den Boden legte, war ich kein Hindernis. Da ich für sie nicht da war, war ich für mich diese Lücke. Da weinte ich manchmal im Dunkeln der Speisekammer, denn weinend schlief ich leicht ein.

Zuweilen konnte es März nicht vermeiden, ins Bett des Vaters befohlen zu werden, besonders sonntags früh, wenn Motorradausflüge bevorstanden. März fand das Bett des Vaters unerträglich heiß und alles rutschte in die Mitte zum Körper des Vaters hin, den er nicht berühren wollte. Rauchergeruch, Klettenwurzelöl im Haar.

Der Nachttopf des Vaters aus gelbem glänzendem Porzellan. Darin dessen Pisse und Stummel der schwarzen Virginia.

Familienfoto. Zu dösen, war oftmals der Weg, zu einem Ziele zu kommen. Wenn ich Gertrud oder der Mama unter den Rock sehen wollte, legte ich mich wie dösend auf den Fußboden, besonders die Schwelle zwischen der Küche und dem Eßzimmer. Da mußten zur Essenszeit beide häufig vorüber und hoben die Beine über dem träumenden Kind, das störend dort lag, wie schlafend die Hand auf den Augen. Aber ich sah Schenkel und Hosen und was das Herz begehrte, in tiefem Abscheu vor mir. Konnte am Abend hinter meinem Vorhang nicht einschlafen. Hatte nie Lust von Ist-sie-nicht-süß was anzuschaun. Der Schwanz meines Vaters war lila.

Wenn ein Familienfest war, z. B. ein Geburtstag, und Gäste erwartet wurden, sagte die Mutter zu mir: Ich glaube, du möchtest diese vielen Leute nicht sehen, das könnte dich aufregen. Unter der Vortäuschung von Sorge wurde mir der Befehl erteilt zu verschwinden, weil man sich meiner schämte. Aber Ist-sie-nicht-süß blieb.

Bericht der Mutter. Wie ihn die Hebamme gebracht hat, eine Minute vor Mitternacht und sagt, das kann man operieren, da hab ichs erst gesehn, da habe ich geweint. Und denke gleich, das darfst du nicht, ein Kind braucht Liebe und besonders das. Es war so fein, so feine weiße Härchen, alles so weiß und fein, die Fingerchen wie Spinnweb und von Anfang still und schlau. Das hat so still geschaut, als wollt es sagen, gell, du magst mich trotzdem, habe ich mir eingebildet. Ich war ja damals erst zwanzig, wußte selber nicht viel, wurde nicht darüber gesprochen, wie meine jüngste Schwester kam, da war ich 15, wußte ich nicht wie die Kinder kamen, lachte mein Vater noch, daß ich nichts wußte. Mein Bruder hat vielleicht etwas gewußt, denke ich mir heute, wir Schwestern nicht, mein Mann, das war der erste Mann, den ich überhaupt nackend sah, durfte nicht davon gesprochen werden, war Sünde, war Schlechtigkeit, war verboten, brauchte die Frau nicht zu wissen. Und jetzt das Kind, man war ja selbst noch Kind, der große Altersunterschied zu meinem Mann, 14 Jahre, war praktisch auch ein Vater, obwohl ein Bild von einem schönen stattlichen Mann. Wie er das Kind sieht und das sieht (Hasenscharte), schaut er zur Decke, dreht sich um und geht. Hab ich ihm nie vergessen. Die Verwandten, wie die gekommen sind, die haben es gar nicht gemerkt, die Lippe war halt eingekremt und sowieso im Zimmer abgedunkelt, und er, als hätte er das verstanden, hat sich die Hand so vor den Mund gehalten. Wie soll er heißen? Alexander März. Es sollte was Besonderes sein. Für mich war Alexander was Besonderes.

Bericht des Vaters. Die Frau, Herr Doktor, hat doch niemand an ihn herangelassen, daß er sich nicht erkältet, daß er sich nicht ansteckt, da war die Luft zu heiß, da war die Luft zu kalt, sie ist ja nur so hin und her geflattert, nur das Kind. Wenn man gekommen ist, hat sie vor Angst gezittert, da ist man wieder weg. Es war für mich nicht leicht, wenn man immer gesund ist, und dann auf einmal das, niemand in der Familie weit und breit. Sprechen zuerst, da hat nur sie ihn verstanden, laufen nur an ihrer Hand, hat man ihn hochgenommen, hat er schon geweint. Nicht mal das Dienstmädchen durfte ran oder ihre Mutter. War ein Theater, als die ihm mal, da muß er schon fünf gewesen sein, die Locken hat abschneiden lassen, die ihm ständig ins Gesicht gehangen sind, goldblonde Mädchenlocken, daß er wie ein Engel ausgeschaut hat in seinen bestickten Kitteln, ich habe mich oft geschämt.
Verzärtelung ist mir zuwider gewesen, ich komme aus einfachen Verhältnissen, Herr Doktor, mein Vater hat noch als Kettenschmied gearbeitet, bei Waldenburg, da haben sie die schweren Ketten noch mit Pferdewagen abgefahren, ist verunglückt mein Vater, haben die Pferde vor der Eisenbahn gescheut, ist der Kettenwagen über ihn, 1911, war ich zehn Jahre und 6 Geschwister, so war mir Verzärtelung etwas Unnatürliches, er war doch ein Junge. Das war ja keine Liebe mehr, das war Affenliebe. Der hat sich mit zehn Jahren noch nicht die Schuhe zugebunden und kein Brot geschmiert, hat alles sie für ihn gemacht. Das ganze Brimborium, sie und er, daß sie ihn nur

für sich gewollt hat, ist mir wie unnatürlich vorgekommen, wie pervers, die Frau war ja auf einmal von mir weg, hat immer der Junge im Bett gelegen, kein Licht, nicht sprechen, kein Verkehr, und ich bin ein gesunder Mann, ich war da plötzlich wie überflüssig. Ob nun das Familiäre irgendwas zu tun hat, Herr Doktor, mit seinem Leiden hier, das glaube ich weniger, das hat wohl schon von Anfang an auch in ihm dringesteckt.

Bericht der Mutter. Da hat der Mann ihn eines Abends mitsamt dem Bett in die Besenkammer gestellt, und ich habe ihn müssen schreien lassen. Wie ich das habe nicht lassen und hin bin, da hat er mich gepackt und gezwungen, auch tätlich, auch gewürgt und war wie außer sich. Es waren auch fremde Frauen im Spiel, Herr Doktor. Weil ich so laut geschrien habe, hat man das gehört, am nächsten Tag hat er mir eine Bonbonière gebracht und Blumen, dem Jungen einen Hasen, den hat der aber nicht angeschaut, da war der noch nicht zwei, nicht angeschaut, Herr Doktor. Wir haben dann die Kammer am Schlafzimmer eingerichtet, sein Bett reingestellt, daß ich ihn immer hören konnte hinter seinem Vorhang.

Familienfoto. Vor dem Spiegel die Übung: Pokerface, keine Empfindung zeigen. Auf Nadelstiche nicht reagieren, nicht zucken bei der Berührung mit nachglühenden Streichholzkuppen, Kamikazeflieger.

Das Kind
Das Kind wird unter Aufsicht der Eltern
geboren und kommt in eine Anstalt, wo es
sich an die Ordnung gewöhnen soll.

Was kostet Alexander?
Zum Frühstück zwei Scheiben Brot
Butter und Marmelade
sowie Kaffee
macht 40 Pfennig (höchstens)
zum Mittag, je nach Wochentag,
muß man heute schon einsfünfzig
für ihn anlegen

am Abend, wenn es Gelbwurst gibt
+ Käseecken
schon mal noch eine Mark
plus Pfefferminztee.
Für das Bett berechne ich pro Nacht
aber
aber allerhöchstens
eine Mark 95 im Schlußverkauf
und verlange Ruhe sowie
viel schnelleren Zeitumlauf
(mindestens 2½fach).

Sie nähte im Fenster zum Hof an der Nähmaschine
schön schwarz
über uns ein Gewitter
Ich richte auf sie mein Revolver
Sie greift sich ans Herz und fällt stille
Blitze am Himmel
Ich Mörder
Der Tod fortan als Theater.

Wochenbad der Pfleglinge auf Abteilung 5
Zu fünft zu baden, denkt man, ist
viel gemütlicher als sehr einsam allein,
aber es baden mit uns noch viel andere
teils Pfleger teils Märtyrer
und Erinnerungsbilder
da ist das Bad überfüllt.
Es zirpen elektrische Duschen.
Männer die sich küssen
sind Polen oder schwul.
Vivat Papa und Pflegling Saulus VI.

Bericht der Mutter. Hab ich genäht, hat er daneben auf einer Ritsche gesessen, hab ich gebügelt, auf dem Bügelbrett, hat er die Wäsche eingesprengt. Und kämmen hat er gern gemacht, durfte ja nicht mit Puppen spielen, hat der Mann verboten, hab ich ihm so Puppen aus Lappen gemacht. Als die Schwester kam, die Ursel, hat er die Puppe ins Klosett geschmissen. Es war bei mir nicht das Gefühl wie für den Jungen, obwohl die doch gesund war und beliebt, hab ich mir wieder Vorwürfe gemacht. Sie hatte nicht das Feinfühlige, mehr der Vater, wie einen der Junge manchmal angesehen hat, das ging mir durch und durch, als hätte der die Welt gekannt mit seinen fünf, sechs Jahren. Hat so genau gewußt, wer ihn gemocht hat und wer nur so tat. Wenn etwas war, da ist er oft in einer Art von Kofferkammer gesessen, allein und im Dunkeln. Der Mann, der hat ihn nicht verstanden, hat erzwingen wollen, daß er spurt, doch den hat man nicht zwingen können, wenn er auch still war. Der hatte seinen Kopf, dem hat es nicht gepaßt. Er war mein alles, heute noch, Herr Doktor.

Bericht des Vaters. Ich habe mir viel Mühe gegeben, nichts anmerken zu lassen, aber verantwortlich für ihn war ich, die Frau war blind. Habe ich früh geübt, Sprachübungen, sogar den Lehrer zugezogen, Turngeräte gekauft, Reck im Hof, Geräteturnen, daß er Körperbeherrschung lernt. Ist aber nicht viel rausgekommen, war nicht, was ich mir unter einem Jungen vorgestellt habe, immer so verdrückt, verträumt, verstockt, nicht daß er dumm gewesen wäre, gar nicht, der hat Ihnen schon mit fünf Jahren richtig rausgegeben auf 5 Mark oder 10 Mark. Der Kaufmann, wenn er was geholt hat, hat ihm oft zum Spaß falsch rausgegeben, da hat er die Hand aufgehalten und mit dem Zeigefinger geklopft bis es gestimmt hat auf den Pfennig. Oder Auswendiglernen, sowas von fix, aber es hat ihm auch gefallen müssen, was er gelernt hat, war das Komische, zum Beispiel nicht Die Glocke, sondern Die Kraniche des Ibikus. Wunderbar gelernt hat er auch schlesische Gedichte von Paul Bauch, das war ein Verwandter von meiner Frau, ein Großonkel, Mundartdichter und Humorist, «Grusses Schlachtfest woar gewast, endlich woar der Obend do, olle Kotza wurde gro, und der Kolle kruch eis Nast...» konnte der seitenlang auswendig, da hat sich alles gekringelt, wenn der das so ernst aufgesagt hat, «Kolle du werst heut geschlacht und aus dir werd Wursch gemacht...», und natürlich mit seinem Sprachfehler. Üben, immer üben, ist durch üben besser geworden, wenn er mal lenksam war. Nicht daß er sich gewehrt hätte, es war, Sie fahren mit dem Finger rein in einen Teig und ziehen ihn wieder raus, es ist dem Teig ganz gleich, Sie sehens nicht, und es lacht die Frau. Ich hatte zu dem Jungen keine Wellenlänge, er war wie zugemacht, verstockt, verbockt, da war nichts mehr zu machen, da hat man hingeschlagen wie auf einen Stein, und der hat einen angeschaut durch Mark und Bein. Ich habe mir manchmal auch keinen Rat mehr gewußt, was willst du aber machen, du bist der Erzieher.

Bericht der Mutter. Das war damals auch, da war man überempfindlich, Erbkrankheit, minderwertig, krankes Erbgut, man hätte vielleicht sagen sollen was denn? wieso? dem Kinde Mut gemacht, jetzt grade, statt so zu tun als wär nichts. War doch nichts, und wie es operiert war gar nichts, aber für ihn, Herr Doktor, alles. Was machen Sie als Frau?

Familienfoto. Gi-gack, die Gans. Es war schon im Kriege in Breslau, ich war niemals gerne in Breslau, noch weniger gern als in Peilau, deshalb vergaß ich auch Breslau zum überwiegenden Teil außer Jahrhunderthalle, Zoo und Krankenhaus St. Hedwig (Operation). Scheint mir in Breslau nur kurz gewesen zu sein mein Aufenthalt, Vater im Polizeipräsidium Breslau, auch Mutter gefiel nicht Großbreslau. Gi-gack, die Gans, war eine Gans aus Polen, die meinem Vater zum Geschenk gemacht worden war. Er brachte sie im Beiwagen in einer Holzkiste, wo sie den Hals haußen hatte und Gi-gack schrie zu unserer Erheiterung, denn sie war die Weihnachtsgans. In ihrer Holzkiste kam Gi-gack auf den Balkon zum Hof und schaute wenn ich nach ihr schaute. Ich brachte ihr Brot und Kartoffeln. Als uns das Weihnachtsfest näher kam, entfernte der Vater die Holzkiste und nagelte ihre Füße auf einen Bretterboden. Jetzt wurde Gi-gack genudelt mit Mehl- und mit Haferklößen. In ihren Schlund kam ein Trichter, viermal am Tag stopfte die Mutter die Klöße den Trichter hinab, strich das nicht rutschende Futter den Gänsehals hinunter. Selten nur rief sie noch Gi-gack. Der Sohn, der das sah, erbrach sich.
«Ich konnte sie dann nicht essen zu Weihnachten, denn die Gans, das war ich», sagte März zu Kofler.
«Wie meinen Sie das?»
«Die Gans war das Rohmaterial, in das man stopft und stopft, was sie nicht will. – Lange vor unserer Geburt haben die Eltern beschlossen, wer wir sein sollen. Ich werde bis heute gestopft.»
«Wer stopft Sie heute?»

«Die Anstalt ist die Maschine zur Zerstörung des individuellen Wunsches.»
«Was sind Sie?»
«Eine Wunschmaschine.»
Da lachte Kofler, und März.

Familienfoto. Ein Vorgesetzter meines Vaters sollte zu Besuch kommen. Die ganze Wohnung roch nach Bohnerwachs. Es kam ein riesiger, schwarzer Mann mit tiefer Stimme. Er war größer als mein großer Vater. Sie verschwanden im Wohnzimmer. Bei jedem Satz des Mannes hörte ich meinen Vater lachen. Ich lag in meinem Bett und hoffte, daß ich nicht vorgezeigt werden müßte. Es kam aber meine Mutter bald wie verabredet, ließ die Tür offen und sagte mit unnatürlicher Stimme: Der Herr Polizeirat hat dir eine Schokolade mitgebracht und möchte dich kennenlernen. Bedank dich. Sie gab mir den Stoffhasen, den ich so halten konnte, daß er meinen Mund verdeckte. Ich hatte das feine Nachthemd mit der Stickerei am Kragen an. Ich ging auf den Riesen zu und nahm die Schokolade entgegen, Stollwerck Vollmilch-Nuß. Ich machte einen tiefen Diener und ging zurück zu meiner Mutter, die den Polizeirat anstrahlte. Ihre Hände auf meinen Schultern waren eiskalt. Unglücklicherweise verschwand sie nicht schnell genug, so daß der Polizeirat etwas fragen mußte, und er fragte, ob ich schon in die Schule gehe. Ich nickte stumm und sah unschlüssig auf den Vater, der auf seinen Vorgesetzten sah und lachte. So mußte der noch etwas fragen und fragte, ob ich fleißig sei, und ich nickte wiederum. Da sagte der Herr Rat, ich glaube, du bist stumm. – Antwort, sagte der Vater, warum sagst du nichts?
Da, hinter meinem Hasen, fragte ich ihn: Was? Und der Herr Rat sagte: Stille Wasser sind tief.
Das war, Herr Doktor, so eine dieser Fallen meiner Kindheit.

Erinnerungen. Das Bett wie in einem Abstellraum, Vorhang zu Papa-Mama-und-Ist-sie-nicht-süß. Die Tapete über dem Bett Weinlaub und Weintrauben (blau), kratzt der Fingernagel Zeitung darunter hervor, abziehbar in Streifen, kratzt der Fingernagel weitere Schichten der Zeitung, Öffnungszeiten der Freibank, Turnerfest in Striegau. Piet van Kempen / van Kempen 1 Rde zurück.

Deutung des Tapetenloches nach Art des Rorschach-Tests, vorwiegend Vulva.
Am Morgen ungeheures Geschrei des Vaters, der auf mich einprügelt (warf mir Vandalismus vor). Die Mutter im Nachthemd, die mich beschützen will, wird jetzt statt meiner geprügelt und schreit. Durch meine Schuld.

Für ein Vergehen, das März, Alexander, entfallen ist, wurde väterlicherseits die Anordnung vorgetäuscht, die Familie müsse sich definitiv vom März trennen. März war damals sieben oder acht Jahre alt. (Waren die Zahnkarpfen krepiert?) Märzens Sachen wurden von der Mutter in einen Koffer, Fabrikat Vulkan fibre, gepackt. Was hinein ging und was März wollte, konnte er mitnehmen. März bekam 20 Mark für Fahrt und Unterhalt. Das Dienstmädchen Gertrud, an dessen Hemdhosen sich März erinnern kann, sechzehn Jahre, nicht ausgewachsen, stark an SA interessiert, sollte ihn mit dem Fahrrad zur Bahn bringen. (Der Koffer war für März zu schwer.) März sollte sich von allen verabschieden, aber er verabschiedete sich nicht. Auf der Straße, den Koffer in der Hand, wartet er auf Gertrud. Zu den verschleierten Fenstern zwischen dem Weinlaub sah er nicht hinauf. Als Gertrud kam, befestigten sie den Koffer auf dem Gepäckträger. Die Fenster im Rücken, entfernten sie sich die aufsteigende Straße entlang. Auf dem Bahnhof sagte der Stationsvorsteher, daß März zurückkommen solle. März aber verlangte eine Fahrkarte zu seiner Großmutter. Da hat ihn Gertrud gestreichelt.

März hat diese Kofferepisode in mehreren Versionen berichtet. Befragt, welches die richtige sei, meint er, daß dies von seiner Stimmung abhänge und von der des Lesenden. Er sei nicht sicher, ob das nicht die Erinnerung eines ihm fremden Jungen sei, den er nachahme, er stecke voller fremder Erinnerungen, insofern auch er sich fremd sei und anderen.

Eine andere Version.
Für ein Vergehen, das März nicht entfallen ist (Gertruds Hose von der Wäscheleine genommen und angeschaut), verhängte der Vater die Strafe der gänzlichen Abreise. Die Mutter packte den Koffer, Vulkan fibre, und März erhielt 10 Mark Reisegeld. Er faßte den Ent-

schluß, den Vater zu erschießen und zwar mit dessen Dienstpistole und bald. Das machte ihm den Abschied leichter. Den schweren Koffer lud er auf einen Leiterwagen und wurde von Gertrud zum Bahnhof begleitet. Sie legte ihre Hand auf die seine beim gemeinsamen Ziehen des Leiterwägelchens, das ein schönes und trauriges Geräusch machte. Unterwegs zum Bahnhof an der roten Schule holte sie die Mutter mit dem Fahrrad ein, hob ihn auf und drückte ihn weinend an ihre Brust. Der Vater habe ihm verziehen. März aber dachte, ich nicht. Konnte jedoch nicht sprechen.

Das Handwagerl
Das Handwagerl macht einen erheblichen Lärm
wenn man es zieht. Die Räder des Handwagerls
sind aus Holz oder aus Eisen, je länger man
fährt um so angenehmer wird das Geräusch.

Gehen, Stehen, Radfahren
Auch die Kunst des Gehens beherrschte am besten mein Vater und lehrte sie uns, aus der Hüfte gehen, Schultern und Kopf zurück, freier Blick, den Fuß abrollen lassen, abstoßen mit den Ballen. Wenn eines Sonntags der Aufstieg zum Zobten wiederum unternommen wurde, sagte er, jetzt geh voraus und zeig wie du gehen kannst. Dann hat er mich korrigiert.

Auf dem Motorrad heidi
fährt die Familie ins Grüne
sehr gern nach Pantenau
am Fuße des Zobten (718 m)
Im Schoße der Mutter der Sohn
frisch gescheitelt
Auf Kopfsteinpflaster der Vater
führt den Zusammenstoß herbei
mit diesem steingrauen Wolfshund
Fällt von dem Sitz rab
die Mutter und reißt
Löcher in Seidenstrümpfe
Da war die Fahrt schön zu Ende
abgebrochen die Fußraste.

Beim Radfahren das Pedal nicht mit dem hohlen Fuß treten, sondern mit dem Ballen, macht schlanke Fußgelenke. Geradesitzen bei den Schularbeiten, Hand aus der Hosentasche, nichts in die Taschen stecken. Im Bett nicht lesen und sofort einschlafen. Sehr früh vertraut war mir die heimliche Gehirnkur. Gehirnwäsche ist die gewöhnliche Erziehung.

Familienfoto. Dem Vater, auf dem Fischkasten des Badeteiches, soll ich zeigen wie ich schwimmen kann. Abseits imitiere ich die Schwimmbewegungen, laufe aber heimlich auf dem Grunde. Ruft mich der Vater und wirft mich ins unrettbar Tiefe. Schluckend erreiche ich den rettenden Fischkasten. Nachdem mir der Vater herauf geholfen hat, wirft er mich wieder ins Tiefe, bis ich in einer halben Stunde schwimmen kann, aber niemals mehr schwimmen will, zitternd vor Todesangst. Der Vater erzählt, daß auch er auf diese Weise schwimmen gelernt habe und spendiert eine Waldmeisterlimonade. Wäre Alexander gesund, brächte er seinen Kindern ebenfalls so das Schwimmen bei. Gesund ist, wer andere zermalmt.

Erinnerungen. Die Wohnung in Peilau etwas Schwarzes, Sargähnliches, schwarzgebeizte, schwere Möbel, Vitrinen, Anrichten, Glasschränke, Stores und milchige Vorhänge. Dunkle Tapeten und Bilder mit dunklem Essen (Stilleben). Von der Speisekammer eine achtstufige Treppe zu einem Hängeboden. (Abstellen von Koffern, Kinderwagen und Christbaumständern etc.) Dort saß ich oftmals im Dunkeln und lauschte (Säge der Tischlerei). Dort saß ich oftmals und wartete, daß die Zeit verging.

Beim Fotografen im Fotografengestühl wurden fotografische Aufnahmen hergestellt, eine allein, eine mit Mutter und Vater. Da hatte ich aber keine Hasenscharte.

Zur Zeit der Lindenblüte die Bienen in einer Linde, das hat gesummt und gerochen, da konnte ich stundenlang sitzen und war wie betäubt vor Wohlgeruch. Wenn ich es heute bedenke, geschult von Fräulein von Soden auf Ödipus, war die Baumkrone vielleicht ein unglaublich lockender, honigtriefender, grüngoldener Mutterschoß, und alle summenden Bienen, das waren die schönsten Befruchtungen, millionenfach. Sag, daß es Ödipus ist, oder ich knall dir eine.

Ein Brief von Ursula Lochner, geborene März.
Sehr geehrter Herr Doktor,
in Ihrem geschätzten Schreiben stellen Sie mir Fragen, die unser leidgeprüftes Elternhaus und meine eigene Kindheit und Jugend betreffen. Obwohl modern eingestellt, vermag ich den Zusammenhang zur Erkrankung meines Bruders nicht zu sehen, alles in meinem Elternhause war vollkommen normal, entsprach ordentlichen, normalen Verhältnissen, und auch ich lebe als normale Frau in einer ganz normalen Familie glücklich und zufrieden. Deshalb möchte ich mich mit dem traurigen Schicksal meines Bruders nicht immer wieder beschäftigen müssen, wir alle haben bitter und schwer genug daran getragen und tragen noch daran. Ich muß das aus Verantwortung meinen Kindern und auch meinem Mann ersparen, zumal es meinem Bruder in keiner Weise hilft, und er selbst jede Verbindung ablehnt, wie ich bei einem Besuch feststellen konnte. Er erkannte mich gar nicht, redete nicht oder unverständlich und nahm nur die Rauchwaren und den Kaffee. Ich empfinde es doch als eine große Beängstigung, die Schwester eines unheilbar Geisteskranken zu sein und beobachtete tagelang meine Kinder. Gott sei Dank sind wir alle normal und gesund.
Hochachtungsvoll
Ursula Lochner

«Hatte als Kind Schwierigkeiten mit Blut», erzählte März. «Wenn ein Fisch ausgenommen wurde oder Huhn, konnte ich ohnmächtig werden. Mein Vater entdeckte meine Schwäche der Empfindlichkeit, als ich von einer Schlachtplatte keine Blutwurst essen mochte. Da meldete er mich bei seinem Schulfreund an, dem Fleischer Herzog. Am nächsten Schlachttag, wenn die Schweinsblasen am Eingang hingen, ging ich in das Schlachthaus und trank, wie die Fleischer, einen Holzbecher Kälberblut. Wie ich das geschafft hatte, war ich stolz, wischte mir das Blut nicht ab um den Mund und ging die lange Bismarckstraße einmal herauf und herunter wie Tom Mix. Leider kriegte ich am ganzen Körper einen Ausschlag. Ich vertrug kein Kälberblut und meine Mutter war traurig.»

Die schönsten Bilder der Erinnerung sind die Kinobilder (schwarzweiß). Da saß man im Dunkeln und sah, fühlte mit dem und jenem, kannte nicht Neben- und Vordermann. War eine Vorstellung aus, so kroch man unter die Bank und wartete auf die nächste und übernächste. Das war das Schöne an Breslau. Manchmal noch heute im Dunkeln sehe ich Kinobilder.

Bericht des Vaters. Was mich verrückt gemacht hat, war die Angst, auf Grund der Verweichlichung. Ist noch mit Locken rumgelaufen, als er schon in der Schule war. Hat ihm die Narben weggeschminkt, bis ichs verboten habe. Der hat mit Puppen gespielt, das Mädel war im Sportverein, wild, ein halber Junge. Die Frau hat ihm jedes Kind zum Spielen ausgeredet. Spielschule, waren die Kinder nicht recht. Schlittschuh, war zu gefährlich. Er war ihr Prinz, doch wenn er rauskam, war er Hasenscharte. Was mich verrückt gemacht hat, daß er sich nicht wehrt. Im Grunde meines Herzens wußte ich, daß aus ihm nichts wird. Ich wollte es erzwingen, ging nicht.

Momentaufnahme. Das Bretterwandklo der Badeanstalt hatte einen Schlitz zur Frauenseite, der mit Papier verstopft war. Hörte man jemand eintreten, entfernte man das Papier und schaute. Quietschte schon bald die Tür, aber ich zögerte zu lange, das Papier herauszuziehen. Als ich es tat, senkte sich vor mein Auge ein rosiger Hintern und furzte. Als die Tür bald wieder quietschte, war ich schneller dran. Es war aber ein Mann, ein schon älterer, der die Badehose runterließ und onanierte. Dazu zog er einen weißen Zwirnhandschuh an. Das Gesicht zur Decke erhoben, standen auf seiner Stirn Schweißperlen. Ich ging auf die andere Seite, es war aber das Damenklo.

Bericht der Mutter. Der Mann hat in dem Jungen seinen Nebenbuhler gesehen, seit der auf der Welt war. Der Mann der wußte alles, konnte alles, machte alles, großartig. Wenn ich Schuhe gebraucht habe oder was, hat er die ausgesucht, weil er den richtigen Geschmack hatte. Mit was der Junge spielen wollte, hat er auch gewußt. Stabilbaukasten. Es hat uns gefallen müssen, sonst war er beleidigt. Wir waren dazu da, ihn zu bewundern. Der Junge hat ihn nie bewundert, glaube ich. Er hat so manches auch mit ansehn müssen, wovon ich heute noch nicht sprechen kann, Herr Doktor. Die Frau, die muß ertragen, war so eingeimpft. Lerne zu leiden ohne zu klagen. Ich hatte solche Angst, allein zu sein. Als der Junge einmal hinfiel, sich am Kopf verletzte, tat plötzlich mir der Kopf weh. Da dachte ich noch, komisch, als wärs eins.

«Zum Beispiel hätte ich gerne Fußball gespielt. Es war nicht möglich», sagte März.
«Wieso nicht?» fragte Kofler.
«Es gehört schon Kunst dazu, die Mutter an der Hand gleichzeitig Fußball zu spielen.»

Bericht der Mutter. Tiere hat er gern rangeschleppt, was der für Tiere hatte! Da war der Mann auch gut, hat ihm mal einen kleinen Fuchs mitgebracht von einem Jagdfreund, war im Küchenbuffet, Fach voll Lumpen, war wochenlang das Füchslein. Auf einmal fängt der zu stinken an, geschlechtsreif, sagt der Mann, muß weg, gibt ihn weg, glaube sogar in Zoo, Wildpark in Schweidnitz. Sagt der Junge, er geht auch. Gut, sagt der Mann, soll er Koffer packen, war er noch nicht in der Schule. Hat er den Koffer genommen, ist zum Bahnhof, hat eine Fahrkarte verlangt zu meiner Mutter. Ich mußte ihn vom Bahnhof zurückholen, betteln, daß er zurück kam. Zu Hause sagte der Mann: Na, da bist du ja wieder.

Familienfoto. Die Wohnung Bismarckstraße hatte kein WC, der Abtritt war auf halber Treppe. Am Abend ließ der kackende Alexander die Tür zum Flur auf, die Mutter an der Wohnungstür. Dieses bemerkte die Erziehungsgewalt. Ein Junge hat keine Angst. Der achtjährige Alexander im Bett hört schrill die streitenden Stimmen und stellt sich schlafend. Der Vater bringt ihm einen Brief an den Förster von Diersdorf, sogleich zu überbringen, fünf Kilometer tief im Diersdorfer Wald. Er geht mit Lampe und Hundepeitsche. So lernt er die Angst als Schuld.

«Mußte doch hinter allem her sein. Waschen, daß er sich überhaupt wusch, Oberkörper frei, frottieren, der zog sich sonst nicht das Hemd aus zum Waschen.»

«Warum ich mich nicht wusch? Ich konnte nicht zweimal das gleiche Handtuch benutzen», sagte März in Lohberg.

Momentaufnahme. Die Hausbesitzerin, Baumeisterswitwe, hatte auf dem Boden einen Sarg, darin verwahrte sie Altpapier, ältere Jahrgänge der Zeitschrift STADT GOTTES. Darunter verbarg ich den jeweilig studierten Band des Standardwerkes DAS WEIB IM LEBEN DER VÖLKER. Eine meiner Lieblingsfrauen war die Kreolin Koko. Ich hörte die Mutter nach mir rufen, antwortete aber nicht.

Bericht des Vaters. Der Vater war der Störenfried, der Grobian, der Tyrann, den man nach Dienstschluß ertragen mußte, den man herabsetzt, wo es geht. Sie und der Junge waren das Feinere, das Höhere, das Verkannte. Wenn man zu Hause der Außenseiter ist und nur zum Scheine anerkannt, da wird man zum Tyrann. Der Polizeidienst war für mich ein Aufstieg, wollte weiterkommen, unbedingt, ging nicht, nicht geschafft, als ich nach Breslau kam, war ich zu alt. Ich glaube, ich kann sagen, daß der Junge mein Leben zugrunde gerichtet hat. Und unser Leben. Er war nicht hinzukriegen, er war anders.

Die sieben Todsünden
1. Geboren werden.
2. Als falscher Eltern falscher Sohn im falschen Elternhaus.
3. Mit mildem Gesicht Eierkuchen essen mit Eierflaum und Himbeersoufflé und sanft danach ausruhen.
4. Phantasie.
5. Gleich sein wollen und streicheln, nicht zurückschlagen.
6. Zweifeln und nachdenklich sein, scheißen auf Anerkennung.
7. Sich als einen Juden produzieren lassen von Staat, Gesellschaft und Familie. Es macht die Gesellschaft von heute auch ihre heutigen Juden und die Familie den ihren. Alexander März.
8. Gegen die Geschäftsregeln sein.

Erinnerung. Im Spieglein an der Wand des Badezimmers probierte der Observierte Bärte aus Watte für später. Doch er gefiel sich am besten mit Leukoplast über dem ganzen Maul. Klopft Abraham kurz und tritt ein, öffnet den Deckel und sieht bunte Watte im Klo. «Was machst du mit der Watte? Watte kostet Geld», sagt der herausgehende Abraham. Jetzt zog ich den Glasschneider einmal längs über den Spiegel, rietsch.

«Er hat sich nicht mehr einschließen dürfen, der Junge, weil der Mann gedacht hat, daß er Onanie betreibt, irgendwie wichst. Der Mann ist öfter plötzlich im Zimmer gestanden, hat das Bett kontrolliert, mußte auch kalte Waschungen machen, auch im Klosett hat er sich nicht mehr einschließen dürfen, das war direkt ein Tick. Der Junge hat ein Tagebuch führen müssen, daß er draus hat ersehen können, was der jederzeit gemacht hat, jede Viertelstunde. – Und er hat es auch gemacht, Herr Doktor. Eines Tages ist er zu mir gekommen, verstört, daß er es macht.»
«Was haben Sie dazu gesagt?»
«Daß er sich das bloß denkt, bloß einbildet, weil er ein viel zu lieber, viel zu guter Junge ist, um da dazu imstande zu sein. – Und wissen Sie, was er zu mir gesagt hat? ‹Wenn du nur einmal still wärst, nur einmal!› Das hat mir wehgetan.»

Ein Ausflug ins Grüne.
Liebte sehr das Rad, wo man entweichen kann in Wälder und Moorgelände. Über dem Operationsverband die schicke Norwegermütze sah ich und ward nicht gesehen. Mit Rucksack, Fernglas und Agfabox sammelte ich z. B. Glimmersteine. Einmal in abgelegener Gegend in mich vertieft geriet ich in ein Betreten verboten. Begegnete mir eine wunderschöne Frau auf einem Schimmel und blickte träumerisch. Dann sah ich eine Kolonne in Sträflingskleidung, betrachtete sie durch das Fernglas, geschorene Köpfe, Torfspaten und Holzpantinen, doch die Gesichter sehr kindisch, denn ich bemerkte erst jetzt, daß es Frauen waren. Da kam auch schon die Wachfrau auf einem Fahrrad, fragte ab meine Tätigkeiten, fotografieren verboten, schüttelte ich den Kopf. Nimm die Mütze ab, warum, darum, hatte sie mir die Mütze schon abgezogen und sieht den kleidsamen Operationsverband. Gibt mir sofort ein Sahnebonbon. Fragte ich, was sind das für Leute. Verbrecher, mein Junge, streichelte mich die Samariterin.
Das Abweichende ist das Böse. Was alle glauben, wird nicht Wahn genannt, sagt heute Alexander der abweichende.

Das Nest
Haarig und scheinbar auch wärmig

liegt an dem Ufer das Nest.
Liegen darin neun Eier
bräunlich, nur eines ist weiß.
Als nun das Hochwasser kommt,
sieht man nur noch das weiße.
Im Wasser schwimmen.

In einem Brief fragte März den Haager Gerichtshof, wieso der psychische Mord nicht bestraft werde, die psychologische Vernichtung des anderen durch Verrücktmachen. Dies geschehe im Bestreben des Mordes, wenn es in einem verzweifelten Kampf darum geht, wer den andern zuerst verrückt macht (Ehe) oder in dem Bestreben, die eigene Verrücktheit in den anderen zu verlegen (Notwehr), schließlich in der Sündenbockjagd, wo einer fertiggemacht werde, um die Verrücktheit der anderen auf sich zu nehmen. (Jesus und März.)

Zur Familiensituation finden sich in der Krankengeschichte Äußerungen: Er habe sich geopfert, damit die anderen ihre Ordnung behalten konnten. «Ich wurde entstellt und verstümmelt, um mich für ein fremdes Leben fit zu machen.» «Ich erstickte an solcher Kindheit.» «Es war nicht möglich, zu einem freundlich zu sein, ohne den anderen zu verletzen.» Schließlich, die Familie sei Ursprung und Brutstätte des Wahnsinns. Seine Grunderfahrung: «Daß man nicht gewinnen kann.»

Was März roch, wenn er sich seiner Kindheit erinnerte:
Abwasserschlamm, im Pampsgraben (blauschwarz), wo März (7 Jahre) auf dem Schulweg von der angepflockten Ziege (weißgrau) hineingestoßen wurde, als er Blaupflaumen auflesen wollte. März ging aber in die Schule, streifte den Schlamm von Haut und Leinenanzug (hellblau), wurde jedoch und stark belacht nach Hause geschickt.
Pisse im Schulklo und Öldielen. Ganz anders Pferdepisse, schaumig, der lang rausgelassene Schwanz, wenn sie vor den Gasthäusern warteten. Bierpisse nachts wieder anders (Männer).

Sperma.
Eisen der Schlittschuhkufen, wenn man dran leckt.
Schweineschlachten – Brühen des Schweines im Holztrog, Schaben der Borsten, Wellfleisch, Nieren, Blut und Grütze. (Großmutter)
Beichtstuhl, verstockte Polster und stockige Gebetbücher. März konnte die Stola nicht küssen (lila). «Habe Unkeusches gelesen, gesehen, getan.» «Auch getan?» (Pfarrer Drieschner)
Backstube (Großmutter).
Bäckerscheiße auf vollem Hofkübelklo.
Rübenschnitzelwasser, gelb-schäumend, das dampfend aus der Zuckerfabrik lief.
Fisch-Schleim an der Hand.
Der Kantor Dampffeld zwischen den Beinen, wenn ein anderer von ihm geprügelt wurde.
Stiefelschmiere, Lederschwärze.
Gebratene Bullenhoden.
Fuchs im Küchenschrank, ein Geschenk des Revierförsters.
Brennesseln.
Das Erbrochene (rosa, Tomaten) im Bus nach Duisburg zu Tante und Cousine (Sommerferien).
Hühnerfedern.
Leichenhalle, wo März abends Angst hatte vorbeizugehen.
Kartoffelfeuer, Waschküche, Kadaververwertungsanstalt bei Südwind.
Schnee, vor der Schnee fiel.
Nebel.
Wurstbrühe, wenn die Leute abends mit Wasserkannen anstanden, um die fette, heiße Brühe eingefüllt zu bekommen (Schlachttag).
Leopillen, die März einzunehmen gezwungen wurde, zehn Glas Wasser trank und nicht runterbrachte, schließlich erbrach.
Knochen in der Fleischergasse.
Jungbier.
Die weichgewordene Haut zwischen den Zehen.

Was März hörte, wenn er sich seiner Kindheit erinnerte:
Flieger, Flieger, was die Kinder riefen, wenn ein Flugzeug zu sehen war.
Radioquietschen, Rückkopplung.

Zuckerrübenwagen, Gansemerneriebe (Was?) Schlesischer Dialekt, was die Kinder riefen, geben Sie mir eine Rübe, zum Rübenkutscher, wurde Sirup davon gekocht.
Kleinkaliber, flatsch.
Messer wetzen.
Nasenschnauben, Pfarrer Drieschner.
Fabrikpfeifen, Zimmermann, Erbsleben, Scholkmannfabrik.
A. H. im Radio, J. G. im Radio (J. G.?) Josef Goebbels.
Pfarrergesänge, etcumspiritutuo Amen.
Karussellplatz, meine Oma steht im Hemd, fünf Finger in den Arsch geklemmt.
Zug fährt ab, als Fahrschüler.
Die Mutter schreit, wird ihr der Hals zugedrückt.
Caracciola, Nürburgring.

Was März sah, wenn er sich seiner Kindheit erinnerte (spontane Aufzählung):
Das kleine Bild des vorbeiziehenden Elefanten.
Achselhöhle (– Wessen?) Achselhöhle der Mutter.
Schuh, aber mit Zehen drin, hoher Absatz.
ein Seidenstrumpf (grau).
Lila, lila, ist schon eine schöne Farbe.
Lila ist unsere Farbe der toten Fahnen.
Fasan und Ananas über dem dunklen Buffet.
Stores und Weinlaub, Außen-Peilau wie durch Tränen.
Pissender Tapir (Zoo), Zebra (Zoo).
Taschentuch mit brauner Schuhcreme.
Winterhilfsabzeichen, Bückeburger Tracht.
Kartoffelkeller als Luftschutz, Haare in Nasenlöchern, Feind hört mit, Kohlenklau.
Schachtel mit glänzenden Datteln aus Afrika.
Nigrin, der Nigrinmann auf Stelzen mit Nigrinschuhwichse.

Rekonstruktion
einer vorklinischen Karriere 2

Mein Leben in der Schule.
Mein Leben in der Schule begann in meinem ersten Lebensjahr, da lernte ich vorsichtig sehen und nicht gesehen werden im Bett und im Wagen im Hof. War fleißig und hatte Erfolg, dank meiner lehrreichen Lehrer. Wie ich nicht mehr gesehen wurde, da war ich zwei Jahre alt. Bekam ein Paar Schuhe und rückte auf in die Gehschule, wo ich sehr schnell avancierte und kam in die Sprechschule. Dort lernte ich sprechen und schweigen. Da war ich sechs Jahre alt und kam in die katholische Volksschule Oberpeilau I zu Lehrer Märsch und Kantor Dampffeld. Der Lehrer Märsch zeigte am Ofen auf den Kohlekasten und fragte mich, was das ist, da sagte ich ein Kohlekasten und war erfolgreich schon aufgenommen. Jetzt bist du ein Schulkind, sagte der Vater zu mir. Die Schule war eine Gehorsamsschule, gern hörten wir Kinder und Lehrer die Sondermeldungen aus Polen, Frankreich und Norwegen, auch Bruttoregistertonnen auf allen Meeren mit Prien. Als ich sieben Jahre alt war, wurde meine Schwester geboren. Mit neun fuhr ich einmal nach Duisburg zu Tante und Cousine (!) in Duisburg-Beeck. Das war mein schönstes Erlebnis. Zur Schule in Breslau bekam ich eine Schülermütze (schwarz), trat aber den Dienst nicht an infolge von Kriegsereignissen. Im Nachkrieg in München-Allach war Schulschluß mit dem 16. Lebensjahr und bald darauf auch der Handelsschule. Kaum allein, erlernte ich sechs oder sieben Berufe, das Tischlerhandwerk, das Dreherhandwerk, das Schlosserhandwerk, Tierpfleger, Wurstmacher und Jäger, schließlich die christliche Seefahrt im Nordmeer und Alaska. Mein liebster Beruf war der des Automechanikers. Ob ich noch Detektiv werden sollte? Studierte statt dessen Musik und spielte Klavier bei Frau Szondai bis zu meinem 20. Lebensjahr. Das 19. und 20. Lebensjahr war ich daheim. Ein Ausgesteuerter. Studierte Philosophie und das Fabrikleben bis ich einzurücken hatte als Soldat des 4. Luftwaffen-Ausbildungs-Regiments in Ütersen. Mit vierundzwanzig Jahren kam ich hier nach Lohberg, lernte was mir

noch fehlte, kam in die Gärtnerei, wo ich bis heute verblieb, dem 41. Lebensjahr. Hier feierte ich 17mal die heiligen Weihnachten und den Krampus mit Nikolo. Er hat mir viel gebracht, auch Äpfel, Orangen und Feigen waren dabei, auch Vanillekipferl, auch Rauchwaren und Kaffee. Das Christkind war da. Ich sah einen zwei Meter hohen Weihnachtsbaum, wobei ich der Verwaltung des psychiatrischen Krankenhauses Lohberg zu tiefem Dank verpflichtet bin und war. So nimmt die Schule des Lebens erst mit dem Tode ihr Ende. So lernt der Mensch niemals aus. Im letzten Jahr wünsche ich mir mit einem Reiseautobus eine Reise in das Berchtesgadener Land, am Obersalzberg vorbei.

Klassenfoto. Der Kantor Dampffeld legt das schwarze Klassenbuch auf das Pult, ruft «Hefte raus». Der Aufsichtsschüler bringt ihm den gelben Onkel (Rohrstock), mehrere Kinder gehen nach vorn, 3 Jungen, 1 Mädchen. Das sind die Kinder der Landarbeiter, die auf den Feldern des Dominiums arbeiten (Baron von Richthofen), gelegentlich auch ein anderes, aber niemals ich. Die Jungen legen sich über die erste Bank und zählen laut die Rohrstockschläge. Das Mädchen hält die weißen Hände hin und wird sodann in deren Innenflächen geschlagen. Alle weinen, der Lehrer beginnt den Unterricht.

Klassenfoto. Wenn üble Gerüche entstanden sind, meldet ein Schüler: Es hat sich jemand aufgeführt! Der Lehrer fragt, wer es gewesen sei. Es meldet sich aber niemand. Darauf erhebt sich der Riechdienst, in seinem Gefolge der Lehrer, die Sende noch hinter dem Rücken. Die Kinder der verdächtigen Gegend lüften ihre Hintern, wenn sich der Riecher zu ihnen herniederbeugt. Der Riecher gibt sein Urteil ab, schüttelt den Kopf und verneint bis er den Schuldigen gefunden hat und ihn bezeichnet. Jetzt ist der Lehrer sehr wütend.

März erzählte, einmal tatsächlich habe sich ein Mitschüler, der dicke Menzel umgebracht, in der Besenkammer aufgehängt, denn er war sitzengeblieben. Er war ein gutmütiger Junge, der gerne Wurstschnitten aß, leider schwach im Rechnen. Als er zur Kommunion eine silberne Uhr bekam, zog er sie gern aus der Tasche und fragte, wie spät es sei. Der Lehrer war der Ansicht, wer nicht rechnen könne, müsse die Aufgaben auswendig lernen. So wurden die schwachen Rechner in den Rechenstunden geprügelt, weil sie faul waren, nicht unbegabt. Wenn der dicke Menzel dran kam, lief ihm der Schweiß die Beine runter, und er rief irgendwelche Zahlen. Der Lehrer tat sein Bestes, wollte die Durchsetzung der Mathematik auch in Peilau erzwingen. Er, März, habe gezittert, wenn Menzel gezüchtigt wurde. Es war keine Würde in Menzel. Menzel war ganz bedeutungslos. Als aber Menzel tot war, als er weiß im weißen halblangen Sarge der Unschuld lag, welche Bedeutung, welche Würde hatte auf einmal da Menzel. Jeder sprach von Menzel, jeder nahm Abschied von Menzel und viele, sogar der Lehrer, weinten um Menzel. Das mußte die Leistung des Todes sein. Das habe ihn, März, beeindruckt. Der Tod habe ihn immer beeindruckt.

Klassenfoto. Der Sohn des Gendarmen hatte vermutlich die Pflicht zum Gegenteil von mir, stark, laut und froh, sollte er sich stämmig behaupten. Ich aber wollte das nicht und wich in blauen Sandaletten dem Ernst des Lebens gern aus, wartete im Klosett bis alle Schüler nach Schulschluß lärmend den Schulberg verlassen hatten, dann fuhr ich aufatmend heim. Aber es warteten oft, wenn man den Sündenbock brauchte, radelnde Viertkläßler und sperrten mir den Weg. «Stockschnupfen, Stockschnupfen», riefen die um mich her Radelnden und griffen nach meiner Sommermütze. Auch Erstkläßler riefen danach, wenn sie mich sahen, «Stockschnupfen», denn sie riskierten rein gar nichts.

«Ich hätte wollen Blindenlehrer werden. Die Kinder, die mich nicht sehen, waren mir lieb», sagte Alexander zu Kofler.

Niederschrift Alexanders. Für einen schönen Mund hätte der Sechsjährige gerne ein Bein hergegeben, rechts oder links nach Wahl, auch noch ein Bein und einen Fuß, ein Auge natürlich, aber beide nicht gern, da hatte er noch zu wenig gesehen. Wenn einer käme und nähme seine Hasenscharte, dem schenkte er zwanzig Lebensjahre.

Die Gaumenspalte von März war übrigens durch seinen rötlichen Vollbart fast nicht zu sehen. Es blieb aber auch nach der zweiten Operation seine Gewohnheitshaltung, den Mund zu verdecken,

entweder mit der rechten Hand, die Nachdenklichkeit vortäuscht, indem sie zwei Finger bis an die Nasenwurzel legt, oder indem er das Gesicht wie schlafend in die Hand stützt. Dabei schloß er das linke Auge, aber mit dem rechten beobachtete er durch die Zwischenräume der Finger. Diese Haltung nahm er auch gern ein, wenn er stand, zum Beispiel im Aufenthaltsraum wenn er an der Wand lehnte und auf das Fernsehen sah.
Er vermied es auch, im geringsten über seinen Defekt zu sprechen, weigerte sich sogar, ihn der ärztlichen Untersuchung zugänglich zu machen. Als Dr. Kofler, das Tabu nicht achtend, März auf das Mißverhältnis aufmerksam machte, das zwischen der tatsächlichen organischen Behinderung und der Beachtung durch März bestand, behauptete März, der Defekt sei riesig, stieß Kofler heftig weg, als der die Lippe nur berühren wollte, verließ laut schimpfend den Raum. Am nächsten Morgen entschuldigte er sich förmlich bei Kofler, bestand aber auf der Schwere des Defekts, man sähe bei der Hasenscharte bekanntlich nur die Spitze des Eisbergs, die Furche unermeßlicher Leiden aber nicht.

Erinnerung. Früh lernte ich das Rauchen schätzen, besonders die Zigarette, denn sie, nur sie, verschaffte mir Anerkennung und Glück. Auf einem Schulausflug mit Lehrer Märsch ins schöne Eulengebirge kauften die älteren Schüler sich eine Schachtel Schwarzweiß, lagerten im Wiesenrain und übten Lungenzüge. Kam ich dazu und schaute wie jeder versagte und hustete, außer vielleicht Max Stehr, der nur hüstelte. Sagte Max Stehr, jetzt mach Lungenzüge, da machte ich Lungenzüge. Ich ließ mich nieder am Wiesenrain und inhalierte ganz lässig, ohne zu husten und hüsteln. Da wurde von mir gesagt, der März, der kann Lungenzüge, und jeder zog seinen Hut. Auch meiner Cousine in Duisburg-Beeck zeigte ich Lungenzüge, und sie gewährte mir Sympathie und Anerkennung.

Klassenfoto. Im Unterricht der Biologie erlebte ich die Vorteile der Mendelschen Erb-Gesetze, wo Pfarrer Mendel aus weißer und roter Blume herausmendelte 1 weiß, 1 rot, 2 rosa. Die Mendelschen Erbgesetze beruhigten uns Kinder sehr, denn sie waren einfach und über ihnen allen waltete Gott-Vater mit seiner einfachen Buchführung. Leider wurde da auch erfaßt, was ausgemendelt war, z. B. die Hasenscharte (Erbfehler). Gezeigt wurde auch einmal die bedauerliche

Änderung der Erbanlage durch Bestrahlung bei einer giftigen Stechfliege. Die Fliege hatte mit ihren Flecken auf dem Bild etwas Schillerndes und bedrohte, was sich mit Mendel so schön angelassen hatte. Die Stechfliege hieß Mutation, und da war ich mit meiner Spalte am falschen Platz.

Klassenfoto. Sobald im Physiksaal das Licht ausging, fingen einige Bänke zu rütteln an. Sprach Oberlehrer Klein lauter vom Ohmschen Gesetz, rüttelten sie schon lauter. Flammte das Licht plötzlich auf, saßen sie alle ganz harmlos, und durch die Reihen schoß Sittenkämpfer Klein, blieb ahnungsvoll bei mir stehen, verlangte, daß ich mich erkläre. Unsicher wiederholte ich das Ohmsche Gesetz, Spannung ist Stromstärke und Widerstand. Da lachte die ganze Klasse, aber über den Klein.

März sagte: «Sobald ich sprechen konnte, wurde mir alles beigebracht, was mich zu einem alten Mann machen sollte. Der wollte ich aber nicht sein, denn das war mein Vater.»
Bei anderer Gelegenheit: «Schon in der Schule empfand ich die Wettbewerbsfolter.»
Um ein Beispiel gebeten, erzählte er: «Ein Mädchen hatte Schwierigkeiten mit der Bruchrechnung, stand wie versteinert und brachte es nicht. Alle meldeten sich, alle wild darauf, das Mädchen zu korrigieren. Als gerade ich dran kam, konnte ich aber nicht sprechen. – Da kam ein anderer dran und rief das Ergebnis. Indem er uns demütigte, hatte er Erfolg.»
«Wieso waren Sie gedemütigt? Sie haben es doch gewußt», sagte Kofler.
«Das wußte nur Alexander.»
«Warum sprechen sie manchmal von sich in der dritten Person, Alexander, die Person von mir, etc., warum?»
«Das ist die Vorsicht, denn was an mir ist ich?»
«Was meinen Sie?»
«In puncto Logik habe ich das A und B unsicher in der Hand, daraus ergibt sich ein falsches C.»

In bezug auf die Schule sagte März: «So wurde es mein Verständnis, in den Lücken zwischen den Wörtern versteckt sich die Wirklichkeit.»

«Was in der Schule gelehrt wird ist nach Ihrer Ansicht falsch?»
«Es ist der Zweck der Pädagogik, dem Schuling zu verheimlichen, daß ihm die Wirklichkeit verheimlicht wird hinter 2 + 2 = 4.»
«Sie hatten lange Zeit sehr gute Zeugnisse, auf einmal war das aus, wie kam das?»
«Weiß nicht, war plötzlich aus.»
«Wollten Sie nicht mehr?»
«Wollte wohl nicht mehr wollen, was die anderen wollten, weil ich nicht genügen konnte. Fühlte mich immer schuldiger.»
«Wieso eigentlich?»
«Als jahrzehntelang Verfolgter habe ich, Herr Doktor, die Entdeckung machen können, es wird, wer verfolgt wird, auch schuldig.»

Kofler, Notizen. In einer Gesellschaft, die auf dem Konkurrenzkampf beruht, kann man den Leuten nicht beibringen, einander zu mögen und beizustehen. Ganz automatisch werden in unseren Schulen die Techniken der Herabsetzung, der Intoleranz und des Hassens gelehrt. Das muß aber gleichzeitig verborgen werden, denn unsere Kultur kann den Gedanken nicht tolerieren, daß Kinder sich hassen sollen. So trainiert die Schule die doppelte Moral, die das System zu seiner Erhaltung braucht. Das zeigt sich im permanenten Kampf der Kinder um die besseren Noten, der Angst, nicht versetzt zu werden, dem Kampf um die Gunst des Lehrers, der gleichzeitig der Feind der Kinder ist. Jeder hat Angst, seine Gefühle zu zeigen, und Angst, anders als die andern zu sein, denn abweichendes Verhalten wird bestraft. Der Behauptungsstil des Unterrichts hindert die Kinder, gleichberechtigt zu diskutieren. Die Leistung des Lernens ist das Gegenteil von Lust, Zweifel sind unerwünscht.
Was wir in unseren Schulen sehen, das ist die Kapitulation der Kinder. Mit den Mitteln der Pädagogik will die Schule die Kinder dazu bringen, so zu denken wie die Schule. Die Schule geht nicht von den Bedürfnissen der Kinder aus, sondern von denen der Wirtschaft. Wenn die Kinder die Schule verlassen, haben die meisten ihre Eigenarten verloren, ihre schöpferischen Fähigkeiten eingebüßt und sind für das Erwerbsleben vorbereitet. Wo der Prozeß der Kapitulation auf Schwierigkeiten stößt, stehen Sonderschulen, Erziehungsheime, Jugendgefängnis und Jugendpsychiatrie zur Verfügung.

März, Aufsätze. Ich habe die Gewalt verloren.
Gewalt ist an sich nichts Erfreuliches, wie aus den unschönen Wörtern Gewaltmensch, Gewaltherrschaft und Vergewaltigung hervorgeht. Auch gewalttätig und gewaltsam sind so wenig zu loben wie die rohe Gewalt. Folglich wäre es kein Unglück, wenn man sie über sich oder andere verloren hat, meint der Unerfahrene, aber das ist ein gewaltiger (!) Irrtum. Schon das Kind, wenn es geboren wird, kommt in die elterliche Gewalt. Sie haben über es die Schlüsselgewalt, die Verfügungsgewalt und die Sprachgewalt, damit das Kind in Ruhe alles von ihnen lernen kann. Dann kommt die schulische Gewalt und die höhere Gewalt des religiösen Lebens, die Allgewalt. Da lernt das heranwachsende Kind, sich in der Gewalt zu haben, und macht die ersten Versuche in Büro und Fabrik. Es folgt die richterliche Gewalt und bald die ärztliche Gewalt wie hier in der Heilanstalt, wenn der nun schon Erwachsene die Gewalt über sich zu früh verloren hat. Dann heißt es abwarten. Aus dem Gesagten tritt hervor, es ist die (Vater) Macht, die der Gewalt zu ihrem Besten dient. Ohne Macht ist die Gewalt Ohnmacht.

Kofler, Notizen. Niemand ist heute so weit, die Schizophrenie unmittelbar aus der familiären oder sozialen Situation abzuleiten. Was wir tun können ist, die interfamiliäre und soziale Umwelt der Schizophrenen genau zu beschreiben, bis wir die Teile in einen sinnvollen Zusammenhang bringen können. Wir suchen für das ganz außergewöhnliche Bild der Schizophrenie ganz außergewöhnliche Erlebnisse, es scheint aber, es genügen die ganz gewöhnlichen Schrecknisse, mit denen wir alle nur mühsam fertig werden. Der Schizophrene ist ein Leidensgefährte. Er leidet an einem Reichtum inneren Lebens, und er möchte sein, was er wirklich ist.

März, Aufsätze. Schön ist die Jugendzeit.
Die Martern, denen ein Kind ausgesetzt wird, werden in seinem späteren Leben nur noch selten erreicht. Deshalb empfindet sehr oft der Erwachsene es sei schon alles einmal dagewesen, und denkt an die glückliche Kindheit.

Rekonstruktion
einer vorklinischen Karriere 3

Kofler. Wieso enthält die Zeugung für so viele Menschen die Schrecken und Gefahren eines Schlachtfeldes, so daß sie den funktionellen Verlust der Zeugungswerkzeuge (Impotenz und Frigidität) der Lust vorziehen?

Zu sexuellen Verhaltensweisen in der Pubertät äußerte sich März in seinen Niederschriften nur spärlich und spröde, meistens auch in der 3. Person:
«Wenn März seinen Penis durch die Hosentasche fühlte, bekam er Schuldgefühle.»

«Wurde auch beim Waschen nicht berührt.»

«Bei seiner Heiligen Erstkommunion im weißen Matrosenanzug bemerkte März, daß sein Glied steifer und steifer wurde. Er dachte, jetzt sieht das die Jungfrau Maria und hielt sich die Kerze davor. Da lacht neben ihm laut Paul Wimmer.»

«März denkt an Onanie als ein Verbrechen. Ein Dieb an Gesundheit und Samen. Kann sich auch kaum erinnern.»

«Fand seinen Penis klein, die Kugeln der Hoden winzig.»

«Sah in der Dusche des Hallenbades in Reichenbach ungeheure mit Seifenschaum eingeschäumte Männerschwänze, die ihm wie Tierschwänze schienen und fürchtet, er kriegt die auch.»

«Im Schoß der Mutter auf dem Rücksitz des Motorrads wagt März sich nicht zu rühren.»

«Im Kriege in den Sommerferien in Duisburg verlangt die Cousine Cilly das realistische Doktorspiel, ausziehen und untersuchen, das

März täglich besser gefällt. Er weiß aber nicht, was vorgefallen ist.»

«Mit Cilly in einem großen Rohr, das warmes Industriewasser in den Rhein leitet. Cilly im schwarzen Badeanzug mit Gummizug.»

«Mit Cilly in der Kaufhalle stiehlt März einen Drehbleistift und kämpft mit sexuellen Erregungen.»

«März sehnt sich nach Haaren an Penis und Achselhöhlen. Streicht zweimal täglich die Stellen mit Birkenwasser ein. (Diersdorfer Wald.)»

«Das Mädchenpensionat der feinen Brüdergemeinde in Peilau-Gnadenfrei hatte eine Turnhalle, in deren Fenster man von einem Schuppendach hineinsehen konnte. An einem frühen Winterabend wurde März dabei beobachtet, von Rektor und Hausmeister eingekreist, geohrfeigt und peinlich befragt. (Meldung im Wiederholungsfall)»

«März träumte, mit der Kugelbüchse seines Vaters lag er in einem Gebüsch vor dem Hause des Rektors, um diesen niederzustrecken. Als der Rektor aus dem Hause trat, war März aber eingeschlafen und unerweckbar.»

«März zeichnete mit Bleistift ein weibliches Genitale an die Haustür des Rektors, aber sehr klein.»

«Die Kränkung des schnüffelnden Hausmeisters hätte ich, März, gerne gerächt an der sehr schön-sanften Hausmeisterstochter mit den schwärzlichen Höfen der Brustwarzen unter dem Hemd beim Reichsjugendsportabzeichen (Weitsprung). Das Weib zur Hure machen. Das Weib als Wild und als Opfer. Ich schieß den Hirsch im dunklen Forst, Penis, Vagina. Bemerkte mich aber niemals und hieß Jutta Klante.»

«März wird aus den Weihnachtsferien in Duisburg vorzeitig nach Hause geschickt und vermutet wegen der Doktorspiele. (Der wirkliche Grund waren aber die gehäuften Fliegeralarme.) Vermeidet jede Berührung des Geschlechtsteils, beim Urinieren faßt er es mit Klosettpapier an. Er sitzt im Omnibus neben einer stämmigen Frau, spürt deren Schenkel an seinem, steht auf, weil der Schweiß ihm ausbricht.»

«Soll ein Stück Kuchen essen, dessen andere Hälfte Ist-sie-nicht-süß gegessen hat und erbricht sich.»

«In München-Allach in der Straßenbahn, hintere Plattform, Rückfahrt von der Handelsschule, schreit eine Frau, behauptet März habe sie unzüchtig berührt. März aber kann sich nicht rechtfertigen, denn er kann nicht sprechen. Raus das Früchtchen! Bazi, na he!»

Kofler. Die Aufgabe, eine Frau zu zeichnen, verwirrte März stark. Mehrfach aufgefordert, zeichnete er schließlich eine Art von Ausschnittbogen und bezeichnete die Körperteile. Einige Körperteile benannte er aber nicht.

März. «Ich war von meinem Körper immer beschämt.»

März. «Es scheint die Absicht der Kindheit, Ekel vor dem Leben zu erzeugen.»

März. «Den Penis mit Haken herausreißen.»

Mutter zu Kofler. Das Sexuelle, Herr Doktor, das hat ja früher noch nicht diese Rolle gespielt, mußte sein, aber sprach man nicht, als Frau schon gar nicht, hätte doch eine Frau nie von sich aus sich getraut, war so erzogen, hat so drin gesteckt, soll sauber sein als Mädchen, keusch und schüchtern, dem Manne eine treue Stütze im Erwerbsleben. Das Sexuelle war mehr als eine menschliche Schwäche gedacht, der man erliegt, als Mann und auch als Frau, die irgendwie dafür zu sorgen hat, daß das nicht störend wird.
Kinder in meinen Gedanken hatten sowieso nichts mit dem Sexuellen zu tun, waren dann Kinder da, nannten die Männer die Frauen Mutter, spielte sich immer weniger ab, glaube ich. Wenn eine Frau sich so wie heute hätte Wäsche gekauft oder Sachen, da wäre man sich doch vorgekommen wie ein schlechtes Weib. Wenn

ein Mann mal was erleben wollte, da ging er heimlich da mal in der Stadt dorthin. Die Frau hat vielleicht mal gedacht an dies oder jenes, war aber dann zu feige. Hat sich den Kindern gewidmet. So war dann auch die Erziehung. Das Sexuelle von den unschuldigen Kindern fernzuhalten.

Kofler. In seinen Wahninhalten spielen Frauen eine große Rolle, sowohl in Verfolgungsideen wie auch bei Idolisierungen. Nach der Krankengeschichte hat März dem Stationsarzt Dr. Urban gegenüber geäußert, daß er von der reinen Jungfrau Jesus Christus besucht worden sei. Jesus sei ein wunderschönes Weib, eine Negerin. Nur die sehr große Clitoris habe Unerfahrene zu der Annahme gebracht, Jesus sei ein Mann. Nur ein Weib könne die Welt erlösen. In dieser Zeit zeichnete März ein Abendmahl, wo Jesus und alle Jünger in Kopftücher geschlungene lange Haare trugen, nur Judas hatte kurzes und stacheliges Haar.

Weiß
Mit weißer Kreide an ein weißes Haus
Strichmänner schreiben und eine weiße Fotze
Auf weißem Leinen das Brautkleid
mit weißen Strümpfen und Schuhen
Perlweiß die offene Muschel
auf dem geweißten Kamin

März. DIE LIEBE IST EINE HIMMELSMACHT erfuhr der Gymnasiast herrlich durch Lydia, die Bäckerstochter. Morgens schon oft auf dem Schulweg gelang es ihm, sie in der Straßenbahn zu sehen, richtete er es ein, hinter ihr auszusteigen und ihr von ferne zu folgen. Betrachtete gern die Schaufenster der Bäckerei Moritz Graf und kaufte wo es nur anging dort Semmeln und Krapfen und Weißbrot, umfuhr mit dem Fahrrad das Haus, bis ihm das Glück widerfuhr, Lydia helfen zu können und zwar bei den Funktionsgleichungen, die Lydia wenig lagen. Von dort zu den Isarauen an einem strahlenden Sommertag zum Baden. Aber sie wählten einen schon stilleren Teil, saßen still da und schauten auf Motor- und Paddelboote. Wie schön ist Lydia. Wie schön und wie engelsgleich. Zittert der Gymnasiast. Legt Lydia leicht ihren Arm um die Schulter des

Gleichungskundigen. Hört er im Ohr seinen Herzschlag und schmeckt auf der Zunge süß. Tauchen aus dem Gebüsch drei Burschen auf und einer sagt, schaut den Saubär. Packen ihn zwei und der dritte zieht ihm die Badehose runter. Wehrt sich der Gymnasiast, beißt, tritt und kratzt, schlagen sie ihn zusammen. Wo sind die Kleider und Lydia? Schämt sich und geht nicht zur Schule. Kommt Lydia nicht unter die Augen.

Wenn März daran dachte, daß Lydia weiter in die Schule ging, mit anderen sprach, weiter zum Baden fuhr, wurde ihm «schwarz vor den Augen vor Eifersucht», «wütete die Eifersucht in mir». Er stahl ein Motorrad, fuhr mit ihm durch einen Wald, entfernte sich vom Weg, raste durch Sträucher und Dornengestrüpp und landete in einem Tümpel.

Mutter. Er hatte die Fähigkeit sich blind und taub zu stellen. Kam eines Tages heim, dreckübekrustet, aber spricht nicht. War aus ihm nichts rauszukriegen. Ich hatte keine Ahnung, daß er nicht mehr in die Schule ging, wie sollte ich ihm helfen, wenn er doch nicht spricht. Da kam der Brief. Da hat der Mann Sachen bei ihm gefunden.

Vater. Der war so hart wie Eis. Wenn einer 14 Tage nicht in die Schule geht, Unterschriften fälscht, Sauereien in der Tasche hat und steht dann wie ein Bock und sagt nichts. Was machst du da? Ihm hats an nichts gefehlt. Ich habe versucht, was ich konnte. Niemand entgeht seinem Schicksal. Hat jeder sein Päckchen zu tragen.

März. Ich schieß den Hirsch im tiefen Forst. (Sündenbockjagd in Allach) Eines Abends im September wird der ahnungsvolle Sohn in die gute Stube gerufen. Steht Abraham tief umsorgt, die Hand, wo man das Messer sucht, hält einen blauen Schulbrief, ach, und die Mutter steht weinend. Der Sohn weiß schon alles. «Es ist ein Brief gekommen. Du warst nicht in der Schule», sagt der besorgte Vater und es nickt der Sohn. «Gehst jeden Tag hier weg, mit Schulzeug, Frühstück und treibst dich rum.» Es schweigt der Sohn. «Warum warst du nicht?» Es zuckt der Sohn die Schultern. «Das weißt du nicht! – Warum nicht? – Willst du uns das nicht sagen?» Schüttelt immer den Kopf der schon gefesselte Isaak. «Nein? – Dann sage ich dir jetzt was. Seit du geboren bist, so wie du bist, bemühen wir uns, ich und deine gute Mutter, aus dir etwas zu machen, daß du etwas wirst, tagtäglich. Wir scheuen keine Mühe, keine Ausgabe, keine Krankenhauskosten, wir versuchen es mit Liebe, wir versuchen es mit Strenge, wir opfern unser Leben hin für dich und du, was ist dein Dank? – Daß ich in deinem Mantelfutter finde einen Präservativ und eine Wichsvorlage.» Schleudert zu Boden ein Blausiegel und ein Foto Lydia, 6 mal 9, im Badeanzug am Isarstrand. Ach, und es weint die Mutter, ach, wie sie schluchzt wegen ihm! Der Sohn hebt gesenkten Hauptes das Foto auf und den Präser, verdeckt mit der Hand sein Gesicht. «Von morgen an bring ich dich in die Schule, und ich hole dich ab. Ein Lump wirst du mir nicht!» schwingt er noch einmal das Messer. Ruft aber nichts aus dem Dornbusch. Verblutet der Sündenbock.

März. Ich stand im Bad mit dem braun-schwarzen Ölanstrich, also doch schon in München-Allach, betrachtete mich versonnen und im Begriff, mir Gesicht und Hände zu waschen, aber im Unterhemd. Da kommt der Vater herein, ich seh ihn kommen im Spiegel, im Türspalt Ist-sie-nicht-süß. Wie er nach meinem Unterhemd faßt, dreh ich mich um und pritsch ihm eine ganz ungeheuerliche Ohrfeige. Laut aufkreischt Ist-sie-nicht-süß. Der Vater geht wortlos hinaus, holt ein Gewehr und erschießt mich. Die weinende Mutter wälzt sich in meinem rebellischen Blut. Das war so ein herrlicher Tagtraum, den ich nie ausführen konnte und gleichwohl die anderen auch nicht.

März. «Die Sehnsucht nach meiner verschollenen Mutter machte die Frauensuche zu einer Muttersuche.»

März. «Was ich in dieser Anstalt sage, sagt manchmal auch die Anstalt.»

März zeigt Kofler ein Foto, das er von einem seit Jahrzehnten leeren Schwimmbassin gemacht hat. Die Wände sind geborsten und in den Rissen sind ein paar Trümmerpflanzen zu erkennen. Kofler weiß mit dem Foto nichts anzufangen. März beobachtet ihn listig, erklärt schließlich, das Bad stelle wahrscheinlich seine ermordete Mutter dar, die leer und trocken sei. Es sei gefährlich, mit Kopfsprung in sie hineinzuspringen.

Tatsächlich hatten die Mädchen, die März gefielen, fast immer etwas mit dem Bilde von seiner Mutter zu tun. Sie sahen ähnlich aus oder verhielten sich ähnlich, hatten die gleiche Haarfarbe, eine Ähnlichkeit in der Stimme oder sogar den gleichen Vornamen, Johanna. Hanna zum Beispiel.

März. «Im Umgang mit Mädchen war ich meist so schüchtern, daß ich nichts zu sagen wußte. Ging gerne mit ihnen ins Kino und kämpfte gegen die Begierde. Eine Art von Madonnenverehrung. Ich hatte das Gefühl, mit geschlechtlichen Gedanken ein anständiges Mädchen bloßzustellen. Oder auch nur das Geschlechtliche, daß man an den Frauen Rache nimmt.»

März. «Es war meine kindliche Erfahrung, der Weg zum Erfolg bestehe darin, Sachen zu machen, deren man sich schämen müsse. Allerdings war die Kunst dabei, Gründe zu finden, sich nicht zu schämen. Ich habe manchmal gewußt, wie ich in einer bestimmten Lage hätte erfolgreich sein können, aber der Weg war versperrt, ich hätte mich zu stark vor mir geekelt.»

März, Exploration. «Man wiederholt meine Bewegungen. Wische ich mir mit Putzwolle die Hände ab, macht das mein Nebenmann auch, lasse ich ein Werkzeug fallen, läßt das ein anderer auch fallen. Steige ich aus der S-Bahn, steigen plötzlich alle aus. Man will mich durch Nachahmung reizen und aus der Fassung bringen.»
«Wer sollte daran interessiert sein?»
«Zu Hause, wenn ich mich vorsichtig ins Bett lege, höre ich, daß sich mein Zimmernachbar auch ins Bett legt, parallel zu mir, Wand an Wand. Geh ich in das WC, geht der andere auch, nebenan, oben und unten höre ich zur gleichen Zeit das Wasser rauschen. So werde ich belagert.»
«Ist das in einem größeren Miethaus mit vielen Einzelmietern nicht öfter so? Kann das nicht Zufall sein?»
«Es geht jemand vor mir die Treppe herunter, und der sieht aus wie ich, gleiche Mütze, gleicher Mantel. Da will man mich durch Doppelgängerei verrückt machen. Es gibt so viele Arten der Beeinflussung, Laser, Chemikalien, Hypnose. Liebe, Heuchelei und so fort. An einem Freitagabend habe ich bemerkt, daß aus den Wohnungen rundum alle Fernsehsender auf mich gerichtet waren. Bruchteile

von Sekunden erschien ich in allen Fernsehprogrammen, Steckbrief, wird observiert. Da bin ich dann in aller Stille umgezogen.»
«Das war Ihre dritte Wohnung in acht Monaten?»
«Habe niemandem die neue Adresse verraten, bin nicht mehr in den Betrieb und hatte fünf Tage Ruhe. Öffne das Fenster und lege mich in die Sonne, herrlicher Sonnenschein. Vögel sogar die Wirtin. Da taucht ein Unbekannter auf und zieht ins Zimmer nebenan. Es werden Geräte und Kabel hereingetragen, Maschinenteile in Kisten. Die Wirtin sagt, sie kann mir keine Auskunft geben. Alles ist verändert. Die Leute sprechen leise, wenn ich komme. Wie ich nachts aufwache, höre ich eine Maschine arbeiten, um mich zu manipulieren, mich in den kybernetischen Menschen zu verwandeln. Der Fußboden steht unter elektrischem Strom. Wie ich heraus will, ist die Haustür verschlossen und mein Hausschlüssel vertauscht. Ich sprang zum Fenster hinaus und verstauchte mir den Fuß. Am Morgen fragte die Wirtin: ‹Was haben denn jetzt Sie gemacht?›, der neue Mieter ist jetzt eine Mieterin, die sagt ‹das kommt davon› und lacht. Jetzt habe ich gewußt, ich bilde mir die Verfolgung durch meine Feinde nicht ein, ich werde von Feinden verfolgt.»
«Wer sind Ihre Feinde, Herr März?»
März schweigt, beantwortet die Frage erst, als sie nach längerer Pause wiederholt wird. «Das Management der Verfolgung zeigte mir nicht sein Gesicht.»
«Vermutungen?»
«Das Ziel des Ganzen ist der kybernetische Mensch. Ich bin der, der nicht spurt. Mülltonnen vor der Tür sollen mich zum Abfall charakterisieren. Ein Hubschrauber flog über das Haus, da fiel meine Mütze vom Haken. Am Morgen hing meine Jacke auf einem anderen Stuhl.»

Mutter zu Kofler. Auf einmal in der Schule aus und vorbei, half kein Bitten, kein Flehen. Warum? Keine Erklärung. Kommt er von der Schule runter, soll er das Bankfach lernen, will der Mann, findet aber keine Stellung, will ihn niemand. Da hat er bloß im Haus noch rumgesessen. Wenn ich mit ihm geredet habe, ist er in Weinkrämpfe verfallen. Kam jemand, hat er sich versteckt. Der Arzt sagt Pubertät, vergeht wieder, Beruhigungsmittel, soll Sport treiben. Er ist in einem wie dösigen Zustand gewesen. Einmal hat er zu mir gesagt: «Ich verdiene mir das Essen nicht.» Ich sage: «Aber du wirst es dir bald verdienen.» Darauf er: «Ich bin schon zehn Jahre tot.» Er hat auch viel rumgekritzelt, rumgeschmiert, meistens dasselbe, irgendwie Spiralen, irgendwie Irrgärten, eins habe ich mir gemerkt, weil da Selbstbildnis drauf gestanden ist, da war, kaum zu erkennen, ein nackter Mann in dem Irrgarten oder Spinnennetz gewesen, der hatte keine Beine und auch keine Hände, der ist ihm aber tatsächlich ähnlich gewesen. Auch so grüblerisch.

Die Spirale
Sie ist rund und windet sich immer
hinan. Sie wird nur deshalb Spirale
genannt befindet sich in der Uhr
genauso wie im Kugelschreiber.
Als ich mich auf dem Berg befand
hatte ich sie verloren. Die Spirale
sieht aus wie ein Hindu.

Einmal äußerte März, er fühle sich wie eine Spindel, die sich nur nach einer Seite drehen könne.

Mutter. Der Mann hat ihm eines Tages Adressen mitgebracht, daß er Adressen schreibt für eine Firma. Das hat ihm anfangs auch gutgetan, sehr gut, daß er etwas leistet, war er stolz, hat er den Stolz gezeigt. Eines Abends aber, wie ihn der Mann lobt, hat er alle Adressen zerrissen, die er in zwei Tagen geschrieben hat und den Mann bespuckt. Sogar auch mich, Herr Doktor. Am anderen Tage hat er dann geweint und sich bei mir entschuldigt. Wie sich sein Zustand gebessert hat, ist er durch meinen Mann bei MAN untergekommen, zuerst als Hilfskraft, dann normal, als normaler Arbeiter bis er zur Bundeswehr gekommen ist.

MAN.
Als Hilfskraft bei MAN strengte ich mich an, mich anzustrengen. Tu es nur mir zuliebe, sagte die liebende Mutter, und ich gab mein Bestes, tat was das Montageband mir jeweils vorschlug. Leider wenn ich mein Leben in die Arbeit legte, war es von mir weg, und ich konnte es auch nach Feierabend oder am Wochenende nicht wiederfinden. Ich versuchte nicht daran zu denken, denn ich wollte

kein Versager sein, sondern willig und fleißig. Je mehr ich mich ausarbeitete, je weniger behielt ich von mir. Ich vermutete, desto mehr wäre ich in den Sachen, die das Montageband mit meiner Beihilfe machte und schaute. Aber auch dort konnte ich mich nicht finden. Wenn ich die Muße hatte, sie zu betrachten, kamen sie als mir gänzlich fremde Sachen auf mich zu. Wo war mein Leben, das ich in die Arbeit legte, dann aber hin? Es schien, daß meine Arbeit meine Aushöhlung betrieb. Überhaupt schien sie außerhalb von mir zu existieren, denn ich konnte sie verlieren, und zeitweise fiel es mir schwer, mich ihrer zu bemächtigen. Ich war in meiner Arbeit nicht zu Hause. Ob ein anderer in der meinen hauste, überlegte ich manchmal. Als ich dies äußerte, besuchte mich an meinem Arbeitsplatz der Werksarzt und ordnete Durchleuchtung an. War aber pumperlgesund.

Ein Brief vom 4. LAR Ütersen.
Ihr Lieben! Ich bin jetzt ein zufriedener Soldat. Die erste bittere Zeit habe ich gedacht, ich schaffe es nicht. Dann riß ich mich am Riemen, und ich schaffte es wie alle anderen. Bekam für gutes Schießen sogar einmal Sonderurlaub. Da war ich mit drei Kameraden in St. Pauli. Da mich die Kameraden achten, bin ich sogar ein glücklicher Soldat und hoffe, es wird alles mit mir gut. Das schönste ist, ich lerne hier Auto fahren, Führerschein 1 und 3, und zeige mich sehr fahrbegabt. Wie findet Ihr das Foto mit Schnurrbart? Das Mädchen ist die Schwester eines Kameraden. Ob ich vielleicht Fotograf werden soll? Herzlich Euer Alexander.

März wurde nach sechs Monaten von der Bundeswehr entlassen. Er hatte sich wiederholt vom Dienst entfernt und lächerliche Begründungen dafür angegeben. Zum Beispiel, er habe sich lila Tinte holen müssen, um eine Beschwerdeschrift abzufassen, man ermüde ihn systematisch und zersetze ihn.
Im Arrest habe er sich geweigert, sich zu rasieren und zu essen. An die Zellenwand habe er sonderbare Losungen geschrieben, «Auch die Gedanken sind nicht frei (Hypnose)», schließlich geäußert, seine Arme und Beine seien zu schwer, er könne nicht marschieren und nicht grüßen. Klagte über Schmerzen in den Fingerspitzen, er habe das Fingerspitzengefühl verloren.
Im Bundeswehrkrankenhaus wurde März über längere Zeit als Si-

mulant behandelt, wegen der funktionellen Beschwerden starken faradischen Strömen ausgesetzt. Er saß vor einem Sanitätsfeldwebel, der bewegungsgestörte Arm an das Behandlungsgerät angeschlossen. Auf stärker werdende Stromimpulse riß März den Arm zum Gruß an den Kopf und schrie.
Schließlich wurde März als ‹für die Bundeswehr psychisch ungeeignet› entlassen.

Mutter. War, wie er heimkam, anders, mehr für sich, hat wieder bei MAN angefangen, aber nicht zufrieden, hat sich nicht gern was sagen lassen. Die Schwester, die durfte nicht in sein Zimmer, wollte mal ihre Schularbeiten dort machen, schloß er sein Zimmer ab, durfte niemand an seine Sachen. Der Mann hat nicht mehr mit ihm gesprochen, die sind sich aus dem Weg gegangen, war in der kleinen Wohnung manchmal schwer. Wenn alles schlief, da ist er auf und hat die halbe Nacht gelesen. Auf einmal Politik, Herr Doktor, Bücher, Broschüren, Zeitschriften, das hat er dann studiert. Ist auch zu Versammlungen gegangen, war viel weg, aber vor allen Dingen lesen, das war kein Lesen, das war, daß er das in sich reingefressen hat und wurde immer schlimmer. Er ist oft gar nicht mehr zur Arbeit gegangen, hat bei MAN aufgehört und gejobt, alle paar Monate eine neue Stelle, hat ihm nichts gepaßt.

Arbeitskollegin. Es war an ihm etwas Leises, wie hinter Glas. Er hat über Sachen stark nachgedacht, über die ein anderer vielleicht nicht nachgedacht hat. Der Sinn des Lebens, aber auch Politik. Irgendwie war er vom Kurs abgekommen. Machte gern Fotos von Brillen, Gebissen und Hörgeräten. Kein Frauentyp.

Arbeiter. Nicht dumm, aber abseitig, in einem normalen Betrieb nicht zu brauchen.

Arbeiter. Einmal ist er selber auf dem Montageband dahergekommen, im Sommer, drauf gehockt, die Arme voll Bierflaschen, und jeder hat ein Bier gekriegt, war heiß. Der Bandmeister fragt, was das soll. Da hat er gesagt, eine sinnvolle Montage. Da kriegte er bald die Papiere.

Meister. Bescheiden, aber eine Meise. Zuviel Phantasterei. Kein Pflichtgefühl, keine Ausdauer. Wollte wohl mehr, was er wollte. Mußte immer jemand hinter ihm her sein.

März. Noch immer schlug mein Herz wie verfolgt bei Nennung des Namens Lydia. In einem Schaufenster (Damen- und Herrenhüte) sah ich die Initialen L & A (Lydia und Alexander), die mir geboten die Nachsuche aufzunehmen. Betrat die Bäckerei Graf, wurde jedoch mütterlicherseits nicht erkannt und gab mich nicht zu erkennen, warf in den Briefkasten aber einen Zettel mit L & A, so daß sie Bescheid wissen mußte, A. ist zurückgekehrt. Flog von dem Baum eine Vogelfeder. Schon abends sah ich sie aus dem Haus treten, jedoch war sie nicht allein. Folgte ihr anderthalb Stunden zum Langwieder See und zurück. Fühlte mich frei und sehr glücklich, nur ihre Stimme zu hören. Ich hätte im Dunkeln so immer fort gehen mögen. Es liefen die beiden Mädchen auf einmal davon wie verfolgt.

Anderentags in einem Biergarten merkte ich, daß Lydia mich nicht bemerkte, man hatte mich unkenntlich gemacht.

Im Postamt betrachtete ich sie aus der Telefonzelle. Sie machte mir heimlich Zeichen. Da wurde sie von einem jungen Mann, der ihren Verehrer spielte, schnell abgeführt, schaute sich aber um.

Ich schickte ihr als Telegramm die Frage aus dem Neuen Katechismus über Liebe und deren angenehme Produktionsmittel, es wurde ihr aber verboten, darauf zu reagieren.

An einem Sonntagabend vor ihrem Haus war ein Mann engagiert, der sie küssen sollte, um mich zu demütigen. Ich ging vorbei und sie trat sehr erschrocken ins Dunkle. Da wußte ich Bescheid.

Mutter. Er war wie weg von mir, auf einmal unerreichbar. Hats geschmeckt? Ja. Wo gehst du hin? Aus. So kalt, so abweisend. Wenn er lachte, war das kein Lachen. Wenn ich ihn umarmen wollte, zuckte er zusammen.

Die Wüste.
Eisklapp die Stumme Sandweit war
so klar war auch mancher Soldat.
----

panzte sich das Schwert heran.
nein leider weiter geht es nicht.
als bis zu mir herein.

März. «Auch auf der Straße bemerke ich Freunde und Feinde. Wenn ich in einer S-Bahn fahre, steige ich erst im letzten Augenblick ein. Dennoch kommt es vor, daß ich den Wagen wechseln muß, weil ich feindliche Ausstrahlungen spüre.»

Mutter. Das ganze Zimmer war zuletzt schon voll Papier, und er saß auf dem Boden, las, schrieb, riß Seiten aus den Büchern, sprach mit sich, sprang plötzlich auf und schloß bei hellem Tag die Fensterläden. Erst da bemerkt er mich, und wie ich ihn umarme, stößt er mich zurück.
«Das war einmal, Mama. Da war ich blind. Jetzt fang ich an zu sehen.»
«Was Junge, was?»
«Gewalt. Das ganze System der Gewalt.»
Das hat ihn ganz verrückt gemacht, hat auch nicht mehr geschlafen, immer Politik. Hat Flugblätter drucken lassen, die hat er in den Kirchen in die Gebetbücher gelegt und in den Biergärten auf die Tische. Hab ich den Arzt gefragt, der sagt, das ist die Jugend heute, geht vorbei, nachts ein Phanodorm. Ob da nun Frauen auch im Spiel waren?

März. Ein Flugblatt. Neuer Katechismus.
Was wissen wir über Gott? – Nichts.
Gibt es ein künftiges Leben? – Nein.
Was ist das Gewissen? – Das Gefühl, man habe eine Vorschrift der Oberschicht nicht befolgt.
Was ist die Oberschicht? – Die Herrschenden und Verzehrenden.
Ist zu herrschen eine Arbeit? – Nein. Es ist kaum eine Beschäftigung.
Welches sind die Hauptlügen? – Politik, Religion, Gesetzgebung.
Was schuldet man seinem Vaterland? – Überhaupt und gar nichts.

Was ist Liebe? – Eine sehr schöne Produktion.
A. ein Prophet der Neuzeit.

An einem warmen Sommerabend sah sich die Mutter noch spät einen Kriminalfilm an, während sie einen Bügelautomaten bediente. Da sei Alexander, den sie noch außer Haus wähnte, ins Zimmer gekommen und habe wortlos den Fernseher ausgestellt.
«Was ist?» – «Schluß.» – «Warum?»
Da habe er den Stecker des Bügelautomaten aus der Steckdose gerissen, danach die Antenne und den Stecker des Fernsehers.
«Ich werde verhindern, daß ich auf ganz brutale Weise abgehört und abgefühlt werde, via Fernsehen! Beobachtet und kontrolliert, wo immer ich gehe und stehe. Es werden mir die Gedanken ausgesetzt, damit ich die wahre Stimme nicht unterscheiden kann von der unwahren, denn es diktieren immer zwei, eine gemütliche und eine schrille. Die denkt so scharf, daß mir der Kopf weh tut und mein Gehirn vereist. Das ist die wahre Stimme, Mama! Die Wahrheit ist ein Messer, das schneidet durch meine Eingeweide. Ich geh im Zickzack, doch ich halte durch!»
Er habe den schweren Fernseher gepackt und aus dem 2. Stock auf die Straße geschmissen. Sie habe wie gelähmt zugeschaut. Auf den Krach hin sei der Mann aus dem Schlafzimmer gekommen und habe sich auf den Jungen gestürzt, der wie befreit gelächelt habe. Da habe die Mutter gewußt, er ist verrückt geworden.

Vater. Das war für mich der Punkt, da war es aus. Wer Sachen demoliert, da hört die Gemütlichkeit auf. Jetzt mußte die Familie vor ihm geschützt werden.

Mutter. Er ist noch mal gekommen, stand plötzlich in der Küche, hatte nichts gegessen, aß acht Semmeln, sah mich aus tiefster Seele an und fragte, ob er sich auf mich verlassen könne. Ich sagte ja, da sagte er, daß er bald am Ende sei, er sei jetzt bald erlegt, ob ich an seinem Kreuz wohl stehen würde, denn einer müsse weinen. Ich sagte ja und weinte. Da hat er meine Hand genommen und gesagt: «Bedanke mich für alles und die Semmeln, Mama.» Ich hab ihm Geld gegeben, hat er nicht genommen.

Exploration. «Es wurde mir alles abgejagt, erst fehlten Bücher und Gedanken, dann ging mein elektrischer Kochtopf kaputt, dann nahm man mir die Fähigkeit, andere zu verstehen.»
«Wer?»
«Ein Ast lag auf der Straße, las sich wie ein L.»
«Was bedeutet L?»
«Lydia. Man will mir jetzt auch noch das Vögeln nehmen.»
«Woraus schließen Sie das?»
«Wenn ich ein Mädchen kennenlerne, sehe ich es nicht wieder.»

«War es zu Hause leichter, wenn Ihr Sohn nicht da war?» fragte Kofler die Mutter.
«Es war, wenn keiner da war, der an allem schuld ist, auch nicht recht, Herr Doktor.»

Arbeitskollegin. Wie ich zu ihm mal hinkomme, war an der Tür kein Schild, keine Klingel, klopfe ich also, rührt sich lange nichts. Auf einmal bemerke ich, die Briefkastenklappe in halber Höhe ist hochgehoben, und er schaut heraus. «Ach du, Vroni.» Das war mir unheimlich.

Lydia Graf. Ich kann mich auch beim besten Willen nicht an ihn erinnern. Überhaupt und gar nicht. März?

März. «Es wurden Beraubungen an mir ausgeführt. Bei MAN wurde ich in den Geist der Maschine gesteckt, beim Bund in den Geist der Rohrpost.»

Kofler bat März, seine erste Begegnung mit einem Psychiater zu schildern:
Das war ein Mann mit einem eisgrauen Vollbart, über und über behaart. Die Mutter hatte gebeten, die Mutter hatte geweint, daß ich mit ihr zu ihm gehe, damit ich wieder gesunde, damit er mir Pillen verschreibt. Sprach er zuerst geheim mit der bereiten Mutter, wollte ich schon nicht mehr hinein. Doch wieder weinte die Mutter, ging ich hinein aber sprach nicht.
«Sie fühlen sich verfolgt, Herr März? Sie hören im Fernsehen Stimmen, Herr März?» wollte der Bart gerne hören. Schwieg ich und sah den Verrat.

«Da Sie Probleme haben, würde ich Ihnen gerne helfen. Was haben Sie für Probleme?»
«Was ich gerne wissen würde, Herr Doktor, wie werden Bögel gebacken?» Das fiel mir gerade ein.
Schon ruft er die Mutter herein, schon schickte er mich wieder hinaus. Ich fühlte das Komplottieren, schon ruft er mich wieder herein.
«Ich habe mit Ihrer Mutter besprochen, daß Sie ein paar Tage Ruhe brauchen, es wird sich dann alles schnell klären.»
Bald brachte die liebende Mutter den Sohn, der ihr traute, nach Lohberg, und dreimal krähte der Hahn. Die Fallen der Psychiatrie habe ich früh zu finden gewußt. So war ich verraten verkauft.

Kofler, Notizen. Es scheint, daß sich der psychiatrische Patient in seinem Verhalten oft nach der Erwartung des Psychiaters richtet. In den Fragen erscheinen die Krankheitsvorstellungen des Psychiaters, denen der Patient zu genügen sucht. Weil er sich in die extreme Situation des Patienten nicht einfühlen will, er hält psychotisches Verhalten der Lehre gemäß für uneinfühlbar, bucht er Symptome, wo sich der Patient vielleicht nur situationsgemäß verhält. Wenn ein Kranker zum Beispiel unruhig hin und her geht, weil ihn die Situation nicht ruhen läßt, nennt der Psychiater das ‹umtriebig›, lächelt der Patient unsicher auf ihm merkwürdig scheinende Fragen, wird das zum ‹läppischen Grinsen›, äußert sich der Patient zurückhaltend, weil er den Arzt nicht mag, spricht der von ‹Kontaktarmut›, findet er den Arzt taktlos und wendet sich von ihm ab, nennt der das ‹negativistisch›, geht der Patient auf den Arzt nicht ein, kann er ‹kein geordnetes Gespräch führen›, wechselt er aus Unsicherheit das Thema und redet viel, ist er ‹ideenflüchtig›, spricht er dagegen leise, weil er sich seiner Lage schämt, ist er ‹depressiv›, zögert er unentschlossen, ist er ‹antriebsarm› und so fort. Viele rätselhafte Störungen des psychotisch Kranken versteht man sofort, wenn man sie metaphorisch versteht, sowohl im Verhalten wie in den Wahninhalten.

Kofler, Notizen. Psychiatrische Mißverständnisse. Als ich März, der sich durch übernatürliche Kräfte beeinträchtigt fühlte, fragte, ob er wirklich glaube, daß Geister oder andere übernatürliche Kräfte existieren und gegen ihn tätig würden, sagte März, er sei schließlich auch ein Geist und eine übernatürliche Kraft und lächelte.

März. «Fühle mich nichtig in eigener Gestalt, so lieh ich mir manche andere.»

März. «Mein Leben war ein Spießrutenlaufen. Da ich nicht schlagen konnte, lief ich. Bald ist man daran gewöhnt.»

März, Briefe. Mein Unglück, geehrte Medizinalbehörde, begann, als ich sehr klein und kompakt zu wuchern anfing, nach einem mir fremden und unausweichlichen Plan, ich hätte viel lieber beschlossen zu schrumpfen wie Hauptlehrer W., Abt. 5, nach seinem Gutdünken.
Zu Protokoll gegeben von Alexander, T. G. m. b. H.
(Therapiegemeinschaft mit beschränkter Haftung)

Beschreibung
einer klinischen Karriere 1

«Die Bedrückung ist hier schon in die Bettwäsche eingewebt.»

«Wenn Sie hier mal drin waren, ist es schwer, nicht wiederzukommen. Nach 15 Jahren sind Sie hier zu Hause.»

Kofler schrieb einmal alle Wörter auf, die ihm für «verrückt, Verrückter, Verrücktenanstalt» einfielen und brachte die in zwei Sätzen unter. Untereinander geschrieben sah das wie ein Gedicht aus. Das könnte auch gesungen werden, dachte er.
Im Irrenhaus
da sind die Irren drin
die Spinneten
die Anbrennten
die Narrischen
hippetee
lüteti
manoli
die Meschuggenen
die Bestußten, die Bekloppten
die nich janz bei sich sind
die sind da drin
im Irrenhaus, im Tollhaus
im Drallkasten, in der Verrücktenanstalt.
Bei denen es piept
bei denen es rappelt
die Graupen im Kopf haben
bei denen hats ausgehakt
die nicht bei Troste sind
hintersinnig, gestört, plemplem
wahnwitzig, besessen, umnachtet
die sind im Narrenhaus drin

im Tollhaus, im Spinnhaus
im Tollkoben
lüteti
in der Klapsmühle.

Die Verachtung, die der psychisch Kranke von der angepaßten Majorität erfährt, der mit dem Fimmel, dem Koller, dem Puschel, dem Triesel, der Meise, dem Haschmich, wird auch auf diejenigen übertragen, die berufsmäßig mit dem psychisch Kranken zu tun haben. Die Umgangssprache sieht den Psychiater in der Nähe des Kranken, sie beschreibt seine Verwahrungsfunktion stärker als seine Heilungsfunktion. Sie nennt den Psychiater Mallenrat, Mottenhäuptling, Grützmüller, Graupenfänger, Klapsgreifer, Meisenwart, Idiotenhäuptling, Psychopater, Kabbesflicker, Brägenputzer, Birnenpolierer, Dr. Knacks und Dr. Klaps. Ihr Tätigkeitsfeld ist die Fimmelburg, der Affenkasten, die Plemplemmerie, die Knacksbaracke, die Mallkaserne, die Spinnerfarm, die Grützmühle, die Manolifabrik, der Kretinbunker, das Trillerhaus, die Stußbude, die Rosinenfarm, die Ticktimpe, der Spleenschuppen, der Graupenacker, die Knallbaude und der Idiotenkäfig.

März, Aufsätze. Rehabilitation.
Kommst du aus Lohberg, oh, besser du kämest verwest aus Stalingrad oder Stadelheim. Ja was, Sie kommen aus Lohberg? sagte das Personalbüro und schloß ihre luftigen Schenkel, rückt der Popo hin und her.
Ja was, Sie kommen aus Lohberg! Wir brauchen hier zum Telefonieren aber einen Körperbehinderten, leider.
Lohberg? Leider, leider, leider, leider, leider, leider, leider, leider, leider.
Lohberg? Machen Sie sich keine Sorge. Ich sehe das Schicksalhafte der Behinderten, sie stehen im Mittelpunkt der sozialpolitischen Diskussion. Botengänge, ich denke, wären nicht schlecht, da kommen Sie herum, kommen auf andere Gedanken.

Kofler, Bericht. Alexanders erster Aufenthalt in Lohberg hatte sechs Monate gedauert, der zweite und dritte dauerte je vier Monate, der vierte 15 Jahre. Zu der zweiten Einweisung war es gekommen, als die Mutter nach einer schweren Operation zu einem Kuraufenthalt verschickt worden war. Die jüngste Schwester der Mutter, unverheiratet, versorgte den väterlichen Haushalt. März, der nach großen Eingliederungsschwierigkeiten als Lagerarbeiter in einem großen Werk arbeitete, lebte damals allein in einem behelfsmäßig hergerichteten Gartenhaus. Zweimal wöchentlich kümmerte sich die Mutter um seinen Haushalt. Sie beschreibt den Garten, den März angelegt hatte, als exzentrisch, «phantastisches Durcheinander», so daß er Schwierigkeiten mit den Nachbarn bekam, die sie aber beigelegt hätte. Als die Mutter ausblieb und ihn die Nachricht von ihrer Krankheit erreichte, kehrte er überraschend in die elterliche Wohnung zurück und hängte überall große gerahmte Fotos der Mutter auf, die er mit Trauerfloren versah, mehrere Fotos allein in der Küche. Er verlangte, daß alle Trauerkleidung anlegen, denn die Mutter sei nicht zur Kur, sondern umgebracht und beiseite geschafft. Als ihm die Suppe beim Mittagessen serviert wurde, schüttete er sie unter den Tisch und behauptete, sie sei vergiftet. Im Polizeipräsidium erstattet er Anzeige gegen den Vater und die Schwester der Mutter wegen Mordes und intimer Beziehungen. Seine eigene Schuld und Mittäterschaft bestehe darin, daß er die Mutter verlassen und so die Tat ermöglicht habe. Er bat um seine Verhaftung und einen Kriminalprozeß. Die Polizei nahm die Anzeige nicht an, weil sie Zweifel an seiner Zurechnungsfähigkeit hatte. Als er die Polizei Mordkomplizen und zeitkastrierte Bullen des Kapitals nannte, wurde die polizeiliche Verbringung nach Lohberg angeordnet.

Gesetz über die Verwahrung geisteskranker, geistesschwacher, rauschgift- oder alkoholsüchtiger Personen (Verwahrungsgesetz).
Bayerisches Gesetz- und Verordnungsblatt 1952 Nr. 14
Auszüge:
Art. 1
Geisteskranke, geistesschwache, rauschgift- oder alkoholsüchtige Personen, die gemeingefährlich oder selbstgefährlich sind, können in einer Heil- und Pflegeanstalt, einer Nervenklinik, einer Entziehungsanstalt oder sonst in geeigneter Weise verwahrt werden, wenn dies aus Gründen der Öffentlichen Sicherheit oder Ordnung erforderlich ist. (...)

Art. 4
(2) Die Anhörung der betroffenen Person kann unterbleiben, wenn sie mit besonderen Schwierigkeiten verbunden ist oder wenn nach fachärztlichem Urteil eine Verständigung mit der betroffenen Person nicht möglich ist oder nicht ohne Nachteil für ihren Gesundheitszustand ausführbar ist. (...)

(6) Das Gericht kann vor der Anordnung der Verwahrung den Betroffenen durch Beschluß vorläufig, jedoch höchstens auf die Dauer von drei Monaten, zur Beobachtung in einer Heil- und Pflegeanstalt, einer Nervenklinik oder einer Entziehungsanstalt unterbringen.

Art. 5
(1) Ist aus Gründen der öffentlichen Sicherheit oder Ordnung die sofortige Unterbringung einer in Art. 1 genannten Person zwingend notwendig, so kann die Polizei, soweit nicht die Voraussetzungen für die Beantragung einer Maßnahme nach § 126a StPO vorliegen, diese Person in eine Heil- und Pflegeanstalt, eine Nervenklinik oder ein sonstiges Krankenhaus einliefern. (...)

Art. 6
Die in einer Heil- und Pflegeanstalt, einer Nervenklinik oder einer Entziehungsanstalt verwahrten oder vorläufig untergebrachten Personen unterliegen dort der nach den Regeln der ärztlichen Kunst gebotenen oder zulässigen Behandlung.

Art. 8
(1) Ist die Verwahrung angeordnet worden, so hat das Gericht bei einer Verwahrung in einer Entziehungsanstalt jeweils nach Ablauf von 6 Monaten, in den übrigen Fällen jeweils nach Ablauf von 2 Jahren zu prüfen, ob die Voraussetzungen hierfür noch vorliegen. (...)

Art. 10
(2) Die Kosten des Verfahrens sind, wenn die Verwahrung oder die vorläufige Unterbringung angeordnet wird, von der verwahrten oder vorläufig untergebrachten Person, andernfalls vom Staat zu tragen.

Bekanntmachung zur Ausführung des Gesetzes über die Verwahrung geisteskranker, geistesschwacher, rauschgift- oder alkoholsüchtiger Personen. (Verwahrungsgesetz)
Bayerisches Gesetz- und Verordnungsblatt 1952 Nr. 26
Auszüge:
5. Zu Art. 5 Abs. 1:
(1) Ist aus Gründen der öffentlichen Sicherheit oder Ordnung die sofortige Unterbringung einer in Art. 1 des Gesetzes genannten Person zwingend notwendig, so obliegt die Einlieferung nach Art. 5 Abs. 1 des Gesetzes im Rahmen ihrer Zuständigkeit der Land-, Grenz- oder Gemeindepolizei. Die Polizei hat dabei auf Grund eigener Entschließung zu handeln. Sie bedarf weder eines gerichtlichen Auftrags noch eines ärztlichen Gutachtens.

Bekanntmachung zur Änderung der Bekanntmachung zur Ausführung des Verwahrungsgesetzes.
Bayerisches Gesetz- und Verordnungsblatt Nr. 16 1960
I. Die Bekanntmachung zur Ausführung des Gesetzes über die Verwahrung geisteskranker, geistesschwacher, rauschgift- oder alkoholsüchtiger Personen (Verwahrungsgesetz) vom 18. September 1952 (BayBS I S. 437) wird wie folgt geändert:
1. Der Nr. 1 wird folgender Absatz 4 angefügt: «(4) Auf hirnverletzte Kriegs- und Unfallbeschädigte ist besonders Rücksicht zu nehmen. Sie sind möglichst gesondert von anderen Verwahrten und, wenn es sich nicht um eine länger dauernde Unterbringung handelt, in Universitätskliniken unterzubringen.»

März. Nicht stehlenrauchen – nicht hustenschmauchen.
Wei wa, ei ja und nicht weinen. Johannisbeeröl oh Mörderträne der Schausau. Verboten zu weinen im Herbst, Zottelbär oder Knabe. Schwarz ist die Farbe der Stiefel, liebliche Einsatzbullen, doch einmal schon naht sich die Zeit des O Tannenbaum, Kerzen zu zünden Baum zu entmünden, schwarz sind die Spuren im Schnee, hüpfen in der Judenschar, Raben und stenografieren (Tipfel)

März, Aufsätze. Die Tagesnähmaschine.
Wenn morgens die suchende Hand den läutenden Wecker abstellt, schon sitzt ihr präziser Steppstich durch Nagel und Fingerkuppe. Aufstehn und anziehen und Frühstück, ein Nes und hinein in die

U-Bahn. Hat jeder die Zeitung zum Lesen? Ausweis und Stechkarte, umziehn, «sechsuhrfünfundfünfzig, mit Musik begrüßen wir die Kollegen zur Morgenschicht», Schutzbrille, Schutzhelm, Ohropax. Rata rata ratata, schon sind die Hände umrändert, gehen am Faden die Gliedmaßen. Band, Kantine und Band, Abort, Kantine und Band. Umziehn, ein Bier, in die U-Bahn. Gegessen, gewaschen, jetzt Freizeit. Stichelt fein, feiner, am feinsten um Kopf und Geschlechtsteil. Ausruft im Fernsehen der Mörder «Wir wünschen eine gute Nacht», scheucht alle Schläfer vom Schlafstuhl durch sein gemütliches Rauschen. Jetzt wird ein jeder ins Bett noch schnell eingenäht. Dann ruhen die Nähmaschinen. Erwarten den neuen Tag.

Liebe Nachbarn der Schrebergartensiedlung Waldwinkel.
Melde ergebenst Mitschuld im Mordfall März, Johanna durch Liebesdiebstahlsverrat im Polizeikomplott. Erdulde stündlich Verhöre, tags links und nachts rechts im Ohr. Schlüssel unter der Regentonne.
Hochachtungsvoll Alexander
ps Bald geht die Sonne auf, Richter.

An den Internationalen Gerichtshof
Den Haag, Holland und Niederlande.
Werter Gerichtshof, Polizeikomplott und Verfassungsschutz erzwingt Erscheinen falscher Mutterfiguren im Fernsehen, daß ich vertusche, was uns alle umbringt und sie ermördert hat. Was hat uns denn alle in diese kleinen Männchen verschrumpft, denen das A und das B aus den Ohren tropft und lecken als speichelnde Lecker, und wer zerkautert das Hirn in Trockenfutter? Das sollen Sie und schnell herausfinden, Mitteilung machen im Amtsblatt. Sind das nun hier schon Verhöre, Doktoren und Pfleger verkleidet? Sind Bohnen Geschlechtsorgane und soll das Gewehr nicht auch zu diesem Weihnachtsfest geladen sein?
Aussagebereit Mörder März

Traum. Fand meine ermordete Mutter im Leichenschauhaus auf einem steinernen Tisch, ich war dort ein Angestellter und empfing die Weisung, die heimliche Leiche zu waschen, denn sie war stark beschmutzt. Wusch ihr das Haar, die Füße und den Venusberg. Da winkte die Hand der Mutter, es fehlten ihr aber vier Finger.

Kofler, Notizen. Ein Patient, der gegen seinen Willen in eine psychiatrische Klinik eingeliefert wird, hat in schneller Folge eine Serie von Erlebnissen, die geeignet sind, ihn gänzlich zu verwandeln. Jemand, der ihm nahesteht, hat hinter seinem Rücken die Polizei gerufen, die ihm merkwürdige Fragen stellt. Sein psychischer Ausnahmezustand, der Grund die Polizei zu Hilfe zu rufen, erlaubt ihm kein ruhiges Eingehen auf die Fragen, er sieht sich verraten und hintergangen, die Angehörigen stehen auf der Seite der Polizei, verweigern ihm die Unterstützung. In dieser meist dramatischen Situation weigert er sich in der Regel, einer amtsärztlichen Untersuchung zuzustimmen, die ihm von der Polizei vorgeschlagen wird, denn er sieht selbst keinen Anlaß dazu, nimmt die Aufforderung dazu als Teil des gegen ihn laufenden Komplotts. Die Polizei nimmt sein Verhalten und seine Weigerung als Bestätigung seiner Gemeingefährlichkeit oder der Selbstgefährdung. Auf die Angaben Dritter und den eigenen Augenschein gestützt, ordnet sie die Verbringung in ein psychiatrisches Landeskrankenhaus an und führt dies augenblicklich durch, weil sie sich nicht imstande sieht, die Gefährlichkeit des Patienten zu verneinen. Der Patient, ohne Verständnis für die Eingriffe in seine Entscheidungsfreiheit, weigert sich, sträubt sich, wehrt sich und wird gewaltsam in die zuständige Klinik gebracht. Hier wird er einem Arzt vorgestellt, der die vorläufige Aufnahme veranlaßt und die Beobachtung des Patienten anordnet. Der Patient wird einer geschlossenen Aufnahmestation überwiesen und kommt dort auf den Wachsaal. Der Pfleger, der die Aufnahme durchführt, bringt den Patienten zuerst ins Bad, wo dem Patienten die Kleider und alle Sachen, die er mit sich führt, weggenommen werden. Er wird gebadet, bekommt Krankenwäsche und Krankenkleidung. Er belegt eines der 50 Betten des Wachsaals. Wenn er unruhig ist, bekommt er eine Beruhigungsspritze, wenn er etwas über sich erfahren will, wird er vertröstet. Fenster und Türen des Wachsaals sind verschlossen, zwei Pfleger sind ständig anwesend. Waschraum und Toiletten sind einsehbar. Alle Verbindungen des Patienten zur Außenwelt sind mit einem Mal abgeschnitten, er kann keinen Besuch kriegen, er kann nicht telefonieren, und wenn er Briefe schreibt, werden sie von der Klinik eingesehen und dürfen zurückgehalten werden. Der Patient hat in wenigen Stunden alle Rechte und Freiheiten seines bisherigen Lebens verloren, er hat keinen Einfluß auf die Maßnahmen, die über ihn verhängt werden. Auch die medizinische Behandlung, die für ihn angeordnet wird, bedarf seiner Zustimmung nicht. Er hat das Gefühl, er ist in eine Falle geraten, in einen Zustand der äußersten Entwürdigung, dem er nicht entrinnen kann. Er sieht sich von erbarmungswürdigen Leuten umgeben, die er nicht versteht, die ihn nicht verstehen, und deren Verhalten ihn ängstigt. Was immer er tut, wird beobachtet, jede seiner Handlungen muß vom Pflegepersonal gebilligt oder besonders genehmigt werden. Auf diese Lage werden Patienten natürlich ganz verschieden reagieren. Sie können sich erregen oder resignieren, schreien oder schweigen, toben oder sich auf sich zurückziehen, sicher ist nur eines, daß der Psychiater, der mit dem Patienten an einem der nächsten Tage ein erstes diagnostisches Gespräch zu führen sucht, einem durch die Klinik veränderten Patienten gegenübertritt, der mit dem Menschen vor der Einlieferung vielleicht nur sehr wenig zu tun hat, und der die wichtigste Voraussetzung für die Behandlung wenigstens vorübergehend verloren hat, das menschliche Vertrauen, die Solidarität der Gattung. Es ist zu befürchten, daß die Mehrzahl der Psychiater, auf organische Symptome orientiert, das nicht weiß, jedenfalls nicht berücksichtigt und für nebensächlich hält.

An der Quelle saß der Knabe
das Wasser mit Buchstaben zu versehen
aber es las sich kein Wort

Krankenbericht. Bei diesem Aufenthalt in der Klinik war März reizbar und stand unter dem Einfluß von Halluzinationen. Er hatte die ihn einliefernden Polizisten bespuckt, sich von den Pflegern nur unter Zwang ausziehen und baden lassen. Er war unruhig, weigerte sich, Pfleger und Patienten in die Nähe seines Bettes zu lassen, schleuderte einen Suppenteller nach einem transportablen Fernsehgerät, das ein Pfleger mitgebracht hatte, um eine Fußballreportage anzusehen.
In einem diagnostischen Gespräch mit Dr. Feuerstein, der damals die Aufnahmeabteilung leitete, führte der gespannt wirkende Patient dauernd Nebengespräche, schien akustischen Halluzinationen ausgesetzt. Er nannte seinen Vater einen gemeinen Hund und seine Tante eine blondierte Fotze, die mit der Polizei unter einer Decke stecke.

Exploration. (Dr. Feuerstein)
«Ich habe dafür Beweise. Ich will keine Namen nennen. Man hat mir ins Gesicht gesagt, daß ich keine Ruhe mehr finde, ausgenützt, ausgenommen, ausgebeutet – – Scholle unter dem Brunsteiter – Ruhe!»
M. steckte die Daumen in die Ohren, stand auf und sah zur Decke, unbewegt und eine längere Zeit.
«Was wollen die Leute von Ihnen?» fragte der Untersucher und wiederholte die Frage, als M. nicht antwortete. «Was wollen die Leute von Ihnen?»
«Ausstellen. Sie wollen mich in einen Glaskasten stellen.»
«Warum?»
«Aus Erniedrigungsgewohnheit. Um mich auszuschalten. Ich spüre das in den Augen, blau, blau, blau sind alle meine Kleider. Wer weiß, wird ausgeschaltet.»
«Was weiß?» – Pause. «Was weiß, Herr März?»
«Schlal war die Braut und Labsalin im Wald und auf der Heide.»
«Schlal?»
«Das Talglicht für die Nacht, den Samen für die Acht. Eiskalt, sehr kalt der Winterwind.»
M. drückte sich mit Daumen und Zeigefinger die Augen zu und schüttelte mehrmals den Kopf, verharrte in horchender Haltung.
«Hören Sie wieder Stimmen?» Pause. «Fühlen Sie sich behindert?»
«Wenn die Hypnose zu mir durchdringt, muß ich tun, was ich nicht will, den Teller wegschlagen oder an unanständige Sachen denken.»
«Was zum Beispiel?»
«Bewegung stärkt den Geist. Nachts rumlaufen. Mir selbst den Hals zudrücken.»
«Wer hypnotisiert Sie? – Männer oder Frauen?»
«Frauen», sagte M. nach längerem Schweigen. «Sie wollen durch mich durchsehen.»
«Warum?»
«Weil ich ein Fremdkörper bin. Man stellt mich in einen Glaskasten als Versuchskaninchen.»
«Fühlen Sie sich körperlich verändert?»
«Vor den Augen ein Netz, ein Schleier, daß ich was ist verschleiert sehe.»

«Standen Sie bei MAN auch unter Hypnose?»
«Da wurde ich nur ferngelenkt.»
Unmotiviertes Lachen von M., der die Tür einen Spalt öffnet, um nachzuschauen, ob wir beobachtet werden. M. knipst meine Tischlampe an und aus.

Kofler, Notizen. Das freundliche Verhalten der meisten Psychiater zu ihren Patienten ist eine Mystifikation, denn die zur Schau getragene Freundlichkeit basiert auf keinem wirklichen Interesse an der Kommunikation mit dem Patienten. Der Psychiater, der der Ansicht ist, daß es sich bei der Psychose um eine organische Störung handelt, ist an den inhaltlichen Mitteilungen des Patienten sowenig interessiert wie etwa ein Techniker an den Resultaten eines technisch gestörten Computers interessiert ist. Wenn er mit dem Patienten redet so nur, um herauszufinden, ob eine Störung vorliegt. Da der Patient kein Computer ist, muß er ein Interesse an ihm heucheln. Das aber wird von dem Patienten bemerkt und als ein Moment bewertet, ihn weiterhin durch Täuschung verrückt zu machen, denn das kennt er aus seiner bisherigen sozialen Umgebung.

Aufgefordert eine Kreuzigung zu malen, zeichnete Alexander die Kreuzigung einer Frau, das Herz Jesu wie ein Geschlechtsteil in einem rhombisch angeordneten Strahlenkranz aus Haaren, Brüste und langes Lockenhaar. Es ist vollbracht, sagt ein Hund, der Herzen frißt, in einer Sprechblase.

Krankengeschichte, Äußerungen des Patienten M.
«Man hat einen Gedanken und der ändert sich plötzlich.»
«Ein Gefühl, als würde einem ein Gedanke nicht mehr gehören.»
«In der Unterhaltung kommen andere Sätze dazwischen. Wenn ich einen Namen nannte, wurden andere Namen eingeschoben.»
«Mal stürzen die Gedanken fort, mal sind sie verlangsamt, wie ein Auto, das im Schnee steckengeblieben ist. Der Motor arbeitet, es drehen sich die Räder, aber es kommt nichts von der Stelle.»

Krankengeschichte. Nach Beendigung der ersten Elektroschockbehandlung mit insgesamt elf Anwendungen brachte der Patient Zeichnungen mit höherer Struktur nicht mehr zustande. Zum Zeichnen angehalten, teilte er das Blatt mit einem horizontalen

Strich, zeichnet in die obere Hälfte ein unregelmäßiges bewimpertes Dreieck, vielleicht auch als Rhombus zu deuten (Auge Gottes?; weibliches Genitale?), in die untere Hälfte an den rechten Rand einen Sarg.
In der Folge war der Patient nur noch fähig zu kritzeln, schrieb nicht entzifferbare Kritzelbriefe, meist an den äußersten Rand.
«Schausau, oho, riß-kant / von südwärts die Lindenblüte / strömt südwärts / schlitzmund ui jegerl oh he / miauende Schausau mein Eu.ter / honey Sophia Loren.»
«Spaziere im Winterwahld heurig / heilend und dankbar Weh C / Lohberg mein letzter Aufenthalt.»
Klinisch war der Patient unzugänglich und von Halluzinationen geplagt. In sich selbst zurückgezogen mied er Ärzte und Pflegepersonal. Es war ein schwerer psychotischer Rückfall eingetreten. (Datum)

Der Dolch
Heft an festen Dolch gewesen
Muß ein Dolch gewesen sein
steht drinnen im Blute
und wacht, ob draußen kann da nichts entstehen.
Da dolchte es in mir herum
wie deutsche Ärzte sich vertun,
ich bin klein, mein Herz ist rein.
Da muß etwas geschehen sein.

Eintragung in der Krankengeschichte. Ohne jeden Sinnbezug beantwortet M. an ihn gerichtete Fragen abwechselnd mit «gewiß doch, ja» und «gewiß doch, nein». Dabei wackelt er die ganze Zeit mit den Ohren und der ganzen Kopfhaut. Auf das Ungehörige seines Verhaltens hingewiesen, legte er sich mit geschlossenen Augen auf den Fußboden und gab keine Antwort mehr. (Dr. Urban, Datum)

Krankengeschichte. Nach zwei Monaten medikamentöser Behandlung, die eine Änderung des Bildes nicht bewirkte, wurde der Versuch unternommen, die Elektrokrampfkur fortzusetzen. Schon nach Auslösung der ersten Krämpfe war eine Stabilisierung und Beruhigung des Kranken zu bemerken. Nach der vierten Anwendung hatte sich sein psychisches Befinden bedeutend gebessert. Zum Zeichnen aufgefordert, gelang ihm erstmalig wieder eine menschliche Gestalt. (Lachender Mann mit Bayernhütchen, auf seinem Kopf ein Affe.) Die Behandlung wurde auf medikamentösem Wege fortgesetzt. (Datum)

Geehrte Gerichtherren!
Beschäftige mich heute unter Aufsicht eines Pflegers bereits mit kleinen Rechenaufgaben der Grundrechenarten und bin bemüht, selbst mitgeholfen zu haben bei meiner Gesundung. Vermute in meinem Körper zuviel Elektrizitäts-Gammastrahlung, die ich zu entfernen suche durch Nasenbluten, so daß ersucht werden kann, in meine amtliche Entlassung einzutreten.
Hochachtungsvoll Alexander

Kofler, Notizen. Professor Feuerstein war so gewissenhaft, daß er einen Skandinavienurlaub unterbrach, um 20 ausgesuchten Patienten pünktlich ihren verordneten Elektroschock zu geben. Damals vertrat er die Ansicht, daß jede diagnostizierte Schizophrenie sofort einer Elektroschockbehandlung zu unterziehen sei, zumal durch die gleichzeitige Injektion des Nervengiftes Curare die Gefahr eines Wirbelbruchs ausgeschaltet war. Der Konsulvator setzt im Gehirn einen epileptischen Krampf, der durch eine toxische Nervenlähmung genialerweise nicht realisiert werden kann. Das war ein Fortschritt nach dem Geschmack von Professor Feuerstein. Das wird ihn natürlich nicht abhalten, 15 Jahre später die Psychopharmaka für die Wende in der Psychiatrie zu halten, wie er in den 50er Jahren von der Psychochirurgie die Wende erwartet hatte. In nicht zu langer Zeit werden wir an unsere heutigen Behandlungsmethoden nur mit Scham zurückdenken.

Kofler, Notizen. Der portugiesische Hirnchirurg Egas Moniz durchtrennte Weihnachten 1935 als erster die Nervenverbindungen zwischen Stirnhirn und Thalamus bei einem Schizophrenen, um dessen psychisches Verhalten operativ zu verändern. Der aggressive Kranke verfiel nach dem Eingriff in einen Zustand unerschütterlichen Gleichmuts. Bei sieben von 19 aggressiven Patienten, die er so operiert hatte, erzielte er das gleiche Ergebnis. Seine Operationsmethode, die sogenannte Leukotomie, hatte aggressive Wahnsinnige in den lenkbaren Dauerzustand gleichmütiger Apathie versetzt. Mit Begeisterung wurde das als der Beginn der Psychochirurgie gefeiert. In den Vereinigten Staaten wurden etwa 50000 Patienten innerhalb der nächsten 20 Jahre leukotomiert, in der übrigen Welt schätzungsweise 60000. Auf der Höhe der Begeisterung wurde Moniz 1949 der Nobelpreis verliehen, bald darauf jagte ihm ein früherer Leukotomie-Patient fünf Pistolenkugeln in den Leib. Zehntausende von Patienten dämmerten im Gefolge dieser Operationen apathisch dahin, es verfiel ihre Intelligenz, ihr Gefühlsleben, und es erlosch ihr Interesse an der Umwelt. Die Leukotomie kam aus der Übung, weil Schocktherapien und Psychopharmaka den Zweck der Dämpfung und Zähmung ebensogut erreichten. Jetzt lese ich über neue Fortschritte der Psychochirurgie mit eleganteren Methoden, die viel kleinere Hirnpartikel gezielt zerstören könnten, um Sanftheit und Zahmheit zu erzielen. Professor J. Andy operierte in Amerika einen neunjährigen Jungen, der als gewalttätig, streitsüchtig und schwer erziehbar beschrieben wurde, viermal, bis das Kind gezähmt war. Der japanische Verhaltenschirurg Kaiji Sano operierte erfolgreich 22 aggressive Kinder, die danach bemerkenswert ruhig, passiv und lenkbar wurden. Sein Landsmann Narabayashi führte bei 27 Kindern zwischen 5 und 13 Jahren stereotaktische Operationen durch, die einen zufriedenstellenden Gehorsam und dauerhaften Gleichmut erbrachten, Professor Roeder operierte in Göttingen Drogensüchtige, Alkoholiker und Homosexuelle. Er lobt die Wirtschaftlichkeit des stereotaktischen Eingriffs gegenüber den langen Unterbringungszeiten in psychiatrischen Heilanstalten und Gefängnissen. Sie denken nicht an die Grundlagen der Nazi-Psychiatrie und nicht an das Ende von Professor Moniz.

März, Aufsätze. Der Wahnsinn bricht aus.
Der Wahnsinn bricht aus, heißt es gern, hieß es auch oft bei mir, ein Ausbruch von Wahnsinn, steht, wo es geht, in der Zeitung. Wo, wenn der Wahnsinn bei mir ausbricht, hat er in mir gesteckt? In welchem Teil? Wie ist er so unbemerkt hineingekommen, in welcher getarnten Gestalt? Da er in nahezu jedem jederzeit ausbrechen kann, muß er in jedem auch stecken nahezu und ausbrechen wollen. Nun aber wo? Gründliche Studien haben mir die Gewißheit ge-

bracht: Der Wahnsinn lauert auf dem Grunde des Verstandes auf seinen Ausbruch und ist dem Verstande geheuer. Im Wahnsinn steckt Verstand (Methode). Verstand ist geregelter Wahnsinn, Wahnsinn ist entregelter Verstand. Er spricht dann die Hieroglyphensprache, das ist die innere Sprache, die Kamelattasprache der Kunsteisfabrik. (Mensch) Wahrscheinlich ist der Wahnsinn etwas, das nicht zum Vorschein kommen darf, keinesfalls aus seiner Gefangenschaft ausbrechen, weil er die Ruhe stört in Haus, Hof und Wohngemeinschaft. Vielleicht wäre es besser, wenn er öfter mal still zum Vorschein käme und hieße eventuell Phantasie. Auch Phantasie allerdings ist etwas sehr Störendes, z. B. in Büro und Fabrik. Man spricht auch von göttlichem Wahnsinn. Allerdings nicht in Lohberg. Hier bin ich von Wahnsinn geschlagen.

Krankengeschichte. M. still und zurückgezogen. Beantwortet Fragen sinngemäß mit Ja, Nein oder Weiß nicht. Weicht Gesprächen aus. (Hören Sie immer noch Stimmen? – Nein.)

Beteiligt sich an Stationsarbeit. Klebt und füllt Wundertüten. Mimisch und gestisch verarmt. (Datum)

M. zeigt zum erstenmal eine gewisse Krankheitseinsicht.
(Sind Sie krank? – Die Diagnose meiner gewesenen Krankheit lautet paranoide Schizophrenie. Jetzt ist das aus und vorbei, fühle mich frisch und gesund.) Das sagt er aber leise und ohne Betonung. (Datum)

Von einem Ausflug ins Deutsche Museum schickt M. acht Postkarten an Ärzte, Pfleger und Mitpatienten in Lohberg. Sehr geehrter Herr Oberarzt! Aus der Abteilung Elektrizität (Faradayischer Käfig) sende ich die aufmerksamsten Grüße an alle Insassen. Hochachtungsvoll A. März. (Datum)

Hilft in der Küche und fährt begeistert Elektrokarren. – (Datum)

Pflegerbeobachtung. Im winterlichen Abteilungsgarten allein herumgehend, habe der Patient laut mit sich gesprochen, Frage und Antwort. «Sind die Menschen glücklich? – Nein. Warum sind die

Menschen unglücklich? – Das weiß ich nicht. Ach, wäre ich nie in eure Schulen gegangen!» habe der Pfleger verstanden. Patient habe die Gespräche als rhetorische Übungen bezeichnet.

M. ist bemüht, alle Anforderungen zu erfüllen, die an ihn gestellt werden, wenn man mit ihm spricht, verbeugt er sich immer wieder. Seine leisen Bewegungen wirken geziert und sein Verhalten unfrei.

Keine Veränderungen. (Datum)

Keine Veränderungen. (Datum)

Der stark gebesserte, zu Sozialkontakten und leichter Arbeit fähige Patient wird auf eigenen Wunsch, der von den Angehörigen unterstützt wird, aus Lohberg entlassen, der ambulanten Nachbehandlung und Betreuung empfohlen. (Datum)

März an Kofler. Lief ich, wie glücklich entlief ich dem Omnibus, der mich heimführte, heim, ach in den geliebten Frühling, sah ich im Geiste die Schneeglöckchen schon, Winterling und auch Blaulack unter Johannisbeersträuchern nahe der Regentonne, Krokus und Wildhyazinthen im grünen, im samtgrünen Grase und unter dem Haselnuß Veilchen auf seidenem Boden zur Märzenzeit. Mir war, ich lief auf den Händen und warf das Laub in die Höhe, das faule, das duftende Winterlaub und krähte und schrie vor Vergnügen wie ich auf dem Simse des Nachbarn die Pfautauben sah, die weißen, die gurrenden. Aber es paßte der Schlüssel nicht in mein Gartentor. Wie und wieso nicht? Wer hatte die Schlösser vertauscht? Was sollte die häßliche Kette und dieses sehr häßliche Schloß? Ein Schild, wieso denn ein Schild? Und abgehackt war der Weißdorn, der Garten verwüstet und kahl. Ein Kind kam vorbei und fragte, suchen Sie hier nach jemand? März? März wohnt hier schon lange nicht mehr. Da zog ich die Mütze und ging. Wie war ich denn hierher gekommen, hierher zu diesen mir Fremden?
(Ein Brief, als M. von Kofler gebeten wurde, schmerzliche Erlebnisse seiner Vergangenheit zu beschreiben.)

Mutter zu Kofler. Die waren ja über den Garten hergefallen und die ausgebaute Laube, wie über einen Bösewicht, der ihnen was angetan hatte, ein Sittenstrolch. Dabei es war ein schöner Garten, nur daß man nicht drauf kommt normalerweise, phantastisch, aber schön und jedes Eckel ausgenutzt mit seltenen Pflanzen, Steinen, altem Zeug, Gartengerät im Baum, darunter vielleicht ein Klavier, voll mit Geranien und Tiroler Hängenelken. Keine Pflanze, die der nicht gehabt hat und alles ist gewachsen und gewuchert, war Leben drin. Waschschüsseln, Steintröge, Schilder, hat er eine Vogelscheuche gebraucht, so hat er eine Schneiderpuppe hergenommen und bearbeitet, und ausgeschaut hat die wie er mit seiner alten Kindermütze. War ein romantischer Garten, und gern gehabt hat er die alten einfachen Pflanzen, aber auch Nutzpflanzen, vor allem auch Gewürze, hat gern an allen gerochen. Der Garten war so wie er, auf seine Art wars ein Kunstwerk, aber man hats nicht verstanden, hat nur Haß erzeugt, muß weg, gehört vernichtet. Schrebergartenvollversammlung, Beschluß verrückt in Lohberg, öffentliches Ärgernis, Kündigung, raus, raus, was hier bleibt wird zerhackt und angezündet, war nichts, gar nichts zu machen, wo sollte ich mit all den Sachen denn auch hin? Ihnen, Herr Doktor, doch ja, hätte der Garten gefallen. Verstehen kann das alles doch nur eine Mutter.

März. Gemeinschaft, das sind die mir Fremden, die mich nicht verstehen und die ich nicht verstehe, denn ich bin der andere, der Schizo aus Pulsch-Polen, der aus tausend Wunden blutet, denn ich spure nicht, möchte schon spuren, doch schaffe es nicht, denke andauernd, paß auf, daß du spurst, da bin ich schon aufgefallen, sehen mich eiskalt an und schütteln eiskalt die Köpfe.

Der schwarze Radfahrer, ich
krebste im Glatteis die Straße

Das Leben
Das Leben ist überraschend
und manchmal denkt man etwas klein.

Das Blut zuweilen scheint rot
der Fische sowohl wie der Hühner
tiefrot ist der Hahnenkamm

über dem Auge aus Eis
o schon gerupft ist der Hals.

März zu Kofler. «Du mußt mal mit den Kleidern durch die Isar schwimmen, dachte ich mir, schon schwamm ich in der Isar. Zerschnitt mit einem Glasschneider plötzlich den Flurspiegel, rietsch! Strich grün meinen Fotoapparat, kaum daß ichs gedacht. Der Schizo manchmal ist auch ein Impulsionist. Du nimmst dir eine Schubraupe und schiebst in einer Nacht zusammen die ganze Schrebersiedlung Waldfrieden, das tat ich aber nicht, sondern ich zog meine Mütze.»
«Warum wehrten Sie sich nicht?»
«Wenn ich es gekonnt hätte, wäre ich nicht hier in Lohberg.»
«Sie leisten doch andererseits oft starken Widerstand?»
«Das ist ein Widerstand nach innen. Das ist die Versteinerung.»

März, Niederschrift. Kommt der verlorene Sohn aus Lohberg fällt ihm kein Vater um den Hals und küßt ihn keine Schwester. Es wird kein Kalb geschlachtet und kein Bett bezogen. Angst schwitzen die heimeligen Wände, erleichtert geht er zur S-Bahn. Wer ist das Weib, das da weint?

März zu Kofler. Ich litt lange Zeit unter einem ungeheuren, unbewußten Haß, ich wußte nicht gegen wen, aber ich litt darunter. Ich war fast glücklich, als ich wahrzunehmen glaubte, daß ich von denen, die mir nahestanden, ebenso gehaßt wurde, denn das entschuldigte mich. Wenn ich zum Beispiel von meiner Schwester nicht wäre gehaßt worden, wäre ich in eine unmögliche Lage geraten. Glücklicherweise war meine Schwester dick, dumm und haßbeständig.

Kofler, Bericht. März, der es abgelehnt hatte in einer beschützenden Werkstatt zu arbeiten und sich der öffentlichen Fürsorge und Behandlung entzog, war danach auf einige Zeit verschollen, unerreichbar für die Familie und die Behörden. Er arbeitete einige Zeit als Beifahrer, kurz als Zeitschriftenakquisiteur in ländlicher Gegend und tauchte dann in der Oberpfalz auf, wo er in einer Pelztierfarm als Tierpfleger tätig war. Ursprünglich ein ruhiger Arbeiter, sei es zu Unliebsamkeiten gekommen, als er dem Besitzer die Notwendigkeit der pelzmäßigen Verwertung der Waschbären bestritten habe und

über hundert Waschbären frei ließ, von denen nur achtzig wieder eingefangen werden konnten. Er habe den entstandenen Schaden von seinem Arbeitslohn bezahlt, sich ausdrücklich entschuldigt, aber 14 Tage danach die Nerze freigelassen. Auf Grund seiner Vorgeschichte wurde er in das Psychiatrische Landeskrankenhaus Mainkofen eingeliefert, auf Wunsch der Mutter nach Lohberg verlegt. Dort habe er ein missionarisches Wesen an den Tag gelegt, Pfleger und Ärzte mit Verachtung gestraft und ihre Fragen belächelt. Er habe gern Fremdworte gebraucht und hochtrabende Sätze von sich gegeben. «Der Geist der Gesetze ist das Eigentum. Das ist die Demolierung des Menschen.» – «Ich bin ein Prophet der Veränderung, das Beil am Baum der Erkenntnis.» – «Entvölkert hat sich mein Körper, schon wachsen die Moosflechten.» – «Die Gleichheit das ist die Gerechtigkeit.» An den damaligen Bundeskanzler K. Adenauer schickte er das Telegramm: «Die Semmel soll fünf Pfennig kosten stop ein Viertel Schlagwurst 10 Pfennig stop die Milch sei ganz umsonst und die Benutzung der Bundesbahn, denn Jesus sitzt auf zwei Regenbögen.» Von Dr. Urban auf Unstimmigkeiten des Textes hingewiesen, habe er geantwortet, daß Unsinnigkeit eines gedanklichen Inhalts zunächst nichts Krankhaftes sei, wie die Religionen aller Völker bewiesen. Christus verfluchte einen Feigenbaum. Bei gesicherter Diagnose und Anzeichen der Chronisierung wurde März auf eine geschlossene Männerstation verlegt und medikamentös behandelt. Da er die Einnahme von Tabletten verweigert, wurde ihm täglich Megaphen intramuskulär vom Stationspfleger injiziert. Nach der Krankengeschichte fühlte er sich vergiftet und behauptet, es würden Versuche an ihm unternommen, um ihn zu lähmen, da er die Machenschaften durchschaue. (Wessen Machenschaften? – Staat, Familie, Klerus, mittels Polizei und psychiatrischer Wissenschaft.) «Auf meinem langjährigen Gang zum Schafott hat meine Mutter meinen Kopf gefordert, weil ich sie wie Jesus verlassen habe. Ich kenne nicht meine Mutter und ich kenne nicht meine Geschwister. Meine Geschwister sind die, die wie ich durchblicken und durchladen.»
Kurz danach entwich März aus der Klinik. Er wurde im Dom von Freising ergriffen, als er während einer Messe die Kanzel besteigen wollte, um eine ‹Total-Kriegserklärung dem Klerus› vorzulesen. Wie ihm der Priester und der Mesner den Weg zur Kanzel versperren und ihn vom Altar wegdrängen, nennt er sie Arschlecker des Imperialismus und Totschlägerbanditen mit dem Glockenklang. Im

Namen Christi bittet er um eine Minute Gehör. Als man ihn die Erklärung nicht verlesen läßt, händigt er sie dem Priester aus, zündet sich eine Zigarette an und verläßt die Kirche. In der Erklärung sind zwölf Punkte aufgeführt, darunter:
Was ist christliche Außenpolitik? – Die Zusammenarbeit zwischen den Oberklassen verschiedener Nationen.
Was ist christliche Innenpolitik? – Die Sicherung der Ausplünderung der arbeitenden Klassen.
Welche christlichen Mittel haben die arbeitenden Klassen, das zu ändern? – Die Revolution.
Gibt es kein anderes Mittel? – Nein.
War aber Christus nicht gegen die Anwendung von Gewalt? – Jawohl, Herr Erzbischof, er war gegen die Gewalt der Unterdrückung und bekämpfte sie. Von der Bevölkerung begeistert empfangen, zog er in Jerusalem ein und verjagte Geschäftsleute, Bankiers und ihre Schriftgelehrten. «Siehst du diese großen Bauten? Nicht ein Stein wird auf dem andern bleiben, der nicht zerbrochen werde», ist ein weniger bekanntes Christenwort. Geh hin und tue desgleichen.
März wurde von der Polizei aufgegriffen und nach Lohberg zurückgebracht. Wegen der Fluchtgefahr verlegte man ihn auf C, die streng geschlossene Abteilung, wo unruhige und selbstgefährliche Kranke untergebracht sind.
Dr. P., damals eine junge Assistenzärztin, hat für die Krankengeschichte ein Gespräch wiedergegeben, das sie nicht lange nach der Flucht mit März geführt hat. Sie sei dabei mit ihm im Innenhof der Abteilung auf und ab gegangen, März habe eine gönnerhaft weltmännische Haltung eingenommen, seine Bewegungen nennt sie geziert.
«Warum sind Sie weggelaufen?»
«Oh, ich wollte mir bei einem Onkel ein paar Zigaretten holen. Nichts Besonderes, mein liebes Fräulein Doktor.»
«Wurden Sie nicht von der Polizei zurückgeliefert?»
«Ich benutzte die Polizei als Fahrgelegenheit, ich glaube.»
«Und was wollten Sie im Dom?»
«Ich hatte an eine kleine aufklärende Belehrung der sich langweilenden Gemeinde gedacht, da man das nicht wollte, habe ich stehenden Fußes darauf verzichtet.»
«Sind Sie dabei nicht ein bißchen unhöflich geworden?»

«Ich hoffe nicht, ich habe auf Unhöflichkeit reagiert. Was können Sie von einer Religion verlangen, deren Symbol ein Folterwerkzeug ist, das Kreuz?»
«Wenn Sie mir durch Ihr Verhalten helfen, Herr März, würde ich gern versuchen, Sie wieder von C zu verlegen.»
«Oh, C geht ganz in Ordnung, C, das sind klare Verhältnisse, geehrtes Fräulein Doktor.»
«Aber fühlen Sie sich selber nicht noch krank?»
«Nicht krank, doch habe ich leider noch immer zu beklagen, daß Versuche an mir unternommen werden.»
«Welcher Art?»
«Meine Mutter will ihren Einfluß nicht verlieren, so beeinflußt sie mich über das Fernsehen.»
«Sie sehen da Ihre Mutter?»
«Frauen in vielerlei Gestalt können meine Mutter sein. Der Empfänger in meinem Gehirn beeinflußt die Augenstellung je nach der Stimmungslage. Dann nimmt mein Blut eine grünliche oder grünlich-blaue Färbung an. Auch wird meine Magensäure ausgewechselt.»
«Aber das bedrückt Sie nicht besonders?»
«Nein, ich sehe mich im Zustand des Leerlaufs auf vollen Touren.»

Pfleger Ambros. Am meisten verlangt vom Pfleger der Dienst auf C, sowohl C Männer wie auch C Frauen, das ganze Elend der Welt ist dort auf einmal zu sehen. Erst denkt ein jeder, ich kanns nicht, doch ist auch dieses Gewohnheit. Der Dienst an der leidenden Menschheit bringt auch Befriedigung. Auf C wird verlegt, wer auf anderen Stationen nicht zu halten ist, wer tobt oder randaliert, tätlich ist, oder selbstgefährlich und wer abgehauen war. Ferner auch Kranke, die unsauber geworden sind, ohne körperlich krank zu sein, oder die nicht essen und andere Unarten zeigen. Wer wegen eines Kriminaldelikts hier beobachtet werden muß, kommt ebenfalls auf C, weil die akuten Stationen doch nicht die Sicherheiten bieten wie C. Mit den heutigen Medikamenten ist natürlich auch hier alles ruhiger und humaner geworden, und es braucht direkte Gewalt nur noch selten angewandt zu werden. Im äußersten Fall stehen uns einige Isolierzellen zur Verfügung, wo die nicht zu beruhigenden Patienten im Bett mit Gurten fixiert werden. Meist werden die Zellen nicht gebraucht und sie werden dann von Patienten bewohnt, die langzeitlich hier sind und deren Hilfsdienste auf der Station unentbehrlich geworden sind. Diese Patienten sind oft Freigänger, quasi als Pflegehilfen anzusehen, die hier wohnen und für den Betrieb unentbehrlich sind. Weil jeder froh ist, daß sie da sind, und auf C bleiben, genießen sie viele Privilegien wie Urlaub, Taschengeld, Pflegeressen, Extrazimmer und so weiter. Es kommt vor, daß man jemanden behalten will, der vielleicht gar nicht mehr hier sein müßte, weil er gebraucht wird, aber meist ist es so, daß der Kranke den Sprung nicht mehr wagt, und hier ist er eingewöhnt. Natürlich will keiner auf C, das ist vielleicht eine Hilfe, daß jemand sich mehr zusammennimmt.

Krankengeschichte. M. hält sich für sich. (Datum)

M. äußert wahnhafte Körperempfindungen. «Der Kopf schwillt an, die Hände fallen ab, im Herz zwei Mühlsteine.» (Datum)

«Juckpulver im Gehirn, nicht kratzen.» (Datum)

«Wenn ich die Hand aufstütze liegen die Knochen bloß, von Nervenenden umflochten wie Baumflechten. – Wenn ich meine Hände übereinanderlege, sind es die Hände meiner streitsüchtigen Schwester. (Können deshalb nicht an der Stationsarbeit teilnehmen.) Bisweilen sehe er an anderen große Greifhände, von denen man sich fernhalten müsse.»

M. hält sich für sich. Steht an die Wand gelehnt auf einem Bein und beobachtet. (Datum)

«Wenn ich das Marzipan schmecke, habe ich von meiner Mutter gegessen.» (Wie meinen Sie das?) «Es ist in der Luft ein Dunst von Menschenmarzipan.» (Wie riecht das?) «Süß und schwer.» (Warum geben Sie mir nicht die Hand?) «Berührung ist der erste Schritt zur Menschenfresserei. Die Juden wurden gegessen. Es werden jährlich 50 Millionen Artgenossen gegessen. Man hat das Brot, das gegessen wird, in mein Blut getaucht.» Er lächelt zu diesen Äußerungen. (Datum)

Bei einem Besuch seiner Mutter nahm M. die Zigaretten entgegen. Abgewendet aß er eine Tafel Schokolade und sah dabei die mitgebrachten Illustrierten durch. Auf Fragen antwortete er zerstreut mit Ja oder Nein und entfernte sich plötzlich ohne Abschied.

M. hält sich für sich. (Datum)

Kofler, Bericht. An einem schönen Sommernachmittag, noch auf C, habe März still neben anderen Kranken auf einer der alten Steinbänke des baumbestandenen Innenhofes gesessen, stumm wie alle anderen und fast nicht geschaut. Er sei auf einmal, ohne erkennbare Veranlassung, aufgestanden, fast bedächtig, und mehrere Schritte nach vorn gegangen. Dabei habe er sich plötzlich und mit wilder Kraft die Faust mehrfach ins Gesicht geschlagen, besonders auf den Mund, so daß das Blut aus Mund und Nase gelaufen sei, aber auch aus den Augenbrauen. Merkwürdigerweise habe er wie verklärt gelächelt als ihn die gänzlich überraschten Pfleger endlich ergriffen und ohne Gegenwehr auf die Station zurückgeführt hätten. Als Fräulein Dr. P. gekommen sei, habe er mit verschwollenem Gesicht ganz ruhig und wie erleichtert dagelegen. Auf die Frage, warum er sich schlage, habe er geantwortet, daß dies auf Veranlassung seiner verstorbenen Mutter geschehe und nach längerem Schweigen hinzugefügt, die Selbstzerstörung sei die Helferin der Psychiatrie. In der Krankengeschichte vermerkte die Kollegin: Abklingen des katatonen Erregungszustandes nach wenigen E-Schocks und schnelle Stabilisierung unter medikamentöser Behandlung mit Haloperidol.

März, Briefe.
Lieber Herr Polizeipräsident!
Teile hiermit mit, daß ich seit vierzehn Tagen täglich zweimal onaniere und weiß nicht warum.
Hochachtungsvoll Alexander März.

Ihr Lieben!
Der Esel frißt die Bohnen. Der
Esel ist ein Franz. Erwarte den
Esel in Lohberg zur Eselsmesse.
Ersehne ein Päckchen Tabak. (Schwarzer Krauser).
Grüße als Sohn und als Bruder in Ehrerbietung.

Sehr geehrter Herr Direktor!
Was soll der Geschmack des schon gekauten Marzipans aus dem Munde meiner Mutter in meinem Munde an jedem Morgen beim Aufwachen? Antwort erbittet März.

März, Erinnerungen. Der Nikolaus mit der Rute brachte mir mehrmals Menschen aus Marzipan. Die wollte ich niemals essen. Wenn sie ganz trocken waren, speichelte die Mutter sie ein und gab mir von Mund zu Mund. Das war eine Kommunion, das süßliche Marzipan. Und übrig blieben die Knochen, die hölzernen Wurstspieße.

Korfler, Bericht. Um März wurde es danach still. Die Krankengeschichte beschreibt die günstige Wirkung der neuroplegischen Mittel auf M., der die Medikamente regelmäßig nahm und sich bei dem Pfleger bedankte. Seine Spannungen ließen nach, er aß regelmäßig und beteiligte sich an Stationsarbeiten. Einmal habe er sich beklagt, alles sei zu laut, zu stark riechend, zu hell. Nun traf das auf C tatsächlich auch zu, und es gab keine Gründe mehr, März länger auf C zu behalten. Andererseits war sein Befinden weiterhin so, daß seine Entlassung nicht empfohlen werden konnte. Sie wurde auch von seinen Angehörigen nicht mehr gewünscht. Er wurde als chronisch gewordene Psychose nach A5 verlegt und blieb seither in Lohberg. Von seiner letzten Einweisung bis zu seiner Flucht waren das 15 Jahre.

Auszug aus dem 1. Bayerischen Landesplan für Behinderte. (24.4.1974) 10,2 Sport für Behinderte
Ein geistig Behinderter kann durch wiederholtes Üben zielgerichteter koordinierter Bewegungen beim Ballspiel oder Balancieren das Reaktionsvermögen und die Konzentrationsfähigkeit schulen. Ein psychisch Behinderter kann durch körperliche Sensibilisierung und Stimulierung beim therapeutischen Reiten seine Selbstbeherrschung fördern und seine Kontaktfähigkeit anderen Menschen gegenüber steigern.

Beschreibung
einer klinischen Karriere 2

Fein ist das Weiß
und weich ist das Weiß
und auch in der Mitte zerreißbar

Manchmal, wenn ich Patienten in einer Kolonne sehe oder in den Badewannen beim Wochenbad, denke ich, auf ihren Armen müßten Nummern sein.
(Kofler, Tagebuch)

März, Aufsätze. Ein Tag in Lohberg.
Der Ablauf des gestrigen Tages. Ein Erlebnisbericht.
Ich stand in der Frühe auf, um sechs kam die Dienstübernahme. Der Herr Oberpfleger teilte die Tabletten aus. Ich bekam ein Decentan und ein disziplinierendes Diszipal. (Richtig Disipale) Dann ging ich mich waschen. Das Wasser war kalt, ich schüttelte ab die Tropfen. Um halb sieben kam der Kaffee. Dazu bekamen wir Brot, ein Sternchen Butter und Marmelade (Vierfrucht). Dann bin ich nicht zur Arbeit gegangen, weil ich gewartet habe, bis der Herr Abteilungsarzt kommt. Und er kam aber nicht. Dann ging ich auf dem Gang spazieren. Um zwölf Uhr kam das Mittagessen. Es gab Krautwickel und Rindsuppe. Vorher holte ich mir fünf Lord extra. Um ein Uhr gingen wir zur Arbeit. Wir hatten Bohnen gepflückt. Bis fünf Uhr. Dann gingen wir nach Hause. (Abteilung 5) Die Bohnen hatten wir in Plastikbeutel gefüllt der Firma Vegetabel und abgewogen. Dann rauchte ich ein paar Aktive. Um fünf kam das Nachtmahl, es gab Bohnensuppe mit Nudeln darin. Um sechs gingen wir schlafen. Dann kam die Dienstübernahme und der Nachtdienst.

Stationspfleger Huber. In der Nacht kenne ich jedes Geräusch. Ohne hinzusehen weiß ich, wer aufsteht, was er tut. Ich kann von meinem Platz in die Toiletten sehen und in die Waschräume. Während ich meine Zeitung lese, sehe ich März auf dem Klosett eine

Zigarette rauchen und März sieht mich. Schedel sagt seine Beschwörungszahlen auf, dann seine Formel «Blick hell, blick dunkel, niemals Humpel», dann wieder Zahlen, dann «Fasciculus Opticus braucht immer größten Schutz». Wenn er bis dreiviertelacht nicht eingeschlafen ist, gebe ich ihm seine Spritze, um acht sind alle eingeschlafen. Ich mache meinen Kontrollgang durch die anderen Säle und steche meine Karte. Zweimal in der Woche schläft jetzt Dr. Kofler hier im Krankensaal unter seinen Patienten. Als erfahrener Stationspfleger kann ich da nur lächeln, auch wenn er hier mal schläft, ist er als Arzt nicht hier sondern draußen. Hier sind die Insassen und in gewisser Hinsicht auch die Pfleger. Keine Therapiegemeinschaft solange die Toiletten offen sind und die Türen zu.

A 5, Saal 6
Durch das Auge kannst du
verschiedene Vergnügungen sehn
es ist ein Pleasure.
Manchmal tropft es leicht
manchmal weint der Mensch
es wird wieder gut.

März, Aufsätze. Des Lebens steter Lauf.
Der Kantor Dampffeld gab, wo er ging und erzog, den Unerzogenen Strafarbeiten. Hundertmal abzuschreiben den Satz «Ich soll meine Schulhefte einschlagen und sauberhalten, das Schulheft ist das Spiegelbild des Schülers». So auch verläuft unser Leben in seiner Stetigkeit. Nur ist ein Ende nicht abzusehen.

Der Herbst
Der Herbst ist ein Odem des Jahres.
Er wird eingeleitet von der Ab-
löse des Sommers. Er beginnt
am 23. September bei Vollmond
und Regen, wie es diesjährig war.
Der Wald färbt sein
Kleid, wird gelb, braun, und
hellgelb und gold. Die Jagden
beginnen. Der Jäger geht zur Jagd.

Die Jäger bilden Kreisjagden und
schießen die Hasen ab.
Dann fällt der Schnee und bedeckt die abgekühlte Erde. Das
war der Herbst.

Kofler. Wenn Professor Feuerstein in die Nähe der chronischen Abteilung kam, zum Beispiel wenn er Kommunalpolitikern künftige Bauvorhaben erläuterte, wurde er regelmäßig von Schuster erwartet, der in großer Sprachnot und Geschwindigkeit auf ihn einredete: «Professor, muß entlassen werden, oft gefragt, wir wollen sehen, verduftet, war weg, verschwunden. Will raus, kein Wort, Gesicht wie sieben Tage Regenwetter, wir wollen sehen, das geht doch nicht. Will raus, auf der Stelle.» Und regelmäßig antwortete Feuerstein: «Sobald es geht, bekommen Sie Ihre Entlassungspapiere.»
Da machte Schuster einen Diener und begab sich zu seinem bevorzugten Platz zurück, einer Zentralheizung, auf der er seit so vielen Jahren saß, daß sein Kopf vom Anlehnen eine Vertiefung im Verputz der Wand hinterlassen hatte. Es war vollkommen in Vergessenheit geraten, warum Schuster je nach Lohberg gekommen war und warum er hier bleiben mußte. Vor mehr als 15 Jahren war Schuster nach Entlassungsversuchen immer wieder in Lohberg gelandet, und man hatte daraus den Schluß gezogen, daß er nur in der Obhut der Anstalt existieren könne. Niemand hatte sich je ernstlich mit ihm beschäftigt, und niemand prüfte, ob dieser Schluß heute richtig sei. Gegenwärtig arbeitete er unstet in der Körbeflechterei, im Winter machte er lieber Hausdienst. Jedes Jahr sprach er etwas weniger, und er erregte sich nur, wenn ihm jemand seinen Platz streitig machen wollte. Hinter der Heizung hatte er seine Sachen verstaut.

Kofler, Bericht. In den folgenden Jahren war März nur gelegentlich in der Säckekleberei beschäftigt. Er las nicht und unterhielt sich mit niemand. Meistens stand er untätig herum und wartete. Er kam, wenn er gerufen wurde und folgte den Anordnungen der Pfleger. Bei der Visite war er fast nie anwesend und nahm, wenn er da war, keine Notiz. Er vernachlässigte sich in der Kleidung und in der Körperpflege. Er lehnte es ab, besucht zu werden. Nachts unterhielt er sich mit seinen Stimmen.
Bei gesicherter Diagnose interessierte sich niemand dafür, was in

März vorging. Auf Versuche, ihn zu regelmäßiger Arbeit zu bewegen, habe er über bizarre Körperstörungen geklagt: – Im Bett liege er auf einem Nervengeflecht, werde kleiner und kleiner, so daß er schon bald als Larve in einer Nußschale liege. – Er habe das Gefühl, ganz ohne Knochen zu sein, sein Skelett sinke zusammen, er wage nicht aufzustehen oder sich zu bewegen, weil dann alles in einem Pudding zusammenlaufe. Ein Klumpatsch. – Er sei in einer Vereisung in Zeitlupe, alles an ihm sei glasiert, er müsse darauf achten, daß er nicht anstoße, sich nichts abbreche. – Die Luft in seinen Lungen versteinere, er werde bis zu 3 t schwer und sei in Gefahr einzusinken. – Oft habe März still unter seinem Bett gelegen, eine Zeitlang sein Bett mit Pappdeckeln umsteckt, um sich vor fremden Blicken zu schützen.

Er sei schon immer verstummt, äußerte März. Wenn er gesprochen habe, so sei das unvermeidlich gewesen. Er habe auch andere nicht gern sprechen hören, höchstens durch Wände getrennt, entfernt in anderen Räumen.

Gegen Mittag habe er sich regelmäßig in einen Teil des Kellerganges begeben, von wo aus er durch ein Trittgitter die Füße der oben vorübergehenden Küchenmädchen und Nonnen sehen konnte. Dort habe er an der Wand gelehnt, eine Zigarette geraucht und geschaut.

Kofler, Notizen. Wenn ein Geisteskranker verstummt, hat er die Stummheit gewählt. Verspricht sich nichts mehr vom Sprechen.

März, Briefe. Ihr Lieben, wenn Ihr noch lebt, stets von Eurem Sohn geliebten, wie es die Pflicht des Sohnes sein soll und immer geschehen wird. Es geht mir gut und ich bedanke mich untertänigst. Euer Alexander.

Ihr Lieben!
Es mag sein aber nie, aber macht sich. Es geht mir gut, das Herz und Schmerz sehr gut bis hervorragend. Der Sohn hat mehr vom Leben als der Nicht-Sohn und dankt in tiefster Dankbarkeit für Kaffee und Zigaretten. Um eine neue Schachtel bittend ist er am Ende ergebenst Euer Alexander.

Ihr Lieben.
Gurke Mörder verläßt mich soll das Gewehr geladen loben die Zeitung? Deutscher und Pole, ach Parppe, ich habe kein Heimweh und denke stets ricke-racke der Bart ist ab aus das abseits kein Ballspiel. Schuß und Kuß Alexander.

Kofler, Bericht. Von März wurden im Lauf der Jahre immer wieder katatone Symptome beschrieben, «Waschbewegungen der Hände», «steht auf einem Bein», «liegt im Bett zur Wand gewendet», «steht schweigend mit erhobenen Händen». Es waren vermutlich diese Symptome, die in den Phasen seiner frühen Einlieferung zur Verordnung der verschiedenen Konvulsionsbehandlungen geführt hatten. Die perniziöse Katatonie, die akut zum Tode führen kann, wird noch heute mit Elektroschockserien behandelt. Katatone Symptome gelten als rätselvoll und ganz unerklärlich.
Als ich März später einmal danach fragte, meint er: «Hände und Gesicht zum Himmel erhoben bis die Sehnen schrumpfen, da hätte ich gedacht, daß dies sogar die psychiatrische Wissenschaft verstehen müsse, weil in diesen heiligen Hallen aber jeder blind und taub ist, gab ich die Körpersprache auf und machte mich unverständlich. Dazu nun brauchte ich viele Jahre.»

«Stellen Sie sich eine Pflanze vor, die verwelkt, weil kein Regen fällt, so ergeht es hier den Leuten. Niemand spricht von ihnen, keiner braucht sie mehr, und sie haben keine Chance, je hier herauszukommen. Deshalb verweigern sie schließlich sogar die Nahrungsaufnahme.»
(Karl Fuchs, 33 Jahre hospitalisiert, Abteilung 5)

Stationspfleger Wältrich. Wenn ich meinen Dienst morgens um sechs Uhr dreißig antrete, sind die Patienten auf, die Betten gemacht, und die Stationsdienste eingeteilt. Das Wecken ist die Aufgabe des Nachtpflegers, es braucht Fingerspitzengefühl und Festigkeit. Man kennt natürlich seine Pappenheimer. Es ist auch für den Kranken von Bedeutung, daß er wenigstens aufsteht, sein Bett macht und sich wäscht. Nach meiner Ansicht ist auch das tägliche Rasieren wichtig, und es birgt mit dem Elektrorasierer oder den neuen Sicherheitsapparaten keine Gefahren mehr. Ich erinnere mich der Zeit, da die Patienten der geschlossenen Stationen nur einmal wöchentlich rasiert wurden, da sahen alle wie die Sträflinge aus und ließen sich mehr gehen. Die regelmäßige Körperpflege ist nach meiner Beobachtung so wichtig wie die regelmäßige Medikamenteneinnahme. Wenn sich ein Patient nicht mehr wäscht, nicht rasiert, nicht mehr aufstehen will und nicht mehr die Wäsche wechselt, weiß der Pfleger, daß etwas mit ihm im Gang ist, daß es mit ihm abwärts geht. Waschen und rasieren ist als Tagespfleger meine erste Arbeit. Im Waschraum gebe ich die Rasierapparate aus und sammle sie nach dem Rasieren ein. Wer sich selbst nicht rasieren kann, wird vom Stationsdienst rasiert, nur ausgenommen die Vollbartträger, die ihre Bärte wöchentlich zu schneiden haben. Schon zur Rasur wird das warme Wasser eingestellt, und ich verlasse den Waschraum, um das Gefühl der Überwachung zu vermeiden. Inzwischen sind die Medikamente ausgeteilt und stehen im Frühstückssaal an jedem Platz. Der gute Pfleger weiß, bei wem er die Einnahme kontrollieren muß, obwohl die wirklich sichere Einnahme nur die Spritze ist. Viele Patienten nehmen die Tabletten, deponieren sie aber in den Backentaschen oder unter der Zunge, spucken sie beim Trinken in den Tee oder nach dem Frühstück ins Klosett. Ein gutes Wort, wenn man die Medikamentenverweigerung merkt, hilft mehr als schimpfen oder melden. Die wenigsten Patienten können den Fortschritt würdigen, den ihnen die neuen Medikamente gebracht haben. Sie wissen es nicht besser. Früher war eine geschlossene Station ein Ort der Unruhe und oft auch des Grauens, Geschrei und Tätlichkeiten waren an der Tagesordnung, und viele Patienten mußten über längere Zeit fixiert oder isoliert werden. Heute geht alles ruhig zu, und zu dramatischen Situationen kommt es selten. Das bedeutet natürlich auch, daß den Patienten viel mehr Freiheiten gewährt werden können, als das früher möglich war. Mit ihren Medikamenten sind heute die meisten Patienten dazu zu bringen, an regelmäßiger Arbeitstherapie teilzunehmen, und viele arbeiten hervorragend. Leider sind die Arbeitsmöglichkeiten noch immer zu einseitig, und die Bezahlung so erbärmlich, daß man von Bezahlung nicht sprechen kann. Wenn die Mehrzahl dennoch arbeitet, dann wegen der sonstigen Erleichterungen, Kinokarten, gemeinsamer Stadturlaub, Cafeteria, Stationsfeste und so weiter. Nach meiner Überzeugung wäre da viel und schnell zu bessern. Wenn es draußen genug moderne Fertigungsstätten gäbe, die ärztlich und psychiatrisch betreut würden, ich glaube, da könnten viele Patienten ganz entlassen werden. Sogar ziemlich abgebaute Patienten könnten auf diese Weise draußen zurechtkommen, notfalls mit Medikamentenpflegschaft oder Nachtklinik. Die Kosten hätten sich bald bezahlt gemacht.

Auszug aus dem Programm sozialer Einrichtungen der Bayerischen Staatsregierung, Herbst 1970.
Wenn auch bei sehr schwer Behinderten, insbesondere auch bei einer großen Zahl geistig Behinderter, in der Regel eine Eingliederung in den allgemeinen Arbeitsprozeß nicht möglich ist, so kann ihnen doch oft in beschützenden Werkstätten noch eine Arbeitsmöglichkeit gegeben und damit eine sinnvolle Gestaltung ihres Lebens ermöglicht werden.
Wenn die Schwere der Behinderung es nicht zuläßt, den Behinderten ohne entsprechende Vorbereitung in eine beschützende Werkstätte aufzunehmen, kann er in Übungsstätten bestimmte Fertigkeiten langsam erlernen, sich an Arbeitszeiten gewöhnen und seine allgemeine Leistungsfähigkeit steigern.
Ist eine Behinderung so schwer, daß die Eingliederung in einer beschützenden Werkstätte auch nach einer Vorbereitung in einer Übungsstätte nicht möglich ist, muß den Behinderten in sogenannten Beschäftigungsstätten wenigstens die Möglichkeit zu einer sinnvollen Betätigung gegeben werden. Eine solche Betätigungsmöglichkeit wird, auch wenn damit wertschöpfende Arbeit kaum verbunden ist, gerade für diese Behinderten eine große Hilfe sein, ihr Schicksal zu ertragen.

März, Aufsätze. Bedeutung von Namen.
Der März könnte auch gut das März heißen, das wäre treffender und noch handlicher. Vorteilhaft wäre dazu allerdings, er wäre auch viereckig und unverderblich, da könnte er kosten- und raumsparend versandt werden als Kybernetic producer, das Ziel weltweiter Wünsche. Das März könnte dann M genannt werden, denn was an ihm stört ist das ärz. Wenn März gar nicht heißen würde, wäre er in seinem erstrebenswerten Urzustande. Das fühlt er manchmal im Einschlafen.

Kofler, Notizen. Die Geisteskranken sind die Neger unter den Kranken, die Itakas und Kameltreiber. Wie diese sind sie die Opfer

von Vorurteilen, die mit der Wirklichkeit des Wahnsinns nichts zu tun haben. Die Irren gelten als gefährlich, aggressiv, herausfordernd, unberechenbar, heimtückisch, hemmungslos, gewalttätig und unheilbar. Deshalb muß man sie an abgelegene Orte bringen, wo sie unter Kontrolle sind, niemanden gefährden, öffentliches Ärgernis nicht erregen. Die Aufgabe der Anstalt ist folgerichtig die Aufsicht über den Kranken, nicht die Beschäftigung mit ihm und seinen Problemen. Allein das Etikett des Irreseins bewahrt davor, sich in seine Fragen einzulassen. Die Behandlung hat zum Ziele, das vermeintliche oder tatsächliche Störpotential des Kranken herabzusetzen und ihn dazu zu bringen, die Anstalt zu akzeptieren. Das Leben in der Anstalt bringt den Kranken in einen Zustand von Apathie, Desinteresse und Passivität, der die ursprüngliche Störung überlagert und den Weg zur Person des Kranken und seiner Heilung vollständig blockiert. Der Zweck der Anstalt, Aufsicht und Verwahrung, zeigt sich schon in deren Architektur.
Der perfekte Patient ist der ganz und gar gezähmte Patient, der sich der Autorität der Pfleger und des Arztes unterwürfig anpaßt, dem Deformationsprozeß des Anstaltslebens zustimmt und jede Auflehnung für einen Ausdruck seiner Krankheit hält. Durch diesen Verlauf sieht der Psychiater seine ursprüngliche Annahme bestätigt, daß es sich bei der unverständlichen psychotischen Störung um eine biologische Abartigkeit handelt, die man nicht heilen, sondern nur isolieren kann.
Das ist die Konkurssituation der gewöhnlichen Anstaltspsychiatrie. Wenn man sie aufheben soll, muß man sich dem Kranken als einem Menschen nähern, den man verstehen will, den man als Partner respektiert, der einem vielleicht mehr zu sagen hat als Professor Feuerstein, der fröhliche Organiker, Kunstfreund und gesunde Äpfelesser.

März, Briefe. Ihr Lieben!
Warum man vor mir Angst hat, das weiß ich nicht, es ist wahrscheinlich, weil ich Angst habe. So gibt es den Präventiv-Mord auf Gegenseitigkeit.

März, Taschenkalender. Wenn ich mir gegenüberstand, stand mir ein anderer gegenüber, den ich nicht schätzte. Er aber mich auch nicht. Ich mochte mich noch so klein machen.

Ich wurde instand gesetzt und ausgewechselt wie irgendein Instrument, aber es paßte nicht, paßte nur hier in Lohberg, verschleift sich da auf Saal 6.

März, Aufsätze. Die Kunst abwesend zu sein.
Ist der Asylant länger hier, gelingt ihm die Übungsgewohnheit körperlich anwesend zu sein, aber im Geiste abwesend 20 bis 120 Kilometer. Spricht ihn zum Beispiel jemand an, so hört er nicht oder er schaut nach hinten, wird er z. B. angetippt, so zuckt er zusammen, stopft in die Ohren die Zeigefinger. Ein Könner (Lorenz B.) verbringt den Tag in einem Besenschrank, steht nur zu den Mahlzeiten auf und lüftet die Beine zur Nacht.

Kofler. Mitunter stand März über Stunden auf einem Fleck und monologisierte. Fein ist das Weiß und weich ist das Weiß und auch in der Mitte zerreißbar wer hier ist ist nicht dort wer dort ist ist nicht hier die rauchgrauen Tauben im Rauhreif glasierte Bäume im Schnee rammelt der Mesmer als Affe. Er sprach, mit vorgeneigtem Kopf und auf den Boden blickend, als horche er etwas ab. Er schien seine Umgebung nicht wahrzunehmen, wich aber aus, wenn etwa ein Essenswagen sich seinem Platz näherte.
Gern trieb er sich auf den Gängen herum und sammelte Kronenkorken. Seine Lieblingsregion, wenn er dahin gelangen konnte, war die überkuppelte Eingangshalle, wo ein Getränkeautomat zwischen einer Damen- und einer Herrentoilette stand. Die weißen Holzbänke waren für Besucher reserviert. Besonders an Besuchstagen fanden sich hier nahezu massenhaft Kronenkorken. März deponierte sie in einem schwarzen Strumpf, den er, am Gürtel befestigt, im Innern der Hose trug. Diese Art der Behälter war für langjährige Asylanten charakteristisch, die keinen Platz hatten, wo sie ihr Eigentum verschließen konnten. Jeder Insasse besaß einige Gegenstände, die er nicht besitzen durfte, und viele trugen ihr ganzes Eigentum ständig mit sich herum.

Die Uhr
Sehr schön sieht man auf die Uhr
Zifferblatt, Zeiger und Sekundenzeiger
damit die Zeit vergeht,
aber sie vergeht sehr schlecht

Zifferblatt, Zeiger und Sekundenzeiger
ach, lange dauert die Zeit.

Kofler. März sammelte auch andere Sachen, die nichts wert waren, das heißt die sich nicht verkaufen ließen. Es ist eine bekannte Gewohnheit langjähriger Asylanten, alles mögliche Zeug aufzulesen, das niemand gebrauchen kann. Das wird als Zeichen ihres Realitätsverlustes und der Abnahme ihres Unterscheidungsvermögens gewertet, gelegentlich auch ihrer Armut. März legte ganze Depots von Flaschenkorken, Schnüren, Radioröhren, Widerständen, Schrauben etc. an.
In seinen bei der Flucht hinterlassenen Papieren beschrieb er die Gegenstände, die er sammelte und die wir für Abfall hielten: Etwas ganz Wunderbares zum Beispiel ist ein Korken mit der dazugehörigen grünen Flasche (flaschengrün) oder weniger der braunen Flasche (flaschenbraun). Der Korken ist ein herrliches Stück elastisches Holz und schmiegt sich in den Flaschenhals. Sein Gleiten ist fest und kraftvoll. Wenn es vorüber ist, gibt es ein saftiges, abschließendes Geräusch, und die Flasche ist offen zum Genuß. Entdeckungsvoll beschriftet sind die wesentlichen Weinkorken, auch gern mit Wappen versehen, z. B. Alsase, mis d'origine. Welche Freude, an einem guten Korken zu riechen. Korkeichen müssen sehr schön sein. Wenn ich älter bin, mache ich eine Reise zu den Korkeichenwäldern des südlichen Portugal. Mein schönster Korken stammt aus dem Dourotal bottled in Porto 1889. Ich denke mir, daß dieser Portwein von einem verrückten Engländer getrunken wurde, einem Privatpatienten des Direktors Feuerstein. Wahrscheinlich werde ich in Portugal des öfteren Portwein trinken. Bedeutend ist die Erfindung der Flasche und des Flaschenkorkens für das Menschengeschlecht.
Schnüre, Stricke, Bänder, Seile, Bindfäden
aus
Flachs, Manila, Sisal, Hanf, Baumwolle, Jute, Bast, Seide und Chemiefasern erfreuen uns vor allem durch ihre universelle Nützlichkeit in Schiffahrt, Gewerbe und Psychiatrie. Einer gewissen Beliebtheit erfreut sich der Kälberstrick bei Sittlichkeitsdelikten. Die Seidenschnur des klassischen China wurde mir mehrfach ausgehändigt. (Von Frauen) Ein gutes Sortiment haltbarer Schnüre hilft uns in jeder Lebenslage. Vorausgesetzt, es wird die Kunst des Knotens

beherrscht. Schnüre verbinden uns. Ich bin dir sehr verbunden. Aus aneinander genähten Schnüren besteht der Fixierungsgurt. Wir stellen hier in Lohberg jetzt die Fixierungsgurte für eine neue Klinik her, die in der Nähe von Ulm endlich entsteht.

«Mit meiner felsenfesten Phantasie», sagte März, «sehe ich die Zukunft meiner Wirklichkeit bereits als Vergangenheit an.» «Heißt das, Sie wären in Ihrer Phantasie tot?» fragte Kofler. «Ich bin in meiner Wirklichkeit tot, so ist mir die Zukunft des Irrenhauses sicher.»

Öchsel, ein junger Soziologe, der in Lohberg seinen Ersatzdienst als Hilfspfleger leistet und danach eine Zeit als Mitarbeiter Koflers in der Therapie-Gemeinschaft blieb, versucht Verhaltensweisen in Asylen zu beschreiben und zu erklären. Er war kurze Zeit bei der Bundeswehr, weil er als Kriegsdienstverweigerer nicht anerkannt worden war, danach im Gefängnis wegen Befehlsverweigerung, schließlich in Lohberg und bemerkt gewisse Übereinstimmungen. Rekruten, Häftlinge und Patienten werden morgens zum Beispiel auf unnachgiebige und rücksichtslose Art geweckt, als gelte es ein schreckliches Verbrechen zu verhindern. Das würde auch von Pflegern so gemacht, die als geduldig und gutmütig gelten. Auch er, Öchsel, spüre merkwürdige Emotionen hochkommen, wenn Patienten im Bett liegen blieben oder einfach weiter schliefen. Öchsel meint, das käme daher, daß der Schizophrene den Teil von sich selbst verkörpere, der morgens auch nicht aufstehen und zur Arbeit gehen wolle. Andererseits sei klar, daß man seine Stellung verlieren würde, wenn man dem gegenüber nachgiebig wäre, und die Lust dazu sei groß. Als zwänge man mit dem Patienten quasi sich selbst durch laute, energische Weckprozeduren und kenne keinen Pardon. Viele Patienten stünden ja nur auf, um aufzustehen.

Öchsel, Beobachtungen. Die kontaktfähigen Patienten einer chronischen Station, die sprechen und sich bewegen, setzen sich in der Regel gegen die Patienten durch, die nicht mehr sprechen und keine Kontakte unterhalten. Die besten Plätze und die bequemsten Stühle werden von ihnen beansprucht, und sie begründen nicht, woher sie ihr Recht ableiten. Ich sah im Aufenthaltsraum einen Patienten in einem Polsterstuhl, der einen anderen Patienten von einem Schemel vertrieb, weil er die Füße darauf legen wollte. Er zog den Schemel dem anderen einfach unter dem Hintern weg und legte seine Füße darauf, während sich der Schweigende auf den Gang verzog, wo er mit dem Rücken zur Wand hockte, denn über Tag war es den nicht bettlägerigen Kranken untersagt, in ihren Betten zu liegen. Im Fernsehraum, wenn es beliebte Sendungen gibt, nehmen die kontaktfähigen ihre gut postierten Stammplätze ein, während die zurückgezogenen an der Wand lehnen oder auf dem Boden hocken. Mehrfach sah ich, daß ein Kranker, der seinen Stammplatz vorübergehend verließ, einen am Boden hockenden Kranken als Platzhalter auf seinen Stuhl setzte und wegjagte, wenn er zurückkam. Andere Patienten mischten sich dabei fast nie ein.

Nach der Übernahme der Abt. 5 durch Dr. Kofler dauerte es ungefähr ein Jahr, bis alle Kranken wieder gelernt hatten, die Tür hinter sich zu schließen, den Wasserhahn abzudrehen oder das Licht auszuschalten. In einer Anzahl von Stationen waren die chronisch Kranken seit Jahren daran gewöhnt, daß Licht und Wasser zentral bedient wurde, und wenn man für jedes Herausgehen den Saalpfleger bemühen mußte, so machte der natürlich die Tür auch wieder zu. Die Patienten hatten einfach vergessen, daß Tür, Licht und Wasser in ihren Entscheidungsbereich fielen. Ich fand das ganz unglaublich, bis ich eines Tages meine Armbanduhr einbüßte, und ich etwa ein halbes Jahr ohne Uhr auskam. Als ich wieder eine Uhr hatte, bemerkte ich, daß ich sie nicht mehr benutzte, ich hatte die eigene Uhr vergessen und ging oft auf den Flur, um auf die Stationsuhr zu sehen, wenn ich die Zeit wissen wollte. Ich büßte die neue Uhr auch bald wieder ein, weil ich sie irgendwohin gelegt hatte und erst nach Tagen wieder daran dachte. Auch vergaß ich immer wieder die Uhr aufzuziehen.

Viele Pfleger benutzen in dem weitläufigen Anstaltsgelände ihre Autos. Es gilt als eine Vergünstigung ersten Ranges, wenn ein Patient einen Pfleger fahren darf. Das Putzen und das Polieren der Autos ist ein gesuchter Nebenverdienst. Es wird für das Putzen 50 Pfennig und für das Polieren eins-fünfzig bezahlt. Will ein Pfleger einem Patienten seine Gunst entziehen, beauftragt er einen anderen mit dem Waschen seines Autos. Das Auto scheint für viele Patienten ein Symbol der Unabhängigkeit zu sein. Autozeitschriften sind beliebte Tauschobjekte.

Karl Fuchs schrieb nach dem Besuch seines Sohnes an Kofler: Wenn es gelingt, hochgeschätzter Herr Abteilungsarzt, zu meinem jungen Sohn nach Hause zu gelangen, kaufe ich mit meinen Ersparnissen baldigst einen Fiat 127 mit Hecktür – Rente und Arbeit als Landschaftsgärtner – damit ich meinen lieben Freund März und Albert hier abholen kann zu einer Spritztour ins schöne Zillertal und bald eine Nacht in Venedig. Da meine Fahrkunst hierorts erwiesen – fuhr oftmals Pfleger Angermaier im Gelände und jahrelang Elektrokarren Zentralküche – benötige ich keinen Führerschein. Das Auto war einmal mein Unglück, jetzt will es mein Glücksstern sein.
Hochachtend Karl Fuchs

Das Auto
Das Auto ist ein Rundrenner.
(Otto-Motor)
Da es vier Räder hat
bin ich das fünfte.

Öchsel, Beobachtungen. Es gibt Kranke, die zum Inventar dieser oder jener Abteilung gehören, ohne daß noch jemand weiß warum. Sie sind in Vergessenheit geraten. Karl Fuchs wurde 1943 auf richterliche Anordnung in einer psychiatrischen Anstalt interniert. Nach den Ermittlungen hatte er in einem Wahnanfall einen städtischen Bus mit Steinen beworfen, weil er Angst hatte, das Riesenauto würde seinen kleinen Jungen überfahren. Nach der Krankengeschichte hatte sich sein Zustand nach 10 Elektroschocks schnell gebessert. Anfang 1944 findet sich die Eintragung «als guter Arbeiter vor Verlegung in unbekannte Anstalt zurückgestellt». In der unbekannten Anstalt wurden die Kranken umgebracht.
Seine Frau hat andere Männer und legt keinen Wert auf seine Entlassung. Auch sonst niemand. Sie besucht ihn einmal im Jahr zum 1. Advent und hinterläßt Süßigkeiten. Einmal soll er geäußert haben, er sehe die andere Seite, einmal nach dem Krieg, die Atombombe ticke in seinem Kopf. Dann scheint man jahrelang nicht mehr an ihn gedacht zu haben. Er arbeitet gut und regelmäßig in der Gärtnerei.

Die Krankengeschichte vermerkt nichts Besonderes. «Still.» – «Zurückgezogen.» – Einmal steht: «Ein Suicid-Versuch.»

Viele Kranke tragen die ihnen wertvollen Sachen ständig mit sich herum. Wenn sie über Nachtschränke verfügen, so sind die nicht verschließbar, also Kontrollen und Dieben zugänglich. Außerdem werden die Schlafsäle tagsüber vielfach abgeschlossen. Die Männer tragen ihre Sachen in großen Jackentaschen, Innenbeuteln aus Leinen, ineinandergeschobenen Einkaufsbeuteln und auch in Strümpfen, die in das Innere der Hosenbeine heruntergelassen werden, die Frauen in großen Handtaschen, Einkaufsbeuteln und verborgenen Taschen in Röcken und Unterkleidung. Es gibt Spezialisten, die Öltuchtaschen mit vielerlei Fächern herstellen, die am Leibe getragen werden und alles aufnehmen können, was der Insasse braucht, und was er vor Dieben und Kontrollen schützen will. Zum Transport von Lebensmitteln und Getränken aus den Eßsälen werden saubere Tabaksbeutel und verschraubbare Plastikflaschen benutzt. Es gibt in der Anstalt eine Kultur des Versteckens, weil die Überwachung allgegenwärtig ist. In der alten Anstalt waren verschließbare individuelle Schränke nicht vorgesehen, weil es offiziell nichts gab, was der Patient für sich allein benutzen sollte, jedenfalls nichts, was nicht allgemein zugänglich sein konnte.

Ein Pfleger hat meist zwei oder drei Patienten, die sein Vertrauen haben und ihm helfen, die Station zu führen. Für diese Hausdienste werden ihnen Vergünstigungen eingeräumt. Sie wohnen in kleineren Zimmern, dürfen länger fernsehen, dürfen für die Pfleger einkaufen und werden mit Zigaretten oder dem Pfand für die leeren Flaschen belohnt. Sie bekommen oft Stadturlaub und haben dadurch die Möglichkeit zu Nebenverdiensten. Sie machen für ihren Mitpatienten Besorgungen, sie haben den Schlüssel zur Teeküche und verteilen Zuteilungen und Geschenke, die besonders in der Weihnachtszeit eingehen. Auch Telefongespräche im Gelände oder in der Stadt können von ihnen vermittelt werden. Manchmal haben die bevorzugten Patienten, die für den Pfleger arbeiten, ihrerseits Patienten, die für sie arbeiten. Auf jeder Station gibt es ein kompliziertes Geflecht von Protektionsverhältnissen und materiellen Abhängigkeiten. Wie das Gefängnis reproduziert auch die Anstalt die sie umgebende Klassengesellschaft und die ihr je spezifische Korruption.

Nebenverdienste der Patienten: Autowaschen, Polieren; Botengänge; Haushalt, Garten, Babysitting für Personal und Ärzte; Geldverleih, 25% bis 100% Zinsen; Verkauf von verbotenen Waren und Gegenständen, alkoholische Getränke, Präservative, Feuerzeuge, Messer; Dienstleistungen von Handwerkern, Friseure, modische Frisuren, Haarfärben; Schneider, Schnittverbesserungen der Anstaltskleidung; Pferdepflege für Mitglieder des Reitervereins; Glücksspiele; Schuheputzen; Verkauf von Hasch und Speed; Prostitution, homo- und heterosexuelle.

Wo die Schlafräume tagsüber nicht abgeschlossen werden konnten, weil es bettlägerige Patienten gab, oder die Schlafräume gleichzeitig Aufenthaltsräume waren, bestand die Anordnung, daß die Patienten, die nicht körperlich krank waren, sich nur in der Zeit der Mittagsruhe in ihre Betten legen durften. Da es aber nicht verboten war, sich tagsüber hinzulegen, lagen die Patienten über Tag den Wänden entlang oder in den Gängen zwischen den Betten, sofern sie nicht verstecktere Orte bevorzugten, zum Beispiel den stillgelegten Tunnel, der unter der Abteilung durchführt und früher dem Transport der Essenskarren diente.

Die Notwendigkeit, sich in einem abgeschlossenen und überwachten System heimlich zu verständigen, hat unter den Insassen eine reiche Gebärdensprache entwickelt. Wenn es nicht möglich ist, sich gegen die Anweisungen eines unbeliebten Pflegers mit Worten zu wehren, so drückt man doch wenigstens mimisch oder gestisch aus, was man davon hält und eben auf eine Weise, die nur von Eingeweihten verstanden wird. Jede Aufsichtsperson wird mit einem charakteristischen, oft vernichtenden Zeichen avisiert. Ich beobachtete Patienten, die sich mit Gebärden Witze erzählten, die ich nicht verstand.

Es gibt in der Anstalt eine Zigarettenordnung. Nur wenige Patienten können es sich leisten, ständig Markenzigaretten, sogenannte Aktive, zu rauchen. Die meisten drehen sich ihre Zigaretten selbst, aber viele sind auch darauf angewiesen, sich Zigaretten zu erbetteln oder durch Dienstleistungen zu erwerben. In Stationen mit langjährigen Patienten kommt es nur selten vor, daß jemand eine ganze Aktive verschenkt. Er verschenkt ein paar Züge oder den Stummel. Der Stummel einer Aktiven wird oft an einen Dritten weitergegeben, der eine Nadel oder Klammer benutzt, um sich nicht zu verbrennen. Wenn er weggeworfen wird, findet sich meist noch jemand, der den Tabak herausbröselt. In der Zigarettenordnung erscheinen die Sympathie- und die Abhängigkeitsverhältnisse auf einer Station. Zur Zigarettenordnung gehört das Ritual des Feuergebens. Um die Pfleger nicht um Feuer bitten zu müssen, besteht die Verpflichtung, mit seiner brennenden Zigarette jedem Feuer zu geben, der darum bittet. Das befolgen sogar hochgradig verwirrte Patienten und solche, die seit Jahren schweigen.

Wenn ein Patient einen Arzt oder einen Pfleger fragt: «Bitte, wann kann ich dem Chefarzt vorgestellt werden?», wenden sie in achtzig von hundert Fällen den Kopf ab und gehen weiter, als hätten sie den Patienten nicht gehört.
Um von Patienten nicht mit konkreten Fragen behelligt zu werden, haben viele Ärzte die Technik entwickelt, ihrerseits den Patienten anzureden, der sich ihnen nähert, meist mit der Frage: Na, Albert, wie geht es dir? Sie warten die Antwort aber nicht ab und gehen weiter. Die gewöhnliche Haltung des erfahrenen Fachmanns ist ein freundliches Desinteresse.

In jeder chronischen Abteilung gibt es ein paar Patienten, die an einem Schnauzkrampf leiden, einer Mundstellung, die man bei der Chorea major, dem sogenannten Veitstanz, beobachtet und auf bestimmte neurologische Veränderungen zurückführen kann. Gleich waren die Organiker mit einer Theorie zur Stelle. Wer aber lange auf einer chronischen Abteilung ist, jeder sozialen Funktion enthoben, wird leicht die Lippen schürzen wie im bitteren Trotz. Der Schnauzkrampf ist nichts anderes als eine zur Gewohnheit gewordene Trotzhaltung der Lippen. Wir sahen das an Patienten, die nach langen sozialen Kontakten in der späteren Therapiegemeinschaft den Schnauzkrampf verloren.

Wenn ich gefragt würde, woran erkennen Sie einen Psychotiker, so würde ich heute sagen: An seinem Lächeln, seinen langsamen Bewegungen und seinem unsicheren Gang, denn das sind die Wirkungen der Medikation, der er nur selten entgeht.

Es gibt im hiesigen Anstaltsgelände auffallend viel Wildkaninchen, und sie laufen nicht weg. Der Grund ist, die Patienten begegnen den Tieren rücksichtsvoll, viele bringen von ihrem Essen Sachen mit, die Kaninchen mögen, und ich sah nie, daß die Tiere von Patienten verjagt oder geängstigt wurden. Ich beobachtete, wie hochgradig regredierte Patienten sich viel Mühe gaben, mit den Kaninchen in Kontakt zu kommen. Sie zeigten dabei große Geduld und offenbarten Gefühle, die ihnen niemand mehr zugetraut hatte.

Es war den männlichen Patienten untersagt, sich längere Zeit in der Nähe der Frauenabteilungen und der Schwesternheime aufzuhalten. Hinter einer der chronischen Frauenabteilungen gab es jedoch ein Wäldchen, von dem aus die Fenster des oberen Stockes einer geschlossenen Frauenstation einzusehen waren. Dort hatten Patienten, die sich im Klinikgelände frei bewegen durften, Bänke und Tische hingebracht, aßen ihre Brotzeit und beobachteten mit Ferngläsern die Fenster der Frauen, die wußten, daß sie aus dem Wäldchen beobachtet wurden. Im Sommer saßen sie auf den Fensterbrettern der vergitterten Fenster, öffneten ihre Blusen, betasteten sich und machten erotische Bewegungen. Es wurden komplizierte Verabredungen ausgedacht, und es wurde davon geredet, daß es dort nachts zu unglaublichen sexuellen Gruppenaktivitäten käme, ein Wunschtraum des Asyls.

Eine Patientin, die sich mal nach rechts mal nach links fallen läßt, sagt zur Erklärung, sie müsse sich die Ecken und Kanten abstoßen, es gehe um Licht oder Finsternis, Erotik oder Askese.

Ein bildnerisch hochbegabter Patient dichtete:
Lieb ich mich
an Genitalien aus
gedenk ich deiner
Salvatore.

Allen Asylen eignet die Tabuisierung der Sexualität. Die psychiatrische Klinik trennt ohne triftigen Grund in Männer- und Frauenabteilungen, und ihre Einrichtungen und Kontrollen lassen Sexualkontakte kaum zu. Niemand macht sich Gedanken, welche Folgen die mit Gewalt unterdrückte Sexualität für die Erkrankung hat und niemand überlegt, wie man den Patienten sexuelle Beziehungen zu ihren gesunden Partnern außerhalb der Klinik ermöglichen kann.

Die puritanische Männergesellschaft, deren Idol der anal fixierte sparsame Milliardär ist, hält die Sexualität für einen widernatürlichen Luxus, der Konsumtionssphäre angehörig, und sie verbietet sie sofort, wenn sie über die Macht dazu verfügt. (Im Gefängnis, im Gefangenenlager, im Irrenhaus, in der Fabrik, im Internat, in der Kadettenanstalt, im Konzentrationslager, im Priesterseminar.) Natürlich geht die Sexualität in den Untergrund und entwickelt ihre jeweils spezifische Asylkultur. In ihr erscheinen die Macht- und Unterdrückungsverhältnisse. Sofern die so entstandene sexuelle Subkultur ihre Illegalität anerkennt, wird ihrer Ausübung gegenüber ein Auge zugedrückt. In allen Asylen spielen Onanie und Homosexualität die gleiche demütigende Rolle. Homosexualität und Onanie haben keine besondere Relation zur Geisteskrankheit, wohl aber zur Natur des Asyls.
Als die Therapiegemeinschaft den Versuch unternahm, männliche und weibliche Patienten gemeinsam in einem Haus unterzubringen, stieß sie auf unüberwindliche administrative Schwierigkeiten. Die Boulevardzeitungen beschreiben den Geisteskranken als sexuell enthemmten Triebmenschen. Der geisteskranke Triebverbrecher ist es, der Zucht und Ordnung unentbehrlich macht. Schützt unsere unschuldigen Kinder. Es werden aber jährlich 300 von ihren gesunden Eltern erschlagen, 30000 so gezüchtigt, daß ärztliche Hilfe benötigt wird.

Öchsel, Beobachtungen. Es war die Idee von Professor Feuerstein, im Sommer Fußballspiele zwischen den PLKs in Bayern austragen zu lassen, einmal im Jahr ein Leichtathletik-Sportfest und im Winter ein Geräteturnfest in der neuen Mehrzweckturnhalle. Ein Assistenzarzt und ein Stationspfleger stellten die Mannschaft zusammen für PLK Lohberg und Feuerstein erwirkte, daß den Fußballern das Training als Arbeitstherapie Kategorie 1 angerechnet wurde. Die Fußballer einigten sich sofort auf eine einheitliche Sportkleidung, sie sollte wie Bayern München sein, und jeder trug diese Sportkleidung und einen dazugehörigen Trainingsanzug fast ständig. Es gelang, eine Mannschaft von Patienten zusammenzubringen, die in verschiedenklassigen Vereinen Fußball gespielt hatten. Als Feuerstein erfuhr, daß im festen Haus ein renommierter Torwart der 1. Amateurliga verwahrt wurde (Brandstiftung, Epilepsie), setzte er durch, daß der Mann in die Mannschaft kam und, von zwei Hauspflegern bewacht, regelmäßig trainieren durfte. Die Frage, ob bestimmte Medikamente für die Fußballspiele abgesetzt werden durften, wurde von Feuerstein mit psychologischer Begründung bejaht. Als Kofler dafür eintrat, die sportliche Betätigung jedes beliebigen Patienten auf Wunsch als Arbeitstherapie zu bewerten und zu bezahlen, wurde er damit abgewiesen. Es kam zu dem langerwarteten Spiel PLK Lohberg – PLK Haar an einem warmen Sommertag. Die Spieler waren Patienten, auch noch die Linienrichter, aber nicht der Schiedsrichter. Die Zuschauertribüne war überfüllt, und es gab Hunderte von Zuschauern, die sich am Spielfeldrand niedersetzten oder herumliefen. Aus der Landesklinik Haar waren einige Busse mit Freigängern nach Lohberg gekommen. Es spielte die Patientenkapelle zu Beginn und in der Pause Märsche.

Die Mannschaften liefen ein, es wurden die Seiten ausgelost, und es begann ein Spiel, das sich im Verhalten der Spieler von anderen Fußballspielen nicht unterscheiden ließ. Ein gut geplantes Spiel zwischen ausgeglichenen Mannschaften, verlief über Erwarten reibungslos und wie ein gewöhnliches Fußballspiel. Ungewöhnlich dagegen war das Verhalten der Zuschauer. Sie schienen gekommen, ihre Freunde zu treffen, zu reden, zu rauchen, Limonade zu trinken und Würstchen zu essen. In der entspannten Atmosphäre eines Festes interessierten sie sich durchaus für das Spiel, aber ungleich mehr für Freunde und Bekannte. So erklärte sich auch die große Zahl weiblicher Zuschauer. Auffallend war, es schien ihnen gleichgültig, wer gewann. Überhaupt trat das Fußballspiel in den Hintergrund des Interesses, je länger es dauerte. Einige begannen ihrerseits Spiele und genossen die freie Atmosphäre so vieler Menschen auf einem sommerlichen Platz bei 30 Grad im Schatten. Sie gingen auch noch lange nicht weg, als das Fußballspiel zu Ende war, redeten und rauchten, tranken Spezi und Radlermaß, machten aber auch ein großes Feuer aus Brettern der Tribüne. Zu dem ungewöhnlichen Verhalten der Zuschauer meinte Feuerstein, daß alles gelernt werden müsse.

Patienten grüßen sich auf dem Gelände der Anstalt, aber sie grüßen sich nicht in der Stadt, wenn sie Ausgang haben, denn das Grüßen würde dann heißen, die oder der da ist auch in Lohberg. Schon im Bus wird der Versuch unternommen, sich als Person zu neutralisieren. Patienten zwischen Besuchern versuchen sich den Anschein zu geben, als wären auch sie Besucher oder Pflegepersonal. Nach einem Besuchstag im vollen Omnibus notierte ich Eindrücke, die Besucher auf der Heimfahrt äußerten:
Tragisch
Muß man Gott danken, daß man nicht selbst
Empfinden das nicht so
Nur noch an Zigaretten interessiert und Kaffee
Froh, daß ich da wieder raus
Wie Kinder
Daß man nie weiß, wo man dran ist
Würde das nicht aushalten
In der Cafeteria habe ich gestaunt
Kuchen essen können sie
Ob das nicht früher humaner war
Würde ich mich umbringen
Unheimlich
Stechende Augen
Sind eben nicht normal
Als Leben nicht lebenswert
Wer säuft, soll seine Kur selber bezahlen, ist mein Standpunkt
Seh ich jedem an
Aus und vorbei
Tun einem ja doch leid
Als Schicksal tragisch

März, Aufsätze. Lohberg-Ruh. Nach zehn bis fünfzehn oder auch zwanzig Jahren fühlt sich der Pflegling meist mit der Heilanstalt versöhnt und wird jetzt ihr immer stillerer Genießer. Hier weiß er, was läuft, hat sein Essen und sitzt gern nackt auf Bett oder Fensterbrett. Auch braucht man nicht mehr zu sprechen. Wenn man sich selbst abgegeben hat, wird man hier ziemlich in Ruhe gelassen.

Im Winter 1968 hatte Kofler März zum erstenmal gesehen. Er war einer von vier Patienten, die Feuerstein in einer Vorlesung Sozialhelfern vorstellte, die in der Ausbildung begriffen waren. Kofler war Feuersteins Vorlesungsassistent und führte ein Praktikum für die Sozialhelfer durch. Feuerstein wollte ausgeprägte chronische Schizophrenien vorstellen, nannte ausdrücklich März und Karl Fuchs. Kofler sah sich die Krankenblätter an, kurz auch die Patienten, die ihm genügend charakteristisch erschienen. Er nahm sie am Tage der Vorlesung im Vorraum entgegen und ließ sie vor dem Auditorium niedersitzen, vier salbengesichtige Automaten, drei männliche, ein weiblicher, die zwischen 10 und 30 Jahren hier in Lohberg waren. Der Anschaulichkeit wegen stellte Feuerstein die Patienten den Sozialhelfern mit ein paar freundlichen Bemerkungen vor. Die Patienten, auch März, standen auf, wenn ihre Namen genannt wurden, die Patientin Amalie L., Hausangestellte, 54 Jahre, machte einen graziösen Hofknicks. Sie wurde in den Vorraum zurückgebracht, als Feuerstein ihre Krankengeschichte kurz referierte, und zum Zwecke der Demonstration wieder hereingerufen. Sie saßen in sich versunken da, schienen die Situation nicht aufzufassen, Feuersteins Ausführungen jedenfalls nicht zu folgen. Feuerstein hatte farbige Episoden aus produktiven Anfangsphasen ihrer Erkrankung berichtet, jetzt sahen die Zuhörer die hülsenhaften Endzustände.
«Obwohl die Schizophrenie durch die Psychopharmaka eine durchaus behandlungsfähige Erkrankung geworden ist», sagte Feuerstein, «werden Sie als künftige Sozialhelfer immer wieder mit chronisierten Psychosen konfrontiert sein, die extramural existieren können, wenn Angehörige dazu bereit sind, aber eine wirkliche Rehabilitation nicht erreichen. Die beiden wesentlichen Momente für den chronischen Krankheitsverlauf sind erstens die Selbstisolierung, der Autismus, die emotionale Versandung in sich selbst, zweitens der Rückzug von allen Rollenerwartungen aktiver und passiver Art.»
Um das automatenhafte Verhalten dieser Patienten zu demonstrieren, wandte sich Feuerstein von der Klapptafel aus an einen der Patienten: «Herr März.» März stand von seinem Stühlchen auf und wartete, ohne Feuerstein anzusehen, Feuerstein hielt eine lange Pause. «Kommen Sie her.» März ging zu ihm hin und wartete. Ohne jeden Ausdruck stand März nur da. Es war ein Stehen, das eine Stunde dauern konnte oder eine Woche. Nach einer wiederum lan-

gen Pause nahm Feuerstein ein Stück Kreide und hielt es März hin: «Nehmen Sie die Kreide und schreiben Sie Autismus an die Tafel.» März nahm die Kreide, verschwand aber, der Erwartung entgegen, hinter der Klapptafel. Man hörte das Geräusch des Schreibens, von März, mit dem Rücken zur Tafel, sah man nur eine Hand, die sich, den unteren Tafelrand umklammernd, von links nach rechts bewegte, sah März wieder hervorkommen und die Tafel umkippen, auf der jetzt oben zu lesen war:
1. Autismus
2. Rückzug von Rollenerwartungen
3. A 5

Da applaudierte das verblüffte Auditorium. «Das ist die Selbstinszenierung der Psychose und ihre Selbstherrlichkeit», sagte Feuerstein. März, ehe er an seinen Platz zurückging, hielt Feuerstein die Kreide hin, so wie Feuerstein sie ihm hingehalten hatte, wie einem gehorsamen Kinde. Feuerstein nahm sie schnell.

Nach der Vorlesung wurde jedem der Patienten eine Schachtel Zigaretten und eine Kinokarte für das Wochenende ausgehändigt. Amalie L. bekam statt der Zigaretten eine Schachtel Pralinen. Als sie herauskamen, war es dunkel geworden und es fiel Schnee. Jemand warf mit Schneebällen, und jemand in dem dunklen Anstaltsgebäude jauchzte. Ein Pfleger brachte den Trupp Patienten zu den Stationen. Kofler folgte in einigem Abstand. Der kleine Zug hatte etwas von einer Gefangeneneskorte. Sie gingen das viergeschossige Rokokogebäude entlang in die rückwärtigen Teile, wo ihre Abteilungen lagen. Es schneite und niemand sprach. Kofler war immer neu ergriffen, wenn der erste Schnee aus dunklem Himmel fiel und alles zudeckte, was ist. Mochte das Sonnenlicht die Schärfe des Gedankens sein, das dunkle Licht des Schnees war die Erinnerung, war des Gedankens dunkles Bild. Einer der Patienten des Zuges, März, blieb stehen, legte das Gesicht ganz zurück. Kofler blieb neben ihm stehen. Der Pfleger kam zurück, nach März zu sehen, und Kofler sagte, er brächte März auf die Station. Er fragte März, ob er Lust habe, mit ihm ein Bier zu trinken. «Pallaksch», sagte März. Dann legte er sich in den Schnee, lag still mit offenen Augen da und ließ sich zuschneien. Kofler überlegte, wie er sich verhalten sollte. In einem plötzlichen Impuls legte er sich neben März. Sie lagen mehrere Minuten nebeneinander. Dann stand März auf und ging, ohne Kofler zu beachten, eilig heim auf Abteilung 5. Er wartete vor der

Tür und Kofler schloß ihm die verschiedenen Türen auf. Es roch auf der Station nach Abendessen. März holte sich Besteck und aß.

Der Schnee
Der Schnee ist weiß
und weich ist der Schnee
unter dem Schnee möchte ich liegen
und schaun.

März, Erinnerungen. Im Schnee lag der Vater in krustiger Uniform, Gasse vom Norddeutschen Hof (Peilau), regte sich nicht aber lebte. Fühlte die Schuld das zu denken. Schulkinder gingen vorbei. Besoffen wie ein Gendarm, wagte ich nie mehr zu denken.

Das Schweigen
Wenn das Reden überflüssig geworden ist,
ist es nicht schwer zu schweigen.
Schwerer ist es schon auch
ganz in Gedanken zu schweigen,
doch mit der Zeit
kommt Zeit, kommt Rat.
Das Schwere am Schweigen,
hat man es einmal heraus, ist
das Aufhören. Wozu das Schweigen brechen?
War nicht das Schweigen das Ziel,
worauf man sich hier in Lohberg
allseits hat einigen können?

Kofler, Tagebuch. Es gibt eine Ähnlichkeit des Erlebens, die mich an März interessiert.

Die Depression ist eine Wollust an sich selbst, an dem Verlust von allem, die Ahnung künftiger Empfindungslosigkeit.

Warnung. Alle Fallbeschreibungen sind in Richtung auf eine zu belegende Theorie gemacht, also mit falschem Bewußtsein.

Kofler, Notizen. In dieser Zeit (Winter 68) begann ich die Institution der Anstalt selbst als krank zu empfinden. Mir schien, sie mache nicht nur die Insassen krank, sondern auch die Pfleger und Ärzte. Alle Beziehungen waren verlogen, verdorben, gequält. Ich war nicht der Partner eines Patienten, sondern dessen Vorgesetzter. In Fachkenntnissen versteckt, beobachtete ich ihn wie ein Voyeur oder Spitzel, und meine Beobachtungen wurden gegen das beobachtete Objekt verwendet. Sie rechtfertigten den Ausschluß von anpassungsfähigen, störenden, widersetzlichen Elementen aus der Gesellschaft und deren soziale Vernichtung. Die Diagnose Schizophrenie schien mir manchmal nichts anderes als ein diskriminierendes Werturteil zu sein. Tatsächlich ist die Verwaltungsform der Anstalt der Verwaltungsform des Gefängnisses recht ähnlich.

Die Männerabteilung der chronischen Psychosen hatte vier Stationen, drei geschlossene, eine offene, und es gehörte auch die ärztliche Versorgung der auf dem Gut arbeitenden Patienten dazu. Die Abteilung der chronischen Psychosen war der Kelch, der an keinem der in Lohberg angestellten Ärzte vorüberging, seit der Obermedizinaldirektor Dr. Powidal gestorben war, der die Abteilung über zwanzig Jahre geleitet hatte, zuletzt im schon pensionsberechtigten Alter. Powidal war beim Pflegepersonal, der Verwaltung und auch den Patienten außerordentlich beliebt gewesen, die ärztlichen Kollegen sahen in ihm ein Stück psychiatrischer Weisheit, denn es war sein Prinzip, sich in den Gang der Dinge nur zu mischen, wenn das unvermeidlich war. Er hatte die chronische Abteilung als einen Organismus angesehen, der sich innerhalb der gesetzten Normen und Erfahrungen selbst regle, wenn man nur geduldig genug war, die Selbstregelung zuzulassen. Das war nicht Faulheit sondern die Berufserfahrung von vier Jahrzehnten. Von der Aussichtslosigkeit ärztlicher Bemühungen tief durchdrungen, hatte er sich darauf beschränkt, das Zusammenleben der Verwahrten zu regeln, ein Klima der Duldsamkeit entstehen zu lassen. Auf den Stationen hatte sich Powidal selten sehen lassen, aber er kannte alle Patienten und ging mit ihnen wie mit eigenartigen Kindern um. Er hielt die chronische Schizophrenie im Asyl für eine mögliche Lebensform. Er duzte alle Patienten, redete sie mit den Vornamen an und hatte eine Technik, jedem Gespräch eine joviale, meist humorige Vertrauensbasis zu geben, die dem Patienten verheimlichte, daß er zu einem Vorbringen seiner Probleme nicht kam. Powidal duzte

auch die Pfleger und alle anderen Mitarbeiter, ausgenommen die ärztlichen, mit denen er wenig zusammentraf. Ein oft zitierter Ausspruch Powidals war: «Ich bin Psychiater geworden, weil es erträglicher ist, mit Psychotikern umzugehen als mit dressierten Affen.» Er ging aber überhaupt nur wenig um. Seine Interessen lagen auf dem forensischen Felde. Er hatte eine anschaulich geschriebene Arbeit über die unerkannten Formen der Selbstzerstörung, die verkappten Selbstmorde, verfaßt, wozu er insbesondere den Alkoholismus zählte. Da er selbst trank, sagte er beim Verlassen der Alkoholikerstation gern: «Warum soll ich nicht trinken, wenns andere nicht vertragen können.» Die Einführung der neuen Psychopharmaka, die er mit Skepsis beobachtete, hatten die Führung der chronischen Abteilung wesentlich erleichtert, er nannte sie die Weichmacher, die Stillmacher und bremste den Enthusiasmus jüngerer Kollegen, die schon von Heilungsaussichten sprachen, wenn sie eine produktive Psychose auf Eis gelegt hatten. Abteilung 5 war unter Powidal ein Staat im Staate mit eigenen Mauern, eigenem Garten, eigener Gesetzlichkeit. Wer hierher kam, kam wieder, wer hier war, der blieb.
Der Tod Powidals riß eine große Lücke, denn es zeigte sich, daß von den Ärzten, die für die Position in Betracht kamen, niemand willens war, die Abteilung zu übernehmen. Jeder winkte ab, denn Abteilung 5 das hieß so gut wie keine Diagnostik, viel Aktenkram, keine fachlich interessanten Fragen, routinemäßige Medikation an Patienten, die nicht wirklich rehabilitationsfähig waren, jedenfalls nicht für längere Dauer. Professor Feuerstein versuchte auf dem Wege der Ausschreibung der Stelle einen älteren Fachmann zu gewinnen, der ohne Ehrgeiz und mit hohen Bezügen seiner Pensionierung in Abteilung 5 entgegensehen wollte, aber es fand sich niemand. So mußte in den sauren Apfel gebissen werden, daß Abteilung 5 im jährlichen Turnus übernommen werden mußte. Auf Dr. U. folgte Dr. F., auf Dr. St. folgte Dr. Kofler, und Kofler, zur allgemeinen Überraschung, wollte dort bleiben, wollte anscheinend der neue Powidal werden, und jeder hatte Anlaß, ihm dankbar zu sein, seinen Wünschen entgegenzukommen, so merkwürdig sie sein mochten, und ganz besonders dankbar war ihm der ja durchaus reformfreudige Professor Feuerstein.

Kofler, Notizen. Der Psychiater kommt mit einem System von Gewalt und Unterdrückung unmittelbar in Berührung, und wenn er nachdenkt, stößt er auf das Gesamtsystem, das Gewalt und Unterdrückung hervorbringt. Er entdeckt, daß er wie jeder andere Mensch vor einer Entscheidung steht. Entweder er vergißt, was er weiß, zieht sich auf die Grenzen seines Fachs zurück und organisiert Gewalt und Unterdrückung auf dem Felde seiner Spezialkenntnisse, oder er entschließt sich zum Kampf gegen die Institution des Irrenhauses und das Gesamtsystem, das die Institution hervorbringt.

Lohberg als Ganzes

März. «Der Schiffsuntergang kann auch mit Musikstimmung betrachtet werden.»

Das Kind
Das Kind wird unter Aufsicht der Eltern
geboren und kommt in eine Anstalt, wo es
sich an die Ordnung gewöhnen soll.

Feuerstein war der Ansicht, der Reform der psychiatrischen Einrichtungen müsse eine besonnene Information der Öffentlichkeit über deren gegenwärtigen Zustand vorausgehen. Ein Verständnis der Öffentlichkeit würde es den Politikern erleichtern, die notwendigen, natürlich kostspieligen Reformen für eine Gruppe einzuleiten, die keine Lobby hatte und an die niemand gern dachte. Dabei durfte das Vertrauen in die psychiatrischen Institutionen nicht erschüttert werden, der Wunsch nach Reformen sollte einen Vertrauensmangel wenn möglich sogar verringern. Das hieß, einer delegierten Öffentlichkeit gegenüber mußte der Deckel vom Topf genommen werden, gleichzeitig sollten die Zeitungen Gelegenheit bekommen, die menschliche Seite ins Bewußtsein der Leute zu bringen.
Feuersteins Geschick, schwierige Fachfragen einfach darzulegen, sein Herkommen aus der wissenschaftlichen Arbeit, seine Praxis in der Anstaltspsychiatrie und seine Verbindungen zur pharmazeutischen Industrie hatten ihn zum Mitglied vieler Gremien gemacht, die sich mit der Reformierbarkeit der Psychiatrie beschäftigten. Die Offenheit, mit der Feuerstein auch die Unzulänglichkeiten des eigenen psychiatrischen Großkrankenhauses darlegte, die Fähigkeit, ohne Umwege auf Kernprobleme zu kommen und das hohe Maß an Anschaulichkeit, das Feuerstein vermitteln konnte, hatten dazu geführt, daß viele, die für ihre Arbeit Informationen über die Lage der

Anstaltspsychiatrie benötigten, diese in Lohberg zu erhalten suchten. Es kamen Abgeordnete aus den Ausschüssen der Parlamente des Bundes und des Landes, Bezirks- und Stadträte, Ministerialbeamte, Vertreter der Kirchen und der Behinderten, Wohlfahrtsverbände und Architekten, Presse- und Rundfunkleute, Finanzexperten und sozial- wie christdemokratische Frauen. Die Landesregierung schickte ausländische Gesundheitsdelegationen, die psychiatrische Anregungen suchten, die weiteste kam aus Schwarzafrika, dem Staat Malawi, den Feuerstein in der Encyclopaedia Britannica nachschlagen mußte. Die meisten Delegationen waren zu wichtig, Assistenten anvertraut zu werden, denen das politische Fingerspitzengefühl fehlte, und leider haben auch erfahrene Psychiater selten die Fähigkeit, mit anderen anders als mit Patienten umzugehen. Freilich kam dazu, daß Feuerstein repräsentative Aufgaben genießen konnte, aber er vernachlässigte darüber nicht die Arbeit in der Klinik. Er hielt aufrecht, daß er vor der Arbeit eine Stunde ritt und vor dem Schlafengehen eine halbe Stunde schwamm; er brachte ein enormes Arbeitspensum hinter sich, war in jeder Situation präsent, sprach mit Fachleuten französisch, diktierte der leisen Frau D. englische Artikel, und es war in seiner Arbeit der Partner immer mitgedacht, ob er mit Juristen zu tun hatte oder Politikern, Künstlern, Theologen oder Wirtschaftlern. Er war ein durch und durch kommunikativer Mensch, ein Kenner der Kunst, besonders der psychopathologischen Züge in ihr, und immer bemüht, die veraltete Anstalt an die Erfordernisse der modernen Industriegesellschaft heranzuführen.

Nahezu alle Besucher waren von der architektonischen und landschaftlichen Schönheit Lohbergs beeindruckt, dem beherrschenden viergeschossigen Rokokokloster mit den mächtigen Flügeln, das vor wenigen Jahren mit Feingefühl restauriert worden war und heute, mit den Erfordernissen der neuen Medizin ausgestattet, alle akuten Männer- und Frauenstationen beherbergte, darüber hinaus die Altenabteilungen und die noch nicht lange bestehende neurologische Abteilung, die Feuerstein erzwungen hatte, weil eine neurologische Abteilung für die Fachausbildung unentbehrlich ist, besonders für den frei praktizierenden Nervenarzt. Ohne die neurologische Abteilung hätte die Klinik einfach keine jungen

Ärzte mehr gefunden. Jetzt war die Schwierigkeit der neurologischen Abteilung, genügend Patienten zu finden, die mit rein neurologischen Erkrankungen die Anstalt in Kauf nahmen, also auch die Diskriminierung.

Feuerstein traf seine Besucher in der Regel zuerst in dem berühmten Bibliothekssaal mit der zierlichen Galerie und dem allegorischen Deckenfresko, das die Weisheit darstellte und den Wahnsinn nicht ausschloß, wie einige der dargestellten Versuchungen und Visionen zeigten. Er wies auf die perspektivisch geschnitzten Flachreliefs der Rokokotreppe hin, deren schadhafte Teile aus der Holzbildnerei der Klinik ergänzt worden seien und führte die Besucher über die erlesen schönen Mosaiksteingänge einer geschlossenen Frauenstation zu einem der neu entstandenen Frauenwachsäle. In den breiten Gängen standen Bänke und Sitzgruppen, den Besucher beeindruckte die unerwartete Ruhe. Frauen in Anstaltskleidung, aber auch in eigenen Morgenmänteln, saßen still auf den Bänken oder sahen zum Fenster hinaus, einige strickten, einige spielten Mensch-ärgere-dich-nicht, einige standen in sich gekehrt herum. Die kleine Besuchergruppe wurde kaum beachtet, vom Flur konnte man durch große Beobachtungsfenster in kleinere Krankenzimmer sehen. Manchmal kam eine junge, schmale Kranke (Angelika F.), verbeugte sich vor Feuerstein und sagte leise: «Mieh liw rosseforp rehgat netug.»
«Was als schizophrene Kunstsprache vielleicht imponieren kann, das heißt, von hinten nach vorn gelesen, aber einfach: Guten Tag, Herr Professor, will heim», erklärte Feuerstein.
Wiewohl ohne Antwort, schloß sich die Kranke der Besuchergruppe an und hörte Feuerstein zu, der vor einem großen Farblitho von der Wirkung moderner Kunst auf psychisch Kranke sprach.
«Es ist unsere Erfahrung, daß von gespannt-aggressiven Bleulerschen Psychosen gerade Miró als angenehm und heiter empfunden wird, besonders seine Schlittschuhläufer. Miró, Feininger und Hundertwasser, dagegen aber nicht der tatsächlich psychotische Schröder-Sonnenstern, der Aversionen herausfordert. Ich konnte beobachten, daß psychopathologische Kunst in ihrem Wert von Kranken, die selbst psychotisch sind, nur selten erkannt wird. Die zeitgenössische Kunst ist der Geist der Zeit, der dem Kranken Ver-

bindungen ermöglicht, Anregungen vermittelt, die der Verödung entgegenwirken.»

Angelika F., Tochter eines Musiklehrers und einer Mutter, die ehemals den Wunsch hatte, Pianistin zu werden und ihren drei Mädchen zuliebe darauf verzichtet habe, kam nach Lohberg, weil sie eines Tages, als sie eine Stellung als Heilgymnastin antreten sollte, behauptete, die Welt sei unmerklich vertauscht, es sei nicht die Welt, die man ihr dargestellt habe, es sei eine ganz andere. Alle sprächen hinter ihrer ersten Sprache eine zweite geheime Sprache, die sie nicht verstehe und jeder wolle sie mit seinem Samen vergiften.

Wie das ganze Hauptgebäude nach der Renovierung entsprach auch der Wachsaal den Forderungen, die Feuerstein an ein psychiatrisches Landeskrankenhaus stellte. Es gab keine Gitter mehr, sondern schußsicheres Glas. Der Wachsaal, für vierzig Patienten, wegen Bettenmangels überfüllt, war von einem einzigen Schaltpult aus zu übersehen, Wände aus unzerbrechbarem Glas trennten den Saal vom einsehbaren Waschraum mit zehn großen Waschbecken auf der einen Seite und von dem einsehbaren Toilettenraum auf der anderen Seite. Die abschließbaren Toiletten, von Monitoren überwacht, gaben dem Patienten das Gefühl der geachteten Intimsphäre. Es gab genügend Tische, wo die Patienten essen oder schreiben oder lesen konnten. Das Bild wurde von zwei alten Frauen getrübt, die in ihren Nachthemden auf den bekannten Stühlen saßen und getopft wurden.
«Unsere großen Probleme sind nicht die Psychosen, sondern die Alkoholiker und die Alterserkrankungen, die unsere psychiatrischen Krankenhäuser zustopfen. Es gibt bei den Altersschäden meist keinen anderen Grund für eine Aufnahme bei uns als den, daß wir als gefährdet eingewiesene Patienten nicht abweisen dürfen. Obwohl nichts so gewiß ist wie jedermanns Altwerden, weiß unsere Kultur nicht zu sagen, wie alte und hinfällig werdende Menschen angemessen und in leidlicher Würde leben können, seit die Familie das offensichtlich nicht mehr leistet. 70% der in psychiatrischen Kliniken eingelieferten Alterskranken sterben innerhalb der ersten hundert Tage», sagte Feuerstein.
Er führte durch einige nur mit alten Frauen belegte Säle, die, von wenigen Alterspsychosen und degenerativen Hirnprozessen abge-

sehen, in jedem beliebigen Heim oder Krankenhaus zu versorgen wären. Psychiatrisch nicht therapierbar, blockierten sie die überall fehlenden psychiatrischen Betten und verlangten unverhältnismäßig viel Pflegepersonal. Für die meisten Alterskranken seien die Tage hier die Zeit zwischen den Mahlzeiten.
«In den Altenabteilungen tragen auch unsere Bilder den Charakter des Konservativen, Harmonischen, Humorvollen. Von Spitzweg zu Wilhelm Busch, Bele Bachem und Loriot. Ich bitte zu beachten, daß es unseren Pflegemethoden gelungen ist, den früher vorherrschenden Geruch auf diesen Abteilungen vollkommen einzudämmen», sagte Feuerstein.
Als Errungenschaften zeigte er kleinere psychiatrische Stationen mit kleinen Krankenzimmern, kleinen Eßsälen, Aufenthaltsräumen, Rauchzimmer, Fernsehzimmer, die sich von anderen Krankenstationen kaum unterschieden. Er verwies auf die stark verkürzte Verweildauer der psychotischen Ersterkrankungen durch differenzierte medikamentöse Therapie, die zwar immer wieder in die Klinik kämen, nach seiner, Feuersteins, Überzeugung aber vielfach in Tages- oder Nachtkliniken zu halten wären, wenn sie medikamentös gut eingestellt in beschützenden Werkstätten arbeiten könnten.

Nach dem auch in den medizinischen Einrichtungen eindrucksvollen Hauptgebäude zeigte er den schon aufatmenden Besuchern die rückwärtigen alten Teile, in denen heute noch die Mehrzahl der Patienten untergebracht war, insbesondere alle Langzeitpatienten. Das waren in einer Art Postgotik errichtete Krankenhauskasernen, um 1880 erbaut, vergitterte Krankensäle, Gänge, ummauerte Innenhöfe, große Eßsäle, unzureichende hygienische Verhältnisse. Ergänzt wurden die Bauten durch Pavillonbauten im Jugendstil, um 1900 entstanden, deren proportional schönere Fenster ebenfalls vergittert waren. Die Pavillons waren von Bäumen umstanden, die einzelnen Einheiten wiederum ummauert.
Feuerstein scheute sich nicht, den Zustand der chronischen Abteilungen in aller Trostlosigkeit vorzuführen, nahm die Unruhigenabteilungen nicht aus und zeigte regierungsoffiziellen Besuchern sogar die sogenannten Wolfsgruben, wo in Riesensälen psychokinetisch gestörte Idioten in ihren gepolsterten Gitterbetten hin und her wippten, gefüttert, gewaschen und getopft, im übrigen sich selbst

überlassen. Die sichtbare Neuerung waren zwei Fernsehgeräte, die an den Stirnseiten des Saals das jeweils geeignet scheinende Programm bis zur Bettruhe abgaben.

«Bewegungsübungen, Spiele, Massagen, spezielle Lernprogramme, Sensibilitätstraining und dauernde menschliche Kontakte könnten die Fähigkeiten auch dieser Patienten innerhalb ihrer Grenzen erweitern und ihr Wohlbefinden erhöhen. Um dabei effektiv zu sein, müßten wir für je acht Patienten über einen speziell ausgebildeten Pfleger, einen Bewegungstherapeuten verfügen, von Ärzten und entsprechenden Einrichtungen in genügender Anzahl nicht geredet. Es scheint, daß niemand ernstlich daran denkt, ein Programm in diesem Kostenrahmen in Erwägung zu ziehen. Nach den Erfahrungen der Vergangenheit wagt andererseits aber auch niemand dem Problem der Euthanasie auf diesem gut abgrenzbaren Gebiet nachzugehen, wie das in den angelsächsischen Ländern und Skandinavien intensiv geschieht. Was wir praktizieren ist Euthanasie auf Raten unter lebensunwerten Umständen», sagte Feuerstein.

Was die Bausubstanz der alten Klinik angeht, so sähe er keinen vernünftigen Grund, sie zu erhalten. Sie könnte nach seiner Ansicht in kleinen Einheiten innerhalb von zehn Jahren ganz ersetzt werden, ohne die Arbeit der Klinik einzuschränken. Zielprojektion schien ihm eine wirtschaftlich entwickelte, unabhängige und sozial durchdachte psychiatrische Lebensgemeinschaft, eine Art beschützende Stadt für psychisch Kranke, die ihren unverwechselbaren Platz in einem marktwirtschaftlich orientierten Sozialstaat finden muß, denn unzweifelhaft nähmen die psychischen Erkrankungen in einer modernen Gesellschaft zu. Übrigens sei diese Lebensgemeinschaft, die eine wirtschaftlich gesunde Basis durchaus haben könne, in der alten Anstalt vorgebildet. Auch heute sei Lohberg undenkbar ohne die Einrichtungen der Selbstversorgung, die überwiegend von Patienten betrieben würden, er nenne nur die Großküche, die Wäscherei, das Heizwerk, die Bäckerei, die Schlosserei, die Tischlerei, die Gärtnerei, das Gut, die Molkerei und die Karpfenzucht. Patienten arbeiten im pflegerischen Stationsdienst, in der Verwaltung und heute auch schon in einigen durchaus konkurrenzfähigen Fertigungsbetrieben. Die Resozialisierung des Kranken sei die Wiederherstellung seiner Fähigkeit, in unserer Industriegesellschaft wertschöpfende Arbeit zu leisten.

Die psychiatrische Lebens- und Arbeitsgemeinschaft war das spezielle Feld Feuersteins, und wichtigen Besuchern führte er das ganze Spektrum der Beschäftigungs- und Arbeitstherapie vor, das augenblicklich in Lohberg bestand. Er zeigte die alten quasi klassischen Anstaltsarbeiten in den schwarzen Werkstattschuppen: das Körbeflechten, das Mattenflechten, das Herstellen von Stricken, das Säkkekleben, das Holzsägen, die Fleckerlteppichweberei. Sie wurden meist von stark regredierten, älteren Patienten ausgeführt, die sich an andere Arbeiten nicht gewöhnen mochten oder nicht dazu befähigt waren. Es gab Patienten, die über Jahrzehnte täglich sechs Stunden lang diese gleiche Arbeit verrichteten.

Der Fluß im Winter
Der Fluß im Winter fließt traurig
so grau
Wenn er mehr Wasser hätte flösse er fröhlicher
wie die Menschen auch.

Wegen der idyllischen dörflichen Atmosphäre führte Feuerstein besonders gern ausländische Besucher zu den Federschleißerinnen.
«In unserem breitgefächerten Arbeitsprogramm finden sich noch einige fast vergessene Tätigkeiten, zum Beispiel das Federschleißen, das besonders unseren älteren Patientinnen liegt. Nicht wahr, Malchen? –»
Auf diese Ansprache hin stand eine kleine alte Frau (Amalie L.) von ihrem Schemel auf und sagte den Spruch: «Ein Besen, eine Feder, eine Nadel, all dies ist vor Gott gleich. Der Gehorsam der Hand und die Liebe im Herzen sind das Glück der Frau.» Sie machte einen Knicks, setzte sich und arbeitete weiter.
«Obwohl das Federschleißen heute kaum noch als eine wertschöpfende Arbeit anzusehen ist, rechnen wir es zur einfachen Arbeitstherapie. Wir nennen Arbeitstherapie jede Behandlung mit zweckgebundenen und sinnbezogenen Verrichtungen, im Unterschied zur Beschäftigungstherapie, die eine Behandlung mit sinngebundener und zweckbezogener Tätigkeit ist, also in der Regel keinen Nutzen erbringt. Die Federschleißerei immerhin hat einen bescheidenen Vertrag mit einem Bettenhaus, das der geschlossenen Frauenabteilung alljährlich eine Weihnachtsfeier ausrichtet.»
Ein Minister aus Malawi fragte, wie die Arbeit bezahlt werde. «Die

Bezahlung ist eine symbolische», antwortete Feuerstein, brauchte dann einige Zeit, um englisch zu erklären, was eine symbolische Bezahlung sei.

Krankengeschichte von Malchen. Amalie L. (Loch), 1921 in Österreich geboren. Hat seit ihrem 14. Lebensjahr als Hausgehilfin, Kindermädchen, Küchenhilfe gearbeitet, zuletzt als Krankenpflegerin in einem Kloster. Mit 19 sieht sie in der Kirche aus der Hostie eine Flamme schlagen, sieht einen Blitz in Kreuzesform. Eine weiße Rose aus dem Klostergarten habe sich in ihrer Hand in eine rote Rose verwandelt. Sie fühle sich berufen, eine christliche Mission zu erfüllen. Wegen einer unglücklichen Liebe fällt sie in Depressionszustände, verfaßt religiöse Schriften, die sie an Frauenzeitungen schickt. Abends erscheinen ihr schöne Jünglinge, die sie auf den Mund küssen und unter den Rock greifen, dann der Teufel, Gunter Sachs und Karajan, die ihr ordinäre Worte zurufen «Fickbüchse» und «Puderdose». Sie spürt Schlangen an ihrem Körper. Ein Brief macht ihr klar, daß sie von hoher Abkunft sei, Kaiserin von Österreich, sie sei ihrer Mutter eingeschoben worden, die wirkliche Mutter sei die Gräfin Cantaneskiy gewesen, der Vater Franz Joseph. Die Hingabe sei in Ischl gewesen. Amalie L. kam bei Kriegsende nach Bayern, arbeitete als Pfarrköchin, dann nach kurzem Aufenthalt in einer psychiatrischen Klinik wiederum in einem Kloster und ist seit 1955 in Lohberg hospitalisiert. Sie sei eine Göttin, die schon 25mal vom Himmel aus gekrönt worden sei. Der Schah von Persien habe sich in sie verliebt, weil Soraya keine Kinder bekomme.
«An einem wunderschönen Sonntag», schrieb Amalie, «kam er nach Wien und stellte sich der Christlichen Führerin vor, die von der Kirche für die Verteidigung des Glaubens zur Kaiserin gekrönt worden war, ja-ja, der junge Schah von Persia. Sie war entzückend in ihrer Phantasieuniform, karmesinrote Jacke, mit Gold über und über betreßt und schwarzer Schoß, hohe Stieferln und am Kopf über blonden Locken ein türkischer Fez mit Goldquaste. Der Schah war so gebannt, daß er kein Wort hervorbrachte und sie nur anstaunte und sie ihn. Er war der eleganteste Flieger, den sie je gesehen, schwarze Stieferln aus Lack, elegante Reithose aus feinstem schwarzem Leder und ebenso sein Jackett und der Reißverschluß vergoldet und die Pilotenkappe ebenso majestätisch, und ihre Augen sanken ineinander und sie verliebten sich gegenseitig so sehr,

daß sie die die Welt um sich herum versinken ließen ganz und gar. – Neben ihm stand ein Motorrad ganz neu und eine zitronengelbe Pupperlhutsche – also ein Beiwagen. Er deutete darauf hin und wollte seine Herzdame gleich mitnehmen, gleich heiraten und immer und ewig bei ihr bleiben, doch diese verneigte sich nur recht liebevoll vor ihm, wie zum Abschied, und sagte dann: ‹Ich darf nicht.› Als Kaiserin von Österreich verbot es ihr das Pflichtgefühl.»
Amalie L. regredierte schnell, war verträglich, arbeitete regelmäßig, wollte nur, daß an ihrem Bett verborgen eine Visitenkarte steckte: Kaiserin von Österreich. Wegen ihrer schönen Stimme sang sie im Chor, sprach aber immer seltener.

Entlohnung der Arbeitstherapie. Die in ein Psychiatrisches Landeskrankenhaus eingewiesenen Patienten dürfen zur Arbeit herangezogen werden. Die Entlohnung wird Arbeitsbelohnung genannt. Sie wird in fünf Gruppen gewährt: Gruppe 1 monatlich 20 DM, Gruppe 2 monatlich 10 DM, Gruppe 3 monatlich 8 DM, Gruppe 4 sechs und Gruppe 5 zwei DM im Monat. Bei einer monatlichen Arbeitszeit von 120 Stunden ist das in Gruppe 1 ein Stundenlohn von 17 Pfennig, in Gruppe 5 von anderthalb Pfennig. Die meisten Patienten sind in der Gruppe 2, die im Monat mit 10 DM, in der Stunde also mit 8 ½ Pfennig bezahlt wird.

Den Gutsbetrieb (500 ha) ließ Feuerstein von einem Mann der Gutsverwaltung in allen ökonomischen Details erklären, insbesondere die vollmechanisierten Ställe für Ferkelaufzucht, Schweinemast, Kälberaufzucht und Rindermast, die biologischen Fabriken mehr glichen als den bäuerlichen Ställen der Vergangenheit. Der Verwalter war ein sich schnell bewegender, schnell sprechender Mann, der mit der Vermittlung von Fachwissen nicht sparte, obwohl es, besonders in der Schweinemast, unglaublich stank. Feuerstein pflegte sich hier für eine kurze diagnostische Konferenz zu entschuldigen, in seiner Manteltasche piepte das Sendegerät. Wenn er erfrischt zurückkam, war der große Kuhstall besichtigt (mit den schönen alten Gewölben), die Enten- und Putenmast und die moderne Molkerei. Unter Bäumen wurde Landbrot, Joghurt und Rahmkäse aus Lohberg gereicht. Feuerstein stellte den kenntnisreichen Verwalter als den Patienten A. M. vor, unentbehrlich für das Gut und für Lohberg, glücklicherweise mit seinem Wirkungskreis auch zufrieden.

«Die auf dem Gut beschäftigten Langzeitpatienten, Gebäudebestand der Unterkünfte von 1890, sind überwiegend stabilisierte Defektschizophrenien, die zu einer extramuralen Existenz nicht gebracht werden konnten. Sie können ärztliche Betreuung und pflegerische Aufsicht nicht gänzlich entbehren, könnten aber durchaus in anstaltsfernen landwirtschaftlichen Einrichtungen tätig sein, wenn ein gemeindepsychiatrischer Dienst für sie zur Verfügung wäre. Leider gibt es bei uns so gut wie keine derartigen Einrichtungen.
Das uns verordnete System der Arbeitsbelohnung ist in der intensiven Gutswirtschaft wie in der industriellen Fertigung ein wirklicher Anachronismus, Landarbeiterdasein und Manchestertum. Besonders die älteren Patienten können nur selten auf eine häusliche Unterstützung zählen. Sie haben vielleicht gesehen, daß viele Zigaretten rauchen, die aus Zeitungspapier gedreht sind, weil sie sich Zigarettenpapier nicht leisten können.»

Kofler. Zum Beispiel Sepp. Auf dem Gut lebte ein junger taubstummer Exhibitionist, der wegen verschiedener Rückfalldelikte ursprünglich in ein festes Haus eingewiesen worden war. Josef L., genannt Sepp, arbeitete hier 10 Jahre auf dem Gebiet der Kälbermast und erwies sich als guter Fachmann. Sepp war in einem kleinen Dorf nach frühkindlicher Diphtherie taub geworden, hatte infolgedessen nie sprechen gelernt und galt als blöde. Als er der Frau des Lehrers nach dem Teppichklopfen seinen Penis zeigte, wurde er zum erstenmal gutachtlich nach Lohberg eingewiesen. Der kriminelle Vorgang wiederholte sich einmal bei der Maiandacht, wo er im schwach beleuchteten Kircheneingang mit geöffnetem Mantel gestanden haben soll und einmal beim Volksfest, wo er auf dem Kettenkarussell seinen Penis hervorgeholt habe. In beiden Fällen war er angezeigt worden. Auf dem Gut zeigte er seinen tatsächlich ungewöhnlich großen Penis jederzeit für zwei Aktive, man hatte ihm aber klargemacht, daß er das nicht in Gegenwart von Kindern oder Frauen tun dürfe. So lebte er dahin, bis jemand auf den Gedanken kam, ihn in einem Institut die Taubstummensprache lernen zu lassen. Er erwies sich als ein rechnerisches Talent, lernte Maschinenrechnen und verliebte sich in eine taubstumme Maschinenrechnerin. Als seinem Entlassungsbegehren nicht entsprochen wurde, fand man ihn eines Morgens, den Hals mit dem Rasiermes-

ser bis auf die Wirbelsäule durchtrennt. Abgeschnitten war auch sein Penis, der aber, forensisches Rätsel, nicht auffindbar war.
Niemand hatte sich je mit Josef L. beschäftigt, nie war er behandelt worden und nie hatte sich jemand über seine sexuellen Bedürfnisse Gedanken gemacht. Als Josef L. selbst eine Lösung findet, kann die Gesellschaft den Gedanken nicht tolerieren, daß ein taubstummer Exhibitonist mit einer taubstummen Maschinenrechnerin ein festes Liebesverhältnis haben soll und ohne Aufsicht Wand an Wand mit ihnen lebt. Die Gesellschaft will den Sexualverbrecher eingesperrt, tot oder kastriert, jedenfalls sicherungsverwahrt. Möglicherweise soll die Strafe den gequälten Bürger vor sich selber schützen, denn jeder Bürger ist, an seinen eigenen Normen gemessen, ein potentieller Sexualverbrecher.

Mit einer Spur von Stolz zeigte Feuerstein die in den letzten Jahren geschaffenen Sportanlagen in Lohberg, und er sorgte dafür, daß sie in Betrieb waren. Reittherapie außen und in der Halle (Zuschuß des Reitervereins), Schwimmen, Leichtathletik, Ballspiele, Gymnastik, Geräteturnen, aber auch Kampfsport (Ringen) und ganz besonders das Tanzen, dem er eine enorme therapeutische Wirkung gab, sowohl als Gesellschaftstanz wie in Verbindung mit der Musiktherapie. Andere Sportarten dagegen, Tennis zum Beispiel, hatten die erhoffte Wirkung nicht erbracht, und spielten nur eine geringe Rolle. Es war ihm gelungen, für die Errichtung der Sportanlagen sogar Gelder aus dem Sporttoto zu bekommen, und glücklicherweise standen auch Staatssekretäre und Minister dem Gedanken offen, daß neben der Arbeit vor allem Sport dem kranken Geist wohltun müsse. Die humanistisch gebildete bayerische Regierung hatte den Spruch noch gleich zur Hand. Es war Feuerstein gleich, woher er Geld für Verbesserungen der Klinik bekam, er war parteipolitisch nicht gebunden, wunderte sich übrigens, wie mühelos er einen Konsensus mit jeder der in Frage kommenden Parteien herstellen konnte. Er leitete daraus die Ansicht ab, daß alle wirklichen Probleme Sachfragen und also an Fachleute delegierbar seien. Als unpolitischer Fachmann interessierte ihn das sachlich Machbare.

Öchsel, Beobachtungen. Die Klinik verfügte auch über vier gut gepflegte Tennisplätze für den Ärztestab und das Personal. Sie wurden von einem Platzmeister (Andreas S.) und einem Helfer in Ordnung gehalten, langjährige Patienten, die hier ihre Lebensaufgabe gefunden hatten und um ihre privilegierte Stellung beneidet wurden. Sie führten einen kleinen Getränkestand, wo auch der Ausschank alkoholischer Getränke stillschweigend geduldet wurde. Sie bekamen gute Trinkgelder und waren begehrte Tennislehrer bei Schwesternschülerinnen und den Frauen der Ärzte. Dafür bekamen sie gute Tennisbälle, gut erhaltenes Gerät und Sportkleidung. In den Hauptspielzeiten am Abend und am Wochenende waren bis zu acht, meist jüngere Patienten als Balljungen beschäftigt, die mit Markenzigaretten, kleinen Geldbeträgen und abgespielten Bällen belohnt wurden. Außerdem genossen sie das Vorrecht, bei schwachem Spielbetrieb auf den unbenutzten Plätzen spielen zu dürfen. Der Stern der Tennisplätze war Dr. Urban, der mit Feuerstein ein spielstarkes Doppel bildete, das nur von den Tennislehrern geschlagen wurde, dem Platzmeister und seinem Helfer, die aber bei Turnieren nicht mitspielten. Als Kofler beim Verwaltungsdirektor erreichte, daß die Tennisplätze auch den Patienten zur Verfügung stehen sollten, besonders den kinetisch gestörten, standen die Leute im Ärztekasino vom Tisch auf, wenn Kofler zum Essen kam. Merkwürdigerweise waren ihm auch Kollegen gram, die, wie er, nicht Tennis spielten. Weil sich aber nach kurzer Zeit ergab, daß Tennis als Bewegungstherapie kaum verordnet wurde und sich nur wenige Patienten von sich aus in die Platzlisten eintragen mochten, wurde Patiententennis auf dreimal vormittags gelegt und der alte Zustand wiederhergestellt. Feuerstein übrigens billigte ausdrücklich die Anordnung der Verwaltungsdirektion, schlug sogar Turniere gegen andere PLKs vor, zu denen es aber nie kam. Die regionale Presse, der Einblick in die vielseitige Sporttherapie gegeben wurde, lobte die Initiative Feuersteins und befürwortete eine Mehrzweckhalle, damit auch in der kalten Jahreszeit ausreichend Behindertensport getrieben werden könne.

Krankengeschichte von Andreas S. 1939 in Landshut geboren, studierte nach Abitur Anglistik, brach aber nach 4 Semestern das Studium ab und wurde Tennislehrer. Brach mit seinen Eltern und kam mit 23 Jahren in ein psychiatrisches Krankenhaus. Sein Unterbewußtsein sei nicht in Ordnung gewesen, da habe er einen Blick in eine Nervenheilanstalt werfen wollen. Eigentlich habe er nach Japan fliegen wollen, die Selbstbeherrschung zu erlernen, aber seine langen Beine gingen nicht in das Flugzeug hinein. S. wurde nach Besserung in häusliche Pflege entlassen. Wenn ihm der Vater zuredete, er solle arbeiten, sagte er «danke, danke». Nach dem Tode der Eltern fand er in einem Altersheim Aufnahme. Beim Betreten eines Lokals habe er durch ein Handzeichen zu erkennen gegeben, daß er nicht bezahlen könne. Man habe ihn dennoch bedient und so habe er drei Viertel Wein getrunken und getanzt. Zu seinem Erstaunen habe der Wirt dann die Polizei gerufen und irgendein subalterner Amtsarzt habe ihn nach Lohberg eingewiesen. Seine Zerfahrenheit und Sprunghaftigkeit bei Realitätsverlust wurde erfolgreich medikamentös behandelt. Seitdem ist S. hospitalisiert. Als seine Berufe nennt er Skilehrer, Tennistrainer, Wissenschaftslehrer.

Öchsel, Beobachtungen. Die Anstalt hat einen Untergrund, Territorien, die wenigstens zeitweise den Patienten gehören, die niemand beaufsichtigt, die vom Personal entweder nicht gekannt oder stillschweigend übersehen werden. Es sind Kellerräume oder aufgelassene Gänge, Schuppen, Lagerräume, Werkstätten etc. In Lohberg gab es einen Durchgangstunnel, der früher dazu benutzt worden war, die Essensbehälter von der Zentralküche in die Eßsäle zu fahren und der gegenwärtig verfiel. Dort hatten Patienten Stühle und Bänke hingebracht und verbrachten oft ganze Tage in der Gewißheit, von keinem Pfleger angesprochen zu werden. Es gab einen geheim betriebenen Ausschank von Flaschenbier, für ein paar Pfennige konnten illustrierte Zeitschriften entliehen werden und an bestimmten Plätzen nahmen Patienten mit Stadturlaub Aufträge entgegen, zum Beispiel betrieb ein Patient ein regelrechtes Büro, wo Toto- und Lottoscheine ausgefüllt werden konnten. Es gab Glücksspiele um kleine Summen, dabei konnten auch Zigaretten oder später einzulösende Spielmarken eingesetzt werden. Die Hauptanziehung aber war der nicht beaufsichtigte Freiraum, in dem man seine Ruhe hatte und rauchen konnte.

Journalisten zeigte Feuerstein gern das Museum mit seinen Schwitzkästen, Drehmühlen, Ledermasken gegen das Schreien, Gitterbetten, Zwangsjacken, Sitzkäfigen, Fesseln, Netzen und anderen hi-

storischen Behandlungsmitteln, die Fortschritt und Humanisierung der Irrenanstalt dokumentierten. Das Museum war in dem ehemaligen Refektorium des Klosters untergebracht, mit bündigen Texten versehen bot es dem historisch Interessierten ein Stück Kultur- und Anstaltsgeschichte. Es wurde von einer Gruppe von Frauen instand gehalten, die jederzeit gern bereitstanden, die Sammlung zu erklären und sogar vorzuführen. Betrachtete ein Besucher etwa die Drehmühle näher, saß schon eine der Frauen darin und eine andere führte vor, wie das Gerät mit einer Kurbel so schnell und ausdauernd gedreht werden konnte, daß der Kranke zur Ruhe kam. Wollte jemand verstehen, wie eine Zwangsjacke funktionierte, schon wurde sie angelegt, oder ein Metallkorsett, das zum Fixieren der Kranken an Bänken im Garten gebraucht wurde, schon war das demonstriert. Die Museumshilfen waren Langzeitpatientinnen, die an ihrer Tätigkeit hingen, weil es eine leichte Arbeit war mit dem großen Vorteil, daß sie sich selbst überlassen waren und von den Besuchern für ihre Mühe regelmäßig mit kleinen Zuwendungen rechnen konnten, die sie in Kaffee und Zigaretten umsetzten. Von Armbändern in indischer Knüpftechnik und kleinen Brotplastiken, die sie herstellen ließen und geeigneten Besuchern verkauften, statteten sie einmal im Jahr ein Stationsfest aus.
«Ich bitte zu bedenken, daß es eine naturwissenschaftlich orientierte Psychiatrie noch nicht viel länger als hundert Jahre gibt», sagte Feuerstein. Einmal fragte ihn ein Journalist, was Schizophrenie tatsächlich medizinisch sei, und Feuerstein sagte, daß der Beantworter dieser Frage mutmaßlich mit dem Nobelpreis ausgezeichnet werde. Als überzeugter Organiker glaube er übrigens bald.

März, Exploration. Auf Koflers Frage, warum er heute den ganzen Tag hier im Gang liege und sich nicht rühre, sagte März: «Es liegt soviel auf mir drauf.»
«Was?»
«Zum Beispiel die Luft, die meinen Brustkorb tonnenweise zusammendrückt. Dann quellen die Augen hervor, das ist die Angst der Schuldigkeit. Wer unten liegt wird erdrückt und hört Ratschläge.»
«Zum Beispiel?»
«Du mußt dich frei schießen.»

«Was noch?»
«Vogel friß oder stirb. Hammer oder Amboß sein. Das Recht des Stärkeren.»
«Befolgen Sie diese Ratschläge?»
«Es fehlt mir dazu das Besteck.»
«Was für ein Besteck?»
«Messer und Gabel. Sie wurden erfunden, weil man seinesgleichen nicht mit den Fingern verzehrt. Mir wurde keines zuteil.»

Das Netz
Das Netz ist allüberall
Gitternetz
Network
aber gleichwohl nicht der Fisch
sprottig und manchmal auch glitschig
schwimmt er der Netzhaut entlang
ins Grüne.

Besonderen Wert legte Feuerstein auf die Demonstration der bereits existierenden Einrichtungen industrieller Fertigung in einem progressiven Rehabilitationsprogramm. Er zeigte die nur von Patienten betriebene hochmechanisierte Dampfwäscherei (die neben der Klinik die gesamte Wäscherei für drei Großbetriebe, zwei Schlachthöfe und das Zuchthaus Straubing erledigte), die weitgehend automatisierte Tür- und Fensterrahmenfertigung für Großbauten und die neue Montagehalle für Fahrräder, die im Auftrage eines Versandhauses arbeitete. Die Besucher verblüffte auf den ersten Blick die Ununterscheidbarkeit zu gewöhnlichen Industriebetrieben, obwohl es natürlich Unterschiede gab.
«Die Rehabilitationsvorstellungen der psychiatrischen Institutionen gingen lange Zeit in die Richtung von naturnahen Tätigkeiten, Gärtnerei, Landwirtschaft, Waldarbeit, einfache handwerkliche Verrichtungen bis zum Kunsthandwerk, ungefährliche Tätigkeiten ohne Hast, ohne Belastung, die dem Kranken die Freude an der Arbeit zurückbringen sollten, und wir übersahen, daß es das alles in der Arbeitswirklichkeit draußen so gut wie nicht mehr gibt, daß wir an einer Dorfidylle weiterspannen, die unseren entlassenen Patienten von vornherein an den Rand der Gesellschaft rückte, ihn jedenfalls auf die tatsächlichen Arbeitserfordernisse nicht vorbereitet

hatte. Wir leben aber seit Jahrzehnten in einer hoch arbeitsteiligen Industriegesellschaft, ein immer größerer Teil unserer Patienten kommt aus Industriebetrieben, und logischerweise muß es das Ziel unserer Rehabilitationsbemühungen sein, sie dorthin zurückzubringen, ihre Reintegration in die technische Leistungsgesellschaft zu schaffen. Arbeitstherapeutisch ist das nur mit modernen industriellen Fertigungsweisen möglich, wo die Patienten an Maschinensystemen, Montagebändern oder anderen Formen rationaler Arbeitsorganisationen arbeiten können, denn nur dabei ist ein wirklich gezieltes Arbeitstraining möglich. Wir können das hier über einen langen Zeitraum im Tempo, in der Arbeitszeit, in der Leistung dosieren, auch ärztlich und medikamentös unterstützen, aber wir müssen vor der Entlassung des Patienten erreichen, daß er über einen längeren Zeitraum unter den gleichen Belastungen gearbeitet hat, die ihn draußen erwarten. Nur so läßt sich die jetzt noch ganz unbefriedigende Quote dauerhafter Rehabilitation erhöhen. Große Schwierigkeiten haben wir, wie schon gesagt, auch hier mit der ungelösten Frage der Arbeitsbelohnung. Es ist nicht nur die materielle Ungerechtigkeit, die den Patienten empört, sondern es ist auch ein wesentlicher therapeutischer Faktor, daß der Patient am eigenen Leibe die feste Relation erfährt und akzeptiert, die zwischen Leistung und Entlohnung besteht, und die ihm seine Selbständigkeit und seine Freiheit zurückgeben soll. Die beschützende Fabrik, die wir sicher verstärkt brauchen, sollte die Ausnahme sein, die Reintegration des psychisch Behinderten in den normalen Betrieb muß in unserem Sozialstaat in immer größerer Zahl möglich werden. Natürlich haben unsere bescheidenen Anfänge hier nur Hinweischarakter. Ich bin aber überzeugt, daß der über den Tag hinaus denkende Teil unserer Industrie kooperationsbereit wäre. Sicher auch die Gewerkschaften, der Staat und die dadurch entlasteten Kommunen.»

Wenn Feuerstein seine Ausführungen in der Fahrradmontage gemacht hatte, ohne den Arbeitsfluß zu unterbrechen, kam aus der Fertigungskontrolle in der Regel Hans B. mit einem der gerade montierten Fahrräder gefahren und führte auf kleinstem Raum erstaunliche Kunststücke vor, die immer Applaus und oftmals eine Spende für die Arbeitsschicht erbrachten. Da verneigte sich Hans B. und gab eine Zugabe.

Der strapazierte Besucher hatte zum Abschluß Gelegenheit, sich die berühmte Klosterkirche anzusehen und meist auch etwas Musik dabei zu hören. Die Kirche war um 1200 als romanische Pfeilerbasilika gebaut, am Ende des 15. Jahrhunderts gotisiert und in der Mitte des 18. Jahrhunderts barockisiert worden. Die Deckenbilder aus dem Marienleben waren von dem berühmten Januarius Zick aus München. Im Seitenschiff Szenen aus dem Leben des heiligen Norbert, seine Liebe zu den Armen und Kranken. Über dem Chorbogen eine Marienuhr, die Zeiger aus Lilie und Geisttaube gebildet, darüber Maria auf der Mondsichel. Es geht ein Blitz von ihr aus, der die Teufelsschlange in den Kopf trifft. An einigen Nachmittagen der Woche hatte der Chor der geschlossenen Frauenabteilung die Erlaubnis hier zu üben. Feuerstein hatte einmal hier von ihnen den Lobgesang der Maria des Bartholomäus Gesius (1603) gehört: Wer niedrig ist und klein geacht', / an dem übst du dein göttlich Macht / und machst ihn einem Fürsten gleich, / die Reichen arm, die Armen reich. – Das hatte ihn, obwohl Agnostiker, ergriffen. Es piepte das Funkgerät in seiner Manteltasche und Feuerstein verabschiedete sich. Es kam die leise Frau D. und verteilte einen kleinen Sonderdruck von Feuerstein, der die reformbedürftigen Momente auf Zahlen gestützt zusammenfaßte.

März, Äußerungen. «Als industriell Gemordeter erscheine ich als Gespenst.»
«Fabrik und Büro sind die Tummelplätze der pflichtblassen Doppelgänger. Erscheint einmal morgens der andere (Ich), läßt ihn der Werkschutz nicht rein. Im Keller zwischen den Bretterspalten warten die bleichen Ersatzdoppelgänger.»
«Man hat im Winter Laub in mich hineingeworfen. Das vermodert.»
«Ich liege in einer verlöteten Konservendose. Den Kopf halb zur Seite gelegt, schöpfe ich Luft aus der Luftblase.»

März, Aufsätze. GELOBT SEI, WAS HART MACHT, hieß es, obwohl ich nicht hören wollte, doch immer wieder und wieder, so ließ ich mich endlich erweichen, beugte dem Zwange mich, meine Arbeitskraft für Sachen zu verkaufen, die mir nichts bedeuteten und als Tätigkeiten zuwider waren, hoffte mein Opfer bringt Ruhe.

Mußte zu meiner Beunruhigung aber feststellen, dieser Verkauf blieb nichts Neutrales, wie ich gehofft hatte, sondern er machte mich außer zu einem Arbeiter augenblicklich auch zu einem Komplizen des Systems der Verunstaltung, Sinnenzerstückung und Ichzermalmung. Was immer ich tat, machte mich zum Handlanger und Propagandisten der Verzehrmaschine von mir und meinesgleichen.
Die Komplizenschaft abzuweisen, gibt es die einfachen Mittel, Verunstaltungen nicht zu bemerken, Zermalmungen als naturgegeben anzusehen, Entäußerungen in der Arbeit als den Sinn der Existenz zu empfinden. Das würde von mir nicht geleistet, so wuchs ich nicht mit den anderen.

Kofler, Notizen. Der Psychiater ist der Delegierte der Gesellschaft, der ihr die Abweichung vom Hals halten soll, wenn sie nicht zu korrigieren ist. Mehr oder weniger verschleiert ist das sein gesellschaftlicher Auftrag. Andererseits war sein persönlicher Grund, Psychiater zu werden, das Interesse an der Abweichung und seine Nähe zu ihr, der Wunsch, das Labyrinth zu betreten. Will er den Auftrag der Gesellschaft erfüllen, muß er dazu kommen, das ursprüngliche Interesse dem Patienten nur noch vorzutäuschen, um ihn zu hintergehen, will er seinem ursprünglichen Impuls folgen, muß er sich mit dem Patienten verbünden und seinen Auftraggeber hintergehen.

Exkurs

In der Bundesrepublik Deutschland gibt es gegenwärtig etwa 600 000 Kranke des schizophrenen Formenkreises, mehr als 1 Million Alkoholiker, 7 Millionen behandlungsbedürftige Neurotiker.
Wegen psychischer Erkrankungen werden jährlich 200 000 Bundesbürger in 130 spezielle Kliniken eingewiesen. 59 Prozent bleiben länger als 2 Jahre, 31 Prozent sogar länger als 10 Jahre in einem Fachkrankenhaus.
Von den Hausärzten werden jährlich bei vier bis acht Millionen Bundesbürgern Krankheiten erkannt, die psychisch bedingt sind.
In 59 Psychiatrischen Landeskrankenhäusern (PLK) gibt es an 100 000 Betten. Ein fachlich ausgebildeter Arzt hat dort in der Regel etwa 200 Patienten zu versorgen.
Fast 70 Prozent der Betten in einem Psychiatrischen Landeskrankenhaus sind mit sogenannten Langzeitpatienten belegt. Von den Langzeitpatienten sind 20 Prozent schon länger als 18 Jahre und weitere 30 Prozent länger als acht Jahre in der Anstalt.
Mehr als die Hälfte der Patienten der Psychiatrischen Landeskrankenhäuser sind Schizophrene.
66 Prozent der Patienten in psychiatrischen Krankenhäusern sind auf geschlossenen Stationen untergebracht, 24 Prozent auf halboffenen Stationen (ohne Dauerbewachung), 10 Prozent auf offenen Stationen. Fast die Hälfte aller Patienten ist in Sälen mit mehr als 10 Betten untergebracht. Elf Prozent schlafen in Sälen mit mehr als 21 Betten und 1,2 Prozent in Sälen mit mehr als 40 Betten. Im Durchschnitt müssen sich 6 Kranke ein Waschbecken teilen und für 11 Patienten steht ein WC zur Verfügung. 40 Prozent der Patienten haben keine Spinde oder keine Nachttische. 70 Prozent der psychiatrisch Kranken sind in Altbauten untergebracht. Die Landeskrankenhäuser sind im Durchschnitt zu einem Drittel überbelegt. Sie sind verpflichtet, alle polizeilich eingewiesenen Patienten aufzunehmen. Die eingewiesenen Patienten dürfen zur Arbeit herangezogen werden.

Für die psychiatrischen Krankenhäuser gilt noch heute der sogenannte Halbierungserlaß des Reichsministers des Inneren vom 5. 11. 1942. Er besagt, daß für psychisch Kranke von den Krankenkassen nur die Hälfte des Pflegesatzes anderer Kranker erstattet werden muß.

Ein heute in der Bundesrepublik geborenes Kind hat eine mehrfach größere Chance, in eine Heilanstalt zu kommen als auf eine Universität.

Therapiegemeinschaft

Kofler, Bericht. Meine Versuche, mit März in irgendeine Beziehung zu kommen, blieben über Monate hin erfolglos. Ging ich im Garten neben ihm her, so zeigte er mit keiner Reaktion, daß er mich bemerkte. Redete ich ihn an, so drehte er verzögert den Kopf in meine Richtung, als habe er ein ihm fremdes Geräusch gehört (Türknarren?) und drehte ihn wieder zurück. Verlangsamte ich meinen Schritt, so ging er in seinem Tempo weiter, sobald er die Verlangsamung bemerkte. Blieb ich neben ihm, wenn er auf eine für uns beide zu schmale Tür zuging, so wich er nicht zur Seite. Aber er wechselte selbst auch nicht das Tempo und sprach nicht mit sich, wie er das nach meiner Beobachtung oft tat, wenn er allein auf dem geschlossenen Hof herumlief. Versuchte mich auch nicht durch Richtungsänderungen abzuschütteln.

Öchsel, Beobachtungen. Die Patienten, die sich in ein Schweigen zurückgezogen haben, nehmen mit dieser Haltung natürlich auch eine Reihe von Nachteilen auf sich, sie müssen Kränkungen stumm hinnehmen, ärztliche oder pflegerische Eingriffe über sich ergehen lassen, sie enthalten sich jeden Einflusses auf die Vorgänge auf der Station, verzichten auf Tausch und Austausch von Sachen und Informationen und äußern keine Wünsche. Um einen gewissen Austausch wenigstens untereinander aufrecht zu halten, bedienen sie sich bestimmter Regeln. Wenn einer von einem Mitpatienten etwas haben will, z.B. eine Zeitung, die dieser nicht liest, so blickt er zuerst in dessen Gesicht, dann auf die Zeitung, dann wieder auf dessen Gesicht. Will ihm der Mitpatient die Zeitung nicht geben, so bricht er den Blickkontakt ab, ohne zu reagieren, was nein heißt, will er ihm die Zeitung geben, so wendet er sich von der Zeitung oder dem jeweils begehrten Objekt ab, was ja bedeutet.

Kofler, Bericht. Sprach während eines Ganges zu März über meine Mutmaßungen, warum sich ein Patient in Schweigen und Kontaktlosigkeit zurückziehe, ohne eine Reaktion zu bekommen. Glaubte aber ein ironisches Lächeln zu bemerken. Als ich ihn daraufhin ansah, blickte er reaktionslos zurück.

Öchsel erzählt, daß März im Rauchzimmer stets auf einem bestimmten Rohrstuhl der Tür gegenüber säße. Um sein Verhalten zu testen, habe sich Öchsel eines Tages auf diesen Rohrstuhl gesetzt, als er März erwartete. März habe zuerst nur ein paar Schritte in den Raum gemacht, sich eine Zigarette angezündet und sei wieder gegangen, als sei er nur irrtümlich hereingekommen. Nach einigen Minuten habe er erneut hereingeschaut und sei wieder verschwunden, weil der Stuhl noch immer besetzt war. Gleich darauf sei März mit einem genau gleichen Rohrstuhl hereingekommen, habe den Stuhl direkt neben Öchsel gestellt und ihm damit bedeutet, seinen Stuhl frei zu machen. Als Öchsel darauf eingegangen sei, habe sich März auf seinen gewohnten Stuhl gesetzt, die Beine elegant übereinandergeschlagen und einen Blick zu Fuchs hinübergeworfen.

In einem leergeräumten Keller waren ein Tischtennis und ein Tischfußball aufgestellt worden. Mit den Pflegern und allem Personal (auch dem ärztlichen) war festgelegt, daß dort niemand Anweisungen geben dürfe, daß jeder, der dort spielen wolle, das nur auf einer gleichberechtigten Basis mit den Patienten tun dürfe.
März, der gelegentlich dort hinging, spielte nie, stand in einiger Entfernung vom Tisch und sah über lange Zeiträume dem monotonen Ballwechsel zu. Mit dem Tischfußball spielte er nur allein, März gegen März. Wie ich ihm einmal anbot, sein Partner zu sein und an den Stangen drehte, ging er belästigt weg.

In dem großen Speisesaal, der von den geschlossenen Stationen gemeinsam benutzt wurde, so daß sich vor der Essensausgabe oft Schlangen bildeten, sah ich, daß März einen deutlichen Abstand zu seinem Vordermann einhielt, so daß es zweimal passierte, daß sich ein neu ankommender Kranker vor ihn in die Lücke stellte. Sofort stellte März den Abstand wieder her. Erst als Karl Fuchs kam, merkte ich, daß er die Lücke für ihn gelassen hatte. An einem langen Tisch wartete bereits Albert, der die Plätze für März und Fuchs freigehalten hatte. Es gab also trotz der Zurückgezogenheit solidarische Beziehungen.

Öchsel, Beobachtungen. Kofler hatte das gesamte Pflegepersonal dazu überredet, im großen Saal mit den Patienten zu essen. Auch Kofler und der Medizinalpraktikant Wiesler aßen hier und nicht im Kasino. Es stellte sich aber heraus, daß das niemandem recht gefiel, am wenigsten den Patienten, die sich jetzt viel stärker beobachtet fühlten und sich behindert sahen, wenn sie sich einen Pudding oder ein Stück Fleisch mit auf die Station nehmen wollten.
Das gemeinsame Essen funktionierte erst viel später unter den anderen Vertrauensbedingungen der Therapiegemeinschaft.

Kofler, Bericht. Ich sagte März, daß wir zu der Überzeugung gekommen seien, ihm die Erlaubnis zu geben, sich im Anstaltsgelände frei zu bewegen. Er könne sich jederzeit an mich oder einen Pfleger wenden, wenn er die Station verlassen wolle. Ob er davon Gebrauch machen wolle. Er reagierte nicht, verließ aber am nächsten Tag mit Fuchs die Station und kaufte sich eine Zeitung.

Fuchs sagte mir, daß März zu ihm und Albert durchaus spreche, aber wenig und selten auf der Station.

Ich schlage März vor, mir zu schreiben, wenn er nicht zu sprechen wünsche. Er macht keine Andeutung, was er davon hält.

Ich gehe mit März auf die enge Eingangstür des Hofes zu. Unmittelbar davor tritt er zur Seite und läßt mir den Vortritt. Als ich ihn verwundert ansehe, lächelt er.

Es klopft an meinem Behandlungszimmer und März tritt ein. Er setzt sich mir gegenüber, ist aber zu einem Gespräch nicht zu bewegen. Er lehnt sich im Stuhl zurück, bedeckt mit einer Hand die Augen als schlafe er. Ich sehe aber sein rechtes Auge durch die gespreizten Finger. Danach wich März über Wochen jeder Begegnung mit mir aus, verzichtete auch darauf, die Station zu verlassen. Er saß über längere Zeit tagtäglich im Abteilungsgarten auf dem Boden, einen Kartoffelsack über den Kopf gezogen. Wenn ihn ein Pfleger benachrichtigte, erhob er sich zum Essen, und er legte sich in sein Bett, sobald die Schlafsäle aufgeschlossen wurden.

Ein Brief von März. Sehr geehrter Herr Doktor! Verehrter Herr Doktor! Hochgeehrtester Herr Doktor und Abteilungsarzt!
Ich bitte herzlich und sehnlichst und sehr ernst und äußerst dringlichst unnütze Behandlungsversuche und persönliche Bemühungen als zu aufregend bei mir einzustellen. Dies auch im Namen von März.

Kofler, Bericht. Kümmere mich nicht um März, zeige ihm, daß ich seinen Wunsch respektiere, bitte aber Öchsel, ihn zu einer Konferenz mit allen Patienten einzuladen, wo Probleme der Station besprochen werden sollen. März kommt nicht, sitzt in der fraglichen Zeit mit anderen desinteressierten Patienten im Rauchzimmer und liest Zeitung. Er bemerkt mich, als ich in das Rauchzimmer schaue, ich rede ihn aber nicht an.

Sehr geehrter Herr Doktor!
Teile mit, daß ich mich neuerdings wieder manchmal an den Haaren gezogen fühle. Hie und da auch werde ich an den Ohren gezogen und mutmaße Schallwellen, verstehe sie aber nicht infolge vollständiger Gefühllosigkeit. Auch bläst mir ein Wind bisweilen durch Hirn und Hirnanhangdrüse. Dies ist, Herr Doktor, sinnlose Liebesmüh, denn Jesus, der Mensch ist nie auferstanden. Hochachtungsvoll M. aus N. N.

Kofler, Bericht. Veranlaßte eine Röntgenaufnahme des Kopfes, was März beeindruckte. Bat ihn mit Fuchs und Albert Z. in mein Behandlungszimmer und erklärte vor dem Schirm die Aufnahme, die wie erwartet keinen abweichenden Befund zeigte. Schlug März vor aufzuschreiben, was er zu klagen hätte. März sah mich wie ausdruckslos an, doch ich fühlte, daß er mich beobachtete.

Bei einer Stationsversammlung über Spinde steht März an der hinteren Wand und hört zu. Geht aber vorzeitig.

Fuchs fragt mich, im Auftrag von März ohne Zweifel, ob er auf eine kurze Zeit das Foto des durchstrahlten Kopfes von März entleihen könne, es interessiere ihn. Ob sich auch März interessiere? Auch März.

Kofler, Notizen. Wenn der Psychiater zu einem Patienten keinen Kontakt bekommt, muß das nicht beweisen, daß mit dem Patienten etwas nicht stimmt, es könnte ebensogut beweisen, daß etwas mit dem Psychiater nicht stimmt oder der Psychiatrie. Es ist dem Patienten vielleicht gut nachzufühlen, daß er keine Verbindung zu einem Menschen will, der sich für seine Erfahrungen nicht interessiert, keinerlei Anstrengungen macht, ihn zu verstehen und mit seinen Fragen nur testet, inwieweit der Patient den Krankheitsvorstellungen entspricht. Vielleicht widerspricht er aber nur den Zuständen unserer kranken, gewalttätigen Gesellschaft und ist in Fragen verwickelt, die der Psychiater zu stellen nicht befähigt ist.

Kofler, Bericht. An einem Samstag, wie ich nach Hause fahren will, steht März an meinem Wagen, aber mit dem Rücken zu mir. Ich frage ihn im Scherz, ob er mit mir nach Hause fahren wolle. Da steigt März ein. Er sieht mir beim Fahren zu, betrachtet die Instrumente, bietet mir eine Zigarette an, genießt schweigend die Fahrt, und es vergnügt ihn, wenn ich schnell fahre. Er stellt das Radio ein, öffnet das Schiebedach, verstellt seinen Sitz in eine ihm bequemere Lage. Zu Hause, im Arbeitsgebäude einer früheren Wassermühle, untersucht er das Wehr und die stillgelegte Turbine. Eine Tasse Tee nimmt er mit einer Verbeugung entgegen, reagiert aber nicht auf Fragen, schaut sich in meinen Büchern um, interessiert sich für Kraepelin, Psychiatrie für Studierende und Ärzte, verschwindet dann nach draußen, ich denke, den Garten zu begutachten. Als ich ihm nach einer Weile nachgehe, kann ich ihn nirgends finden. Da sehe ich meinen Wagen kommen und in ihm März, der aussteigt, ein Päckchen Zigaretten zeigt, das er sich geholt hat, und mir mit einer Verbeugung den Autoschlüssel gibt. Er setzt sich ans Wasser und raucht, untersucht danach stark mißbilligend die Anlage des verwahrlosten Gartens. Als er zurück will, stellt er sich an das Auto und wartet bis ich komme und ihn nach Lohberg fahre. Er läuft noch einmal ins Haus und bringt den Kraepelinband von 1911, den er zu entleihen wünscht, spricht auch auf der Rückfahrt kein Wort.

Bekomme 14 Tage lang unter der Tür hindurchgeschobene Zettel:
«Empfinde die Welterstarrung. März.»
«Den Penis mit Haken herausreißen. März.»
«Bewußtsein leuchtend und leer. März.»

«Verfange mich in den Gedanken anderer, sehe mir in einem Buch nur noch die Bilder an. März.»
«Wenn ich eine Zeitung gelesen habe, fühle ich mich blind, taub und geruchlos. Stoße ich eine Injektionsnadel dann in meinen Kopf, blutet er nicht. März.»
«März lernte auf der Folterbank seines Lebens zu schweigen. Als ihm sein Herz herausgerissen wurde, zuckte er mit keinem Muskel und sagte: Nur vorwärts, marsch.»
«Das Schweigen ist der Engel der Psychiatrie. März.»
«Asylsoldat März im Leerlauf auf vollen Touren.»
«Fühle in meinen Gen-Italien, daß an meinen Genen herumgedoktert wird. Wiesler sucht Erbfaktor. März.» (Wiesler, ein Medizinalpraktikant, den ich zusätzlich für die Abteilung bekommen hatte, bemühte sich von März eine genaue Familienanamnese zu machen. Befragte dann Mutter und Vater.)
«Die Person von mir scheint sich hinter der Wand, die uns trennt, neuerdings mit Schreiben zu beschäftigen. Sie möchte sich in einem weißen Anzug hängen lassen, wenn das nicht zu teuer kommt.»
Es gelang mir aber weiterhin nicht, mit März in eine verbale Beziehung zu treten. März lehnte auch alle Besuche ab. Als ich ihn überrumpeln wollte und einen Pfleger bat, ihn in das Besucherzimmer zu bringen, wo ich mich mit seiner Mutter unterhielt, ging er durch den ganzen Raum einmal hin und einmal her, ohne einen Blick an uns zu wenden. Auf das Schluchzen der Mutter schaute er aus dem Fenster, als käme von dort ein Geräusch. Dann ging er zur Tür zurück und klingelte, um auf die Station gebracht zu werden.

März, Briefe. Ihr Lieben!
Erinnert Ihr Euch der pissenden Tapire im Zoo? Da lacht ich. Warum sollte ich denn nicht lachen? Hier lache ich noch viel mehr und bin zu allen doch höflich in Ehrerbietung und innerster Dankbarkeit.
Euer Sohn Alexander, Abteilung 5, Saal 6

Kofler, Bericht. Eine Beschwerde aus der Verwaltung, die von Feuerstein an mich geleitet wird mit der Frage: «Kann Pat. Kunstbedürfnis auf der Stat. stillen?»
In der Eingangshalle des Verwaltungsgebäudes war die Büste eines der Väter der Psychiatrie, des berühmten Kraepelin, mit Klosettpa-

pier umwickelt und mit rotem Autolack besprüht worden. Als Urheber war März ermittelt worden, der sich in der Eingangshalle aufhielt und die Reaktionen der Besucher beobachtete.
Ich erklärte dem Verwaltungsdirektor unsere neueren therapeutischen Bemühungen, die ihm ganz recht waren, nur war sein Problem der Versicherungsschaden, verursacht durch zu verwahrende Personen.

Pfleger berichten, daß März viel stärker als früher halluziniert, auch unruhiger sei, in großen Schritten über den Hof gehe und schimpfe. Auch beim Essen leise vor sich hin spreche. Er nehme auch keine Medikamente. Ich schlage März ein Gespräch über seine Behandlung vor.

März, Exploration. (Dr. Kofler) Um eine bessere Atmosphäre zu haben, gehe ich mit März in den neuen Therapieraum, wo es Spiele gibt, Musikinstrumente, Malmaterialien. Ich zeige ihm einen Fototest, den er nach Sympathie und Antipathie durchschauen soll, er sieht ein paar Fotos an und legt sie beiseite. Er sitzt in sich versunken, ignoriert die Gesprächssituation. Wenn er angesprochen wird, steht er höflich auf, antwortet aber nicht auf Fragen. Bald sitzt er wieder in sich gekehrt und scheint den Partner zu vergessen. Ich gebe meine Versuche auf, ihn durch Fragen zu stimulieren und zeichne etwas. Nach einer Zeit fängt er mit sich zu reden an, murmelnd, in wechselndem Tempo und mit großen Pausen. Ich habe aber das Gefühl, er realisiert, daß er in meiner Gegenwart spricht, nimmt auch wahr, daß ich das Tonbandgerät einschalte. «Hohl, hohl, hollo Essen holen – – – (Pause) der Mond, das Monat ältert sich, loho – – – (Pause) Regen ist gut für jeden Hut. Blieb ihm die Maske? Sie blieb ihm – –» (Große Pause, in der ich weiter zeichne, nicht zu ihm hinsehe.)
«Wer hier ist, ist nicht dort. – –
Schnee, Schneehöhle, Schneehölle – –
weiße, weißbleierne Eier
im Stock
Die Höhle in Virginia.»
Er vergräbt sein Gesicht in beiden Händen und schaut durch die Finger zu mir hin.
«Mit wem sprechen Sie, Herr März?»

März stand auf ohne mich anzusehen, nahm die Hände an die Hosennaht, sagte jawohl und setzte sich wieder.
«Auge, faß! weiß oder grau ist nur zum Sehen da, doch ist es zu. – –»
«Ihr Auge?»
«Schuhe, Erdal, Schuhe Urbin, mit Schuhen kann man gehen hin.»
«Wohin, Herr März, wollen Sie?»
März stand erneut auf und nahm, ohne mich anzusehen, Haltung an.
«Wei wa der Baum, die Weihnacht naht, Lombra die Nacht und ein Schwung. – –»
«Das hört sich an, als wären das Gedichte. – – Wenn es Ihnen recht ist, möchte ich mich jeden Tag mit Ihnen unterhalten.»
«– – Das hat, Herr Doktor, jetzt auch keinen Zweck», antwortete März, ohne seine Haltung zu ändern.

Zu diesem ersten Gespräch mit März hatte ich neun Monate gebraucht. Er gab aber tatsächlich sein Schweigen auf. Zu diesem Zeitpunkt war März schon mehr als 11 Jahre in Lohberg und seit drei Jahren verstummt. Unsere Abteilung hatte mehr als 300 Patienten, mit dem Gut 330, und mir schien das Jawohl von März bereits ein Erfolg. Wieviel Psychiater wollen Sie für die übrigen 329? fragte Urban.

Öchsel, Beobachtungen. Viele Patienten ignorieren den Stationsbetrieb und die wenigen ärztlichen Maßnahmen als unerwünschte Störungen. Sie weichen Ärzten und Pflegepersonal möglichst aus, und das gelingt ihnen oft hervorragend, weil auch die Ärzte und das Personal die Tendenz haben, sich nicht zwecklos mit chronischen Psychotikern aufzuhalten. Das Asyl ist das dauerhafte Schneckenhaus ihres fremden Lebens. Niemand kennt dessen Beschaffenheit. Alfred K., 24 Jahre in Lohberg, sagte mir, er finde es hier besser als draußen, «viel weniger Unregelmäßigkeiten». Die Wand über seinem gewohnten Sitzplatz hat von seinem Kopf eine Vertiefung.

Kofler, Bericht. Von mir zu einem Spaziergang aufgefordert, sagte Alexander, «ich habe keine Zeit, Eure Heiligkeit» und legte sich unter sein Bett. Das war die Gewohnheit vieler Kranker der chronischen Stationen, denen es untersagt war über Tag in ihren Betten zu bleiben.

Saal 6
Das philosophische Licht um mein
nicht zu öffnendes Fenster.
Süß unterm Schatten des Bettes
der Schlaf
des von Apollo geschlagenen.
APOLLO ist ein
schön heimeliges Kino in Breslau.
Wo man gern fühlte die Fut.

März, Exploration. «Das Rauschen des Wassers, Herr Doktor, das war doch früher ein Rauschen, jetzt ist es ein mechanisches Geräusch. Es standen doch auch die Bäume nicht früher so da wie Soldaten, eins, zwei, eins, zwei, eins wie das andere, eins, zwei. Wenn ich die Menschen essen sehe, dieses mechanische Hineinwerfen von Essensteilen.»
«Seit wann ist das so?»
«Wenn ich eine Zeitung lese, das sind nur die Buchstaben, die Buchstaben sind doch ein Wort und Wörter sind Sätze, sind Abhandlungen, wieso sind das jetzt nur Buchstaben?»
«Sie finden den Sinn nicht heraus?»
«Es ist kein Sinn darin, das sind Buchstaben, ich lese, da sehe ich den Druckfehler, was bedeutet das? Will man mich auch mit der Zeitung verrückt machen?»
«Wer sollte daran interessiert sein, Herr März?»
«Das Syndikat.»
«Wer ist das?»
«Familie, Staat, Psychiatrie.»

Kofler, Tagebuch. Den Versuch unternehmen, die Gesellschaft mit den Augen von März zu betrachten.
März. Beverly Hills und Navarra
im Curfew der Alte war ich.
Schlage Curfew im Lexikon nach: 1. (ehm. Zeichen n. zum Löschen von Feuer und Licht durch) Abendläuten n. – 2. Abendglocke.
Nach der Bedeutung von Curfew gefragt, zuckt März die Achsel, Navarra sei eine Stadt in Schweden, die eigentlich Navarrinjo heißen sollte. «Man hat einen Gedanken und der ändert sich plötzlich. Juckpulver im Gehirn, nicht kratzen.»

März, Exploration. Was März fühlt, wenn er sich erinnert. (Tasteindrücke, Körperempfindungen, die er ziemlich mühselig aufzählt, übrigens mit geschlossenen Augen)
Wunde, Wundkruste, wund.
Schnitt in den Finger, Rasierklinge, Schilf, Brotmaschine.
Wenn Gertrud die Fingernägel mir schnitt, meine Hand an ihren Leib drückte, ich hinter ihr.
Heiß, heiße Milch in der Nase.
Zungenbiß, Schulweitsprung.
Spucke im Gesicht, Schulklo.
Nasse Küsse von Herwig, dem Viehhändler, der alle Kinder küßte und somit auch mich, gab Geld, wenn man sich von ihm küssen ließ.
Finger im Hintern, ärztliche Untersuchung Dr. Mikule.
Tampon, tamponiert und umwickelt.
Kreissäge, Kopf ab in Ananasscheiben.
Dum-dum, ein Loch im Gedärme.
Verätzungen des Gesichts durch Blicke.
Holzsplitter o je mein lieb Heimatland.
Hackbeil und Aal in Gelee unter und über der Zunge.
«Was heißt das, Herr März?»
«Gedankensprung.»
«Verstehe ich nicht.»
«Ich überspringe die Zeit, wie ein anderer aus dem Fenster springt.»
«Warum zählen Sie nur Verletzungen auf?»
«Kutteln und heiter die Kunst. Aßen Sie niemals Euter?»

Kofler, Notizen. Ich sagte März, daß unsere Bemühungen darauf gerichtet seien, daß er mit meiner Hilfe die Wahrheit über sich selbst fände. Natürlich gehöre dazu die Untersuchung des sozialen Umfeldes. Die Rekonstruktion der tatsächlichen Lage und die Eröffnung einer sozialen Praxis seien die Voraussetzungen der Heilung.
«Ach ja, Herr Doktor, ja, ja, ja, ja», sagte März und lief auf den Händen davon.
Am nächsten Morgen gab er mir einen Text: «Finster wars, der Mond schien helle, als ein Wagen blitzschnelle langsam um die Ecke fuhr. Drinnen saßen stehend Leute, schweigend ins Ge-

spräch vertieft... hieß es im Lesebuch von Kantor Dampffeld als die verkehrte Welt. Doch ist man daran gewöhnt, frettet sich langsam das Feldtier und nährt sich von Kukuruz.
Die wahre Lage von März ist keine Lage, Herr Doktor. März ist für März nicht mehr wichtig, doch atmet er noch und ißt Bohnen.»

März, Exploration. «Patienten sagen, Sie seien nachts unruhig, sprächen viel.»
«Muß ich.»
«Wer zwingt Sie?»
«Vernehmung.»
«Wer vernimmt Sie?»
«Weiß nicht, kann das sein, Mordkommission, daß hier eine Mordkommission – –?»
«Polizeilich, meinen Sie?»
«Anonym, fünf Uhr morgens, kommen die Fragen, die ich nicht beantworten kann, vermute über UKW, ob das nun außen ist oder innen – –»
«Was für Fragen?» (Keine Antwort)
«Hat das mit Ihrer Mutter zu tun?» (Keine Antwort)

März, Briefe. Geehrte Direktion!
Bitte könnte ich nicht endgültig abgeschaltet werden?
Hochachtungsvoll März.

Herr Rechtsanwalt.
Ich bitte um Abschaltung noch einmal. Wünsche auch nicht Fernbeobachtung durch Sputnikknaben.
Hochachtungsvoll März.

März, Exploration.
«Schlafen Sie gut?»
«– Wenn es zugelassen wird.»
«Von wem zugelassen?» (Keine Antwort)
«Träumen Sie viel?» (M. schüttelt den Kopf)
«Das Fell war well.»
«Was bedeutet das?»
«Manchmal diese Köpfungsträume. – – Das läuft am laufenden Band. – Verblutungszuckungen gehen einher mit Blutverspritzun-

gen in Küche, Büro und Fabrik.» (M. geht zur weißen Wand des Therapieraums und zeigt auf kaum sichtbare winzige Flecke).
«Hier. Das sind Losungen.»
«Losungen für wen? Für Sie?»
«Es liest sie, wer sie braucht.»
«Das träumen Sie?»
«Das ist. EKG.»
«EKG?»
«Herzschrift.»
«Wieso?»
«Weil man das Herz infolge Glitschigkeit nicht abfühlen kann.»
«Vielleicht möchten Sie darüber mal ein Gedicht machen?» (M. verneint.) «Oder über ein anderes Thema?»
«Der Tod in der Schule als Mädel.»

Kofler. Die psychotische Erregung geht nach meiner Beobachtung sehr oft mit einer Verfeinerung der Sinne einher. Der psychotisch Erregte braucht weniger Moleküle einer Substanz, um sie zu riechen, nimmt mehr Schwingungsdifferenzen wahr und sieht mehr Sorten Weiß zum Beispiel als ein nicht ergotrop Erregter.

März, Briefe. Lieber Herr Doktor,
wie kommt es nur, daß ich zusammenzucke, wenn ich einmal sanft berührt werde, und warum erschrecken mich Liebesbezeigungen?
Hochachtungsvoll Alexander

März, Äußerungen.
«Wenn ich einen Bahnhof betrete, macht man sich von allen Seiten auf mich aufmerksam. Die Schaffner schlagen mit ihren Zangen auf die Bleche an den Schalterhäuschen, das heißt, da kommt der, den ihr observieren müßt, der Gefährder unserer Unordnung.»

«Ich bin nicht Deutscher, ich bin Pole, ich bin von niederer Rasse von Ewigkeit an, Staatsfeind und Luntenleger.»

«Besitzen, besetzt, besessen. Insofern ich nichts besitze, kann ich leicht von anderen besetzt werden und bin somit auch schon besessen.»

«Windmähnen im Bart der Stoppelfelder.
Der Ziege Trotzkis blasser Septembermord.»
«Wer ist Trotzki?»
«Ziege in Oberpeilau.» (März lacht.)

Kofler, Tagebuch. Die produktiven Äußerungen von Schizophrenen haben etwas von Zeichen oder Signalen, die zu verstehen Nähe und Einfühlungskraft gebraucht werden, wie der Traum träumend verstanden wird und das Gedicht dichtend, in einem produktiven Zustand jedenfalls. «Mund ist mehr als Mund.» (März.)

März, Aufsätze. Stimmen aus Diesseits und Jenseits. Bücher behaupten, daß Geisteskranke Stimmen von Lebewesen, meistens Menschen hören. Herr N., nicht geisteskrank, ist ungefähr 62 Jahre alt und kann keiner geregelten Arbeit mehr nachgehen. Nun sitzt er eben und hört, was andere ihm beigebracht hätten am Radio.

Der Tod in der Schule als Mädel.
Der Tod ist ein Junge der
gerne Fäden abschneidet zum Beispiel
im Herbst die Drachen auf Wiesen und Stoppelfeldern.
Verkleidet auch gerne sich als Gerichtsvollzieher
schneidet die Fäden ab an den Gewichten
der Standuhr.
Parzt sich da immer ran.

Kofler, Notizen. Die psychisch Kranken scheinen die Irrläufer zu sein, die an irgendeinem Punkt ihrer Kindheit oder Jugend aus dem normalen Prozeß der Herstellung des asketischen, aber produzierenden Sklaven, der unser Erziehungsideal ist, herausgeschleudert wurden. Irgendwann waren sie dem Druck der Erziehungsapparaturen nicht gewachsen und erlitten nicht regulierbare Schäden, wurden die Besonderheit, die Ausnahme von der Regel. In unserer Kultur ist es die Aufgabe der Psychiatrie, die Irrläufer der Produktion zurückzugeben, ohne das Produktionsziel zu untersuchen. Der Psychiater macht aus der Besonderheit den Fall, aus der Abweichung die Beschädigung verschiedener Grade. Lack- und leichte Formschäden werden versuchsweise behoben und dem

Produktionsfluß zurückgegeben. Kernschäden werden aussortiert, Rehabilitation und Verwahrung.

Die besseren Psychiater gehen davon aus, daß ihre therapeutische Arbeit darin besteht, die falschen, subjektiven Perspektiven des Patienten in die richtigen, objektiven des Therapeuten zu verwandeln. Dies sind aber die Perspektiven unserer kranken Gesellschaft. Ich kann dem Schizophrenen nur nahe kommen, wenn ich mich wenigstens frage, ob er mir nicht mehr über die innere Welt beibringen kann als ich ihm. Da bin ich auf dem Weg zu ihm.

Die Schizophrenie ist nicht nur ein Defekt. Ich spüre im psychotischen Verhalten vieler Kranker einen unerkannten Wert, einen menschlichen Entwurf anderer Art. Jede wirkliche Entdeckung hat den abweichenden Blick zur Voraussetzung.

Mit einem Patienten zu reden, kostet den Arzt Geld (Krankenscheine), also wird er eine Technik entwickeln, Gespräche mit dem Patienten abzuwiegeln.

Eine Beziehung zwischen Leidensdruck und psychischer Erkrankung scheint unabweisbar, aber wir wissen nur wenig darüber, wie und aus welchen Gründen er in diesem oder jenem Krankheitssymptom erscheint. Im Einzelfall ist das zwar beschreibbar, es lassen sich aber daraus keine hinreichend gesicherten Gesetzmäßigkeiten ableiten.

Kofler, Tagebuch. Mit dem Patienten zu fraternisieren ist die Voraussetzung, ihn zu verstehen.

Mein durchstrahlter Kopf ist ohne Fehl und Tadel
wünsche ihn als Porträt in meine Wohnung zu hängen
Glastonpuri USA
und als schönes Paßfoto in meinen Paß.
Was mir am besten gefällt ist seine Verwechselbarkeit
und daß man ihn deuten muß gegen das Licht.

Lieber Herr Doktor!
Dachte der Schiffskörper M. wäre endlich ganz unten auf dem

Grunde (Saal 6) zur ewigen Ruhe gekommen, da fängt er zu steigen an und torkelt in Untergrundströmung. (Rede und Gegenrede, defekte Steuereinrichtungen.) Hochachtungsvoll M.
«Nach Ihrem Brief betrachten Sie Ihre Kontakte als einen Rückschritt, wieso?»
«Hinsichtlich des Schiffsunterganges.»
«Wie meinen Sie das?»
«Mein Leben besteht aus Schiffsuntergängen. Jetzt taucht das Wrack wieder auf, kann also untergehen.»

Kofler, Notizen. Familienkonstellation März: Mutter gegen Vater. Vater gegen Mutter. Mutter/Sohn gegen Vater. Vater/Tochter gegen Sohn. Mutter/Sohn gegen Tochter. Vater/Tochter gegen Mutter. Sohn gegen Tochter. Tochter gegen Sohn. Mutter/Vater/Tochter gegen Sohn. Erbitterte tägliche Grabenkämpfe und März ohne Ausrüstung.

März, Äußerungen. Noch heute, höre ich es schreien, schreit meine mißhandelte Mutter.

Ich lebe im Inneren meiner ermordeten Mutter und sie in mir als Schuld. (Luftblase) Das mußte ein Ende haben.

Es gibt auch die Liebe, daß man nur miteinander verwesen kann. Schlugen die Sargbretter raus, um miteinander zu verwesen.

Als man mir klargemacht hatte, daß ich als Sündenbock der Verursacher des familiären Zusammenbruchs war, konnte ich nur noch verrückt werden, um einen Wiederaufbau zu ermöglichen: Papa, Mama, Ist-sie-nicht-süß und das Fernsehen.

Familienfoto. Eines Tages bemerkte ich, daß ich auch meine Mutter nicht liebte und sie nicht mich. Darüber erschrak ich so, daß ich keinen Augenblick ohne sie sein wollte. Ich drückte mich so an sie, daß sie sagen mußte: «Laß, du tust mir weh!» oder «Du zerdrückst meine Bluse!», ich konnte sie aber nicht loslassen, denn ich hatte niemand anderes. «Ja bist du denn verrückt?» sagte die Mutter da, schleuderte von sich den ungeliebten Liebhaber. Da sollte sie mich auch nicht ausziehen.

März, Äußerungen. Einmal wie mein kleiner Penis entzündet war, wurde der Vater beauftragt, mir zu zeigen, wie man das wäscht, faßte das an, wusch und erniedrigte mich.

Strengte mich manchmal im Dunkeln an, auch meinen Vater zu lieben, was aber selten gelang.

«Er hat so schöne Augen», hörte März oft von sich sagen, und es verstand der schön Blickende: «trotz dieser gräßlichen Hasenscharte.»

Falscher Eltern falsches Kind. Ciano ist eine Chiffre. Landen in der See des Südens Italia.

März, Erinnerungen. An Weihnachtstagen (Advent) saß ich gern im Dunkeln der Kofferkammer und dachte an traurige Sachen, z. B. daß ich ein ausländisches Findelkind wäre (polnisch), nach dem seine Mutter jetzt sucht. Da mußte ich oftmals weinen, aber ich weinte auch gern, kam da so slawisch hinein. Einmal als meine Mutter mich fand und meine Tränen sah, sagte sie: «Du darfst nicht weinen, denn wenn du weinst, heißt das, daß du leidest, und wenn du leidest, leide ich auch, denn dann muß ich denken, daß ich eine schlechte Mutter bin und kann nicht aufhören zu weinen. Wenn du nicht willst, daß ich leide, darfst du also nicht weinen.» Wir waren doch aber getrennt?

Einmal im Winter mit Schlittschuhen brachten mich heim die Brüder Finke, stellten mir ein Bein und stießen mich, nahmen mir Mütze und Schlittschuhkurbel. Schnell atmend lief ich ins Haus. Doch ich war beobachtet worden. Was ist? fragte ruhig der Vater. Ich zuckte die Achsel und schwieg. Er gab mir vom Haken die Hundepeitsche. «Raus und zurück mit der Mütze!» Da lief ich voll Todesmut, doch stürzte die steinerne Verandatreppe herab, blutete aus der Nase. Da schämte sich meiner der Vater und trug mich still ins Haus. Kam nicht die Mutter, kam Gertrud und brachte mir Essigwasser.

In Peilau sollte sich ein Frauenmörder aufhalten, und mein Vater sollte die Durchsuchung der Wälder anleiten, mit Feuerwehr, S. A.

und Jagdberechtigten. Da wollte ein jeder dabeisein und so, von Gertrud mitgenommen, auch ich. Wie auch von enttäuschenden Polizeihunden nichts aufgespürt wurde (Hundestaffel Nimptsch), sah ich in Bauer Jenkes Grabenrohr etwas Verdächtiges, Dunkles, Frauenmörderähnliches, sagte es aber niemand und mochte genauer nicht schauen. Am nächsten Tag war es weg.

März, Äußerungen. «Ich brauchte viele Jahre um herauszufinden, der penetrante Kellergeruch um mich herum war nicht ich. Obwohl er um mich blieb, wenn ich ausging, blieb er auch gleichzeitig zurück. Er war an allen mir bekannten Aufenthaltsorten und kam aus dem Innern der mir fremden Familienhöhlen. Nur infolge meiner Fremdheit nahm ich ihn wahr.»

Kofler, Bericht. März ging auch später nie auf Vorschläge ein, mit seiner Mutter zusammenzutreffen. Dazu äußerte er sich in der Regel kalt und förmlich: Bekanntlich sei seine Mutter ermordet worden. Andererseits bezogen sich manche Beeinträchtigungsideen, die März äußerte, weiterhin auf seine Mutter. Im Fernsehen, im Radio und in den verschiedensten Personen erscheine sie, versuchte ihren Einfluß wieder geltend zu machen. Eines Tages sagte ich ihm, daß ich seine Mutter am Nachmittag in der Cafeteria treffen würde, ob er nicht zu uns stoßen wolle. Er sah mich nur hochmütig an: «Das Täuschungsmanöver der Mörder wird von März nicht akzeptiert.» Am Nachmittag stand er an der Kuchentheke und beobachtete uns eine längere Zeit. Als er verschwunden war, brachte uns die Bedienung ein Sahneéclair, das Lieblingsgebäck der Mutter.
Später sagte März: «Ich bestreite nicht, daß diese Dame äußerlich und für Sie meine Mutter sein könnte, was ich bestreite ist, daß sie innerlich und für mich dieselbe Person darstellt, weil es dazu einer bestimmten Temperatur bedarf. Es ist zu Temperaturstürzen gekommen.»
«Sie haben mir gesagt, eine Patientin hier (Hanna Grätz) sei Ihre wiederauferstandene Mutter.»
«Ganz recht.»
«Im Kaffee haben Sie aber heute gesehen, daß Ihre Mutter lebt. Sie haben ihr ein Éclair bringen lassen.»
«Das sind verschiedene Dinge. Das eine ist die Äußerlichkeit, das andere die Befindlichkeit.»

«Was heißt Befindlichkeit?»
«Da meine Mutter ermordet wurde, habe ich keine Mutterbefindlichkeit. Jesus stand an der Kuchentheke und fragte, wer ist dieses Weib?»
«Es war aber seine Mutter als Jesus das sagte.»
«Nicht mehr.»
«Sie meinen, er hatte sich von seiner Mutter befreit?»
«Er hatte sie ermordet. Und Mord befreit nicht, Mord verbindet, sehr verehrter Doktor. Das sagt der Mörder März.»

Einige Tage später überreichte er mir eine Zeichnung, die überschrieben war: Der Mörder Jesus. Sie stellte wieder die bekannte Szene des Abendmahls dar, Jesus in der Mitte (Hasenscharte?), sechs Jünger an jeder Seite. Merkwürdig war, daß Jesus und alle seine Jünger bis auf einen ihr langes Jaar in übergenau ausgeführten weiblichen Hauben trugen. Die Hauben waren die am genauesten ausgeführten Details der ganzen Zeichnung. Der einzige mit kurzem, stichligem Männerhaar war Judas. Zu allem Überfluß rauchte er eine Virginia. Ich fragte, was ihn denn immer wieder so an Jesus interessiere. «Daß er ein Schizo war.» Das Studium des Neuen Testamentes belege hundertfach, der historische Erlöser war ein produktiver Schizophrener, dem zu seiner Passion nur eines gefehlt habe, die wissenschaftliche Psychiatrie. Der kommende Erlöser werde ebenfalls ein produktiver Schizo sein, Dichter und Revolutionär.

Kofler. Weitere Darstellungen christlicher Motive.
Als Schmerzensmann liegt März auf einem Untersuchungstisch, Elektroden an Händen und Füßen. Er ist umgeben von seinen Leidenswerkzeugen in symbolischer Darstellung: In einem Frauenmund züngelt eine Flamme; ein Papagei; zwei Hände waschen sich in Unschuld; ein Gesicht in einem Spiegel; ein Ohr, in das ein Mann hineinhaucht; ein Ohr, in das eine Frau hineinhaucht; eine Hand, die Geld auf eine Zunge zählt; ein Gitter, in den davon gebildeten Feldern eine Spritze, ein Skalpell, ein Federhalter, ein Penis, ein Äskulapstab, eine Uhr. Der Kopf des Schmerzensmannes ist von einer rhombisch gezeichneten Vulva gespalten, ein Schwert geht quer durch seinen Kehlkopf, Feuer unter den Fußsohlen.

Jesus vor den Doktoren. Ein Kind (Alexander) vor Weißkitteln mit Büchern unter dem Arm und Blindenbrillen. Stirnrunzelnd umringen sie das Kind. Skorpion und Schlange steigen aus den Köpfen der Ärzte. Vor Alexander ein großer Schmetterling in Rosa und Schwarz.

Die Gefangennahme. Christus, ein Ohr in der Hand, wird von Polizisten gefesselt, eine Frau verbirgt ihr Gesicht mit einem Tuch.

Folterung und Verhöhnung. Fünfzehn Ärzte umtanzen Christus mit der Dornenkrone, der in Zungen spricht (Papierstreifen). Sie schwingen Spritzen, Messer und Fangnetze, einer hält vor Christus ein Vogelbauer mit offener Tür.

Ans Kreuz genagelt. Ein nackter Junge, ein Schleiertuch um die Hüften geschlungen, aber ohne Genitale, wird von Männern in schwarzen Anzügen und Zylindern an eine Aborttür genagelt. Ein Mädchen bläst ihm mit einem roten Rohr ins Ohr. (Wen stellt das dar? – Vater, Onkel, Kantor Dampffeld, Doktor Mikule. – Wer ist das Mädchen? – Am Rohr wohl Lydia.)

Es ist vollbracht. Ein Arzt reicht Jesus den Essigschwamm, ein Arzt sticht ihn mit der Lanze.

Kreuzabnahme. Die Mutter küßt Christus die Füße, trocknet das Blut mit ihren Haaren. Ursula hält das Schweißtuch mit dem Bildnis Alexanders.

März zeichnete das Abendmahl noch ein drittes Mal, sechs Jünger an jeder Seite und Jesus zersägte das Opferlamm. Jesus und alle Jünger waren wieder bis auf einen Mädchen und hatten langes Frauenhaar. Der eine mit männlichem Stichelhaar war aber hier nicht Judas, sondern Petrus, kenntlich an einem Hahn auf seinem Kopf, in der Hand ein Schlüsselbund. Auf jedem der übrigen Köpfe saß ein männlicher Affe, der sie niederdrückte. Es schwebte über jeder Figur ein Fleischerhaken. Um eine Erklärung gebeten meinte März, das Christentum sei der Versuch den tatsächlichen Kannibalismus in einen symbolischen zu überführen. Dieser Versuch sei mißglückt. Drohende Tötung des Artgenossen als Fleischerhaken über jedem.

Eine schwer zu entziffernde und noch schwerer zu deutende Zeichnung kommentierte März: «Der Wettlauf der Prothesenträger hinter dem entschwindenden Narrenschiff (Ballon). Ein Kopfmensch im Ei, Doktor Kofler, er trägt prothetischen Blick.»

Von mir nach glücklichen Erlebnissen gefragt, dachte März längere Zeit nach und sagte dann: Nicht daß ich wüßte, Herr Doktor.
Am nächsten Tag gab er mir aber einen Zettel, darauf stand:
Zur Zeit der Pflaumenbläue beim Pflaumenschütteln in Zwiesel fielen mir massenhaft Pflaumen auf den Kopf. Das war ein heiteres Erlebnis.

Das Glück
Der das Glück hat kann leben.
Das geht nicht schwer.
Es rollt der Koloß allein
im Frühling und nährt sich
von Aas. (Vergangenheit)

Kofler. März grüßte besonders jedes Kind auf der Straße.

März, Äußerungen. Wenn es nach mir ginge, wäre es sehr gut, den anderen vor allem in Ruhe zu lassen.

Vielleicht, sagte Alexander, sollte ich mir einmal einen Hut kaufen. Ich habe alles versucht aber mir nie einen Hut gekauft. (Mützenträger)

Kofler. März spricht von einem Marionettentheater, das ihm vorgeführt werde, aber aus ihm stamme. Es werde von Marionetten vorgeführt, die er bestimmt kenne, an deren Namen er sich aber momentan nicht erinnere.

«Manchmal ging ein Vorhang herunter, da wußte ich nur noch, daß jemand bei mir ist, den ich sah und kannte, aber ich wußte nicht wer und wo. Das war interessant, aber auch beunruhigend. Ich sah mich auf dem Theater und schaute mir zu. Das war meine kalte Spiegelgestalt.»

Kofler. Aus der Verwaltung kommt die Beschwerde, März habe einen Beamten bedroht und vor ihm (wegen der Kraepelin-Geschichte vermutlich) ausgespuckt. Zur Rede gestellt, weist März die Vorwürfe zurück. Er habe nicht vor dem Beamten ausgespuckt, sondern auf den Boden gespuckt, weil, wenn er ein Büro betrete, rieche er immer Grünkernsuppe, das schleimige, kleine und wenig nahrhafte Suppenzusatzmittel. Ob er ausspuckte, weil er Grünkernsuppe nicht mag? Er habe dieselbe bislang nie probiert, so könne er sich diese besser vorstellen. Bisweilen gehe er damit müßig, sich die Realität umzubauen. Der Schizo (vulgo Künstler) sei eine Verwandlungsmaschine.

Kofler, Tagebuch. Um mir nicht selbst ausgeliefert zu werden, habe ich die Technik vervollkommnet, gefürchtete Gedanken nicht zu mir hereinzulassen.

Kofler, Notizen. Therapiegemeinschaft. Eine Therapiegemeinschaft, die aus chronischen Psychotikern besteht, manche von ihnen jahrzehntelang hospitalisiert. Wozu die Leute aufstören? Waren sie nicht hier in Abteilung 5 zur Ruhe gekommen? Warum, wenn sie die Stummheit gewählt haben, sollen sie wieder sprechen? Um den Nachweis zu führen, daß das psychiatrische Asyl einen entscheidenden Anteil an den Symptomen hat, die als Symptome der Chronisierung beschrieben werden? «Das wird Ihnen im Ernst niemand bestreiten», sagte Feuerstein, «aber selbst wenn ich mal annehme, es gelingt Ihnen Symptome in diesem und jenem Fall zu beheben, was gewinnen Sie dabei, Sie bringen die Patienten doch nicht nach Hause.» Ich wußte nicht, ob ich das machte, um März, Fuchs oder Albert Zenger nach Hause zu bringen, ich wußte nur, daß ich mich ungeheur schämte, wenn ich hier herumging, die Pillenverteilung regelte und die Schlüsselgewalt. Ich empfand Komplizenschaft.

Kofler, Tagebuch. Ich träumte, ich lief auf Schlittschuhen durch die Station und teilte aus einem großen, blauen Nylonsack Pillen aus, offenbar war ich der heilige Nikolaus. Alle Patienten lagen friedlich in ihren weißen Betten und lutschten glücklich ihre Pillen, die vielleicht auch Hostien waren. Dazu hörte ich das Gloria aus der 12. Messe von Mozart. Ich sah wie die Patienten vor meinen Augen immer seliger und immer kleiner wurden. Aber Karl Fuchs, das war mein Vater. Da erwachte ich. – Das sollte heißen, der Zweck der modernen Klinik ist die Distribution der Psychopharmaka. Die pharmazeutische Industrie organisiert die Medizin, der Arzt ist ihr geheiligter Vertreter. Es warnte mich mein Über-Ich.

Kofler, Notizen. Therapiegemeinschaft. Es gelang uns, einige zusätzliche Pflegestellen bewilligt zu bekommen, aber nicht soviel, wie wir verlangt hatten. Die zusätzlich gewährten Stellen nehmen die Pfleger für unser Projekt ein, aber sie sperren sich gegen die Einbußen von Verfügungsgewalt und Privilegien.

Unser wichtigstes Therapeutikum ist die Kommunikation, mit den Patienten reden, Verbindungen herstellen, Versammlungen, Erforschung der Bedürfnisse auf allen Ebenen. Aber es kommt natürlich zuerst kaum zu Kommunikationen. Lähmendes Mißtrauen, Abneigung gestört zu werden.

Pfleger ersuchen um Versetzung, wir lassen jeden gehen und versuchen mit Lernpflegern weiterzukommen, die wir interessieren können. Lernen auch Patienten an, fördern Patientengespräche.

Eine Patientenversammlung geht eine Stunde um die Frage, ob die Milch morgens für alle in den Kaffee kommt, oder in einem besonderen Krug zur Verfügung steht, so daß der Kaffee auch schwarz getrunken werden kann und jeder, der Milch haben will, Milch bekommen kann. Wir nehmen es als einen Erfolg, daß die Patienten dieses Problem lösen und tatsächlich durchführen.

Dürfen die Fenster auf den geschlossenen Stationen nur von den Pflegern geöffnet werden? Diskussion. Es wird nach dem Vorschlag verfahren, auf den Sälen Patienten zu wählen, die Schlüssel für Fenster und alle verschlossenen Türen haben.

Haben alte Soldatenspinde besorgt (kostenlos), die verschließbare Fächer haben. Stellen sie aus Platzmangel einfach in die Flure. Jeder soll allein über seine Sachen verfügen. Soviel Verfügungsgewalt wie möglich zurück an die Patienten, die das aber selbst nicht fordern.

Versuche, Patienten füreinander zu interessieren. Versuche, Patienten zu ermuntern, das Verhalten des Personals zu kritisieren. Das letztere gelingt erst ganz spät und niemals auf der Basis einer Partnerschaft.

Die Therapiegemeinschaft soll in der Abteilung keinen privilegierten Status haben. Sie hat ihn aber faktisch, und das wäre nur zu ändern, wenn es sehr viele Therapiegemeinschaften gäbe mit freiem Zugang, unter den Bedingungen Lohbergs eine Illusion.

Beschluß, den Patienten Einblick in ihre Krankengeschichte zu geben und mit ihnen zu besprechen, wird von nahezu allen Pflegern kritisiert. Feuerstein, der nicht direkt eingreifen will, bittet mich, nur in Ausnahmefällen und bedachtsam Einblick zu gewähren, das Recht der Kollegen zu respektieren, die nicht damit rechnen mußten, daß die Patienten die Krankengeschichten sehen.

Es sind Diskussionen möglich geworden über Freigängerstatus des einzelnen Patienten, Stadturlaube. Es wird mehreren Patienten, die nicht in der Lage sind, sich allein in der Stadt zu bewegen, Stadturlaub mit anderen Patienten gewährt, und es kommt nicht zu Zwischenfällen.

Eine noch geschlossene Station, die jetzt (nach drei Jahren) zu achtzig Prozent aus Freigängern besteht, wird in eine offene Station verwandelt. Die Patienten, die sich bisher nicht im Klinikgelände frei bewegen durften, sind einverstanden, daß sie sich für eine Übergangszeit nur in Begleitung von anderen Patienten oder Personal frei bewegen dürfen. Danach soll die Frage untersucht werden, ob sie auf eine andere geschlossene Station verlegt werden müssen.

Öchsel berichtet von einem Zusammenstoß, den er mit Albert Z. hatte, als er mit mehreren Patienten und auch einigen Patientinnen auf einem Stadturlaub war (Auer Dult) und S-Bahn-Karten lösen wollte statt das Geld zu verteilen. Albert Z. war empört, wie leichtfertig Öchsel mit ihrem Geld umgehen wollte, schrie Öchsel an.

Fräulein von Soden versucht Psychosentherapie mit großem Enthusiasmus. Ihr Lieblingswort ist ödipalisieren. Alle anderen Psychotherapeuten, die wir zu interessieren suchten, gaben der Therapie bei chronischen Psychosen keinerlei Chance. «Das sind arme, sprachlose Geschöpfe, aber von der Psychotherapie trennen sie Welten.»

Wir fördern jede Kommunikation und jede Beschäftigung, die von den Patienten angenommen wird.

«Sie können, Herr Kollege, bei einer Schizophrenie natürlich auch Erfolg haben, wenn Sie dem Patienten die Beine brechen», sagte Feuerstein, als ich ihm März vorstellte, an dessen Hörsaal-Episode er sich erinnerte. Kurz darauf meldete er sich aber zur großen Visite an, die es bei uns überhaupt nicht mehr gab.

März wollte fotografiert werden, wie er einen Schlüsselbund wegwarf, als wir die unnütze Mauer abbrachen, die es noch speziell um Abteilung 5 gab.

Dem Gedanken, die strikte Trennung der Patienten nach dem Geschlecht wenigstens versuchsweise aufzuheben, indem zwei Therapiegemeinschaften in einem Hause untergebracht werden und zu einer verschmelzen, will Feuerstein nicht zustimmen. Wir kommen aber dennoch zu gemeinsamen Versammlungen mit einer ähnlich verfaßten Gruppe der weiblichen Abteilung.

Öchsel, Beobachtungen. «Ein Kohlweißling von rechts nach links, die Welt sieht anders aus», sagte Alexander M. zu mir, als ein Schmetterling im heißen Sommer durch die Kulisse der Bäume hinter Abteilung 5 flog. Ungestörte Bewegungen sind die Voraussetzungen für alles Handeln. Die Euphorie, die selbst zurückgezogene Patienten ergriff, als die speziellen Mauern um die chronischen Abteilungen von den Patienten selbst abgerissen wurden, jeder wollte plötzlich arbeiten und an der Diskussion, was aus den gewonnenen Ziegeln gemacht werden sollte, beteiligten sich Patienten, die sonst kaum sprachen.

Bei der Arbeit in der Gärtnerei (Bohnenpflücken) kontrollierte März mehrfach, ob auch das Personal arbeitete, wie das in der Therapiegemeinschaft beschlossen worden war. Er sah mir mit Genuß bei der Arbeit zu, freute sich auch jedesmal, wenn Albert Zenger mit einem gewaltigen Fußtritt die Heckklappe des Firmenautos schloß.

März, Exploration. (Kofler)
«Ihr Gedicht hat mir gut gefallen.»
«Welches?»
«Das gestrige ‹haus, hausen, hausbrot›, erinnern Sie sich?»
(März schüttelt den Kopf, K. liest ihm das Gedicht vor.)
«haus, hausen, hausbrot.
Im Haus hausen die Häusler
verteilen manchmal das Hausbrot
aber schön hart ist das auch.»
(M. wiegt zweifelnd den Kopf, es scheint ihm nicht zu gefallen.)
«Gefällt Ihnen nicht?»
«Zu dichterisch vielleicht», meint März.
«Meinen Sie? Ist mit dem Haus das hier gemeint? Lohberg?»
«Abteilung 5.»
(M. zeigt, daß ihm der Text gar nicht mehr paßt.)
«Verstehe. Wie könnte man das verbessern?»
(M. denkt kurz nach, fängt dann an zu diktieren, benutzt K. als Stenographen.)
«Da am Hause keine Luft ist –»
«Am Hause oder im Hause?»
«Am Hause. Da am Hause keine Luft ist
ist sie überm Dache fast vier Meter hoch.»

März beschwert sich: «Die Künstler bekommen armselige Sujets», als ich ihm das Thema ‹Das Leben› aufgegeben hatte, schrieb dann: «Das Leben ist schön/schon so schön als das Leben./Das Leben ist sehr schön/das lernen wir./Wie schön ist das Leben (juhu!)» Die folgenden Titel wurden von ihm ausnahmslos selbst gewählt. Die meisten Gedichte schrieb März auf Aufforderung zu vorgegebenen Themen.

Das weiße Wiesel
Das weiße Wiesel (Hermelin) hat eine schwarze Schwanzspitze
Warum?

Weil es zurückfinden muß
zu seiner Sommerfarbe
Hellbraun.
Am liebsten allerdings
wäre es grün.
Da säß es im Grünen
und schaute vorwiegend fidel.
Hellbraun ist nicht so gemütlich.

Das Sein vom Schein im Wintermoos
Der Schatten des schneeweißen Schnees
ist merkwürdigerweise lila
falls er ein Schatten auch ist
und nicht zum Beispiel ein Eisbärfell
beim Fotografen in Peilau.
Vielfach verbirgt sich im Lila ein andres
manchmal ein Fernsehgerät, das
bei einem Picknick im Moor
glücklich vergessen wurde und jetzt
still versinkend gern grübelt.
wie ich.

März, Äußerungen. «Die Lust zum Schreiben kann auch während des Schreibens erst eintreten.»

Drais,
der Erfinder des Kreises
begegnet mir jeden Abend fünf Uhr
mit der Zeitung.
Der Erfinder des Quadrats
erstaunlicherweise
ist ein Schlittschuhläufer.
Warum?
Er liebt die Schwierigkeit.

Kofler. März beklagte sich heute, was er nicht habe, was er jedoch erreichen möchte, trotz medikamentöser Gegenstrahlung, das sei die aortale Leichtlebigkeit.
Was er darunter verstehe?

Ein Hui, ein Wind – daß man leicht durchführen könne, was man im Innern wolle – fliegen zum Beispiel oder die libertine Verwandlungskunst.
Warum er das aortal nenne?
Vom Zentrum her, von ihm. Herz – Aorta –. Der Mensch zumeist komme in eine maschinelle Felderung und werde von einem ihm fremden maschinellen System angetrieben (Familie, Büro, Heilanstalt), statt daß er die maschinellen Systeme nach sich selbst entwickele und erweitere (Phantasie, Brüderlichkeit, allgemeiner Nutzen). Deshalb befinde er sich in einem Rotationskessel, der ihn in ständig gleicher Weise drehe und dumm mache. Er, März, sei dem Wahn verfallen, weil die Gesellschaft ihren Wahnsinn nicht erkenne.

Der Elefant
Der Elefant gleichwohl riesig
fristet sich durch.
in Zoo oder Zirkus.
Der Elefant geht auf. den Zehen –
Der Elefant ist schon hier.

Grau
Die Farbe der Ehre ist sonst grau.
grau gemischt mit grün.
grau war die Maus und die Uniform.
Die Graue Ahnung
für jeden Soldatenrock
Die graue Farbe und ein Nock.

Kofler. März beherrscht die Rechtschreibung wie die Interpunktion, gegen die Regeln verstößt er im Interesse des Ausdrucks, oder um eine Wirkung zu erzielen. Das metaphorische Denken der Psychose, das unerkannt auch in unserer Sprache steckt, gibt Alexanders Gedichten die Naivität des Traumes mit seinen Alltagsresten.

Das Gespräch ohne Zuhörer bei der psychotischen und der dichterischen Produktion.

März verneint, für seine Gedichte eine bestimmte Befindlichkeit zu brauchen.

Wie in seinem ritualisierten Leben schätzt er die Reihung, die Wiederholung, die Alliteration, aber auch die Pointe.

Die Hoffnung drückt das Herz,
Das Herz tut weh.
Schlau kommt der Tod oft als Hoffnung.

März, Exploration. (Dr. Wiesler)
«Ich empfinde die Welterstarrung.»
«Den Penis mit Haken herausreißen.»
«Die Zukunft gehört dem Holunder.»
Diese drei Sätze zeigte ich März aus dessen Krankengeschichte. Zum ersten sagte März, das empfinde er so, zum zweiten, das sei in Lohberg zu empfehlen, zum dritten nickte er.
«Was meinen Sie damit? Holunder?»
«Mauerholunder, Abteilung 5.»
«Wieso gehört dem die Zukunft?»
«Triebe, trieb, getrieben.»
«Triebe getrieben?»
«Gestern kastriert, heute schon ungekränkt fünffach da, morgen fünf mal fünf mal fünf gleich unendlich.»
«Wer hat den Holunder kastriert?»
«März, Fuchs und Zenger aus Notbelichtungsgründen vor dem Kellerfenster. Ratsch.»
«Wieso gehört ihm die Zukunft?»
«Ist nicht durch Kränkung, Beschränkung und Beschneidung am fröhlichsten Wachstum zu hindern, somit gehört ihm die psychiatrisierte Zukunftswelt.»
«Kann man Ihren Satz, Herr März, auch so sagen: Da der Holunder sofort wieder ausschlägt, wie weit man ihn auch zurückschneidet, wird er sich gegenüber allen empfindlicheren Pflanzen durchsetzen. Er eignet sich zu einem Vergleich mit dem Menschen, weil der auch dauernd zurückgestutzt und in seinen Wünschen beschnitten wird, so daß nur der Unempfindliche zukünftig blühen und gedeihen wird. Ist das der Sinn Ihres Satzes ‹die Zukunft gehört dem Holunder›?»

«Vielleicht, Herr Doktor, hätte ich lernen sollen, mich so schön auszudrücken.»

März, Exploration. (Kofler) «Fräulein von Soden (die Therapeutin) war von Ihrem gestrigen Gespräch sehr beeindruckt, Herr März.»
«Inwiefern?»
«Ihre therapeutisch ergiebige Äußerung: ‹Mein Schwanz geht nicht durch den Trauring meiner Mutter.› Was wollten Sie damit sagen?»
«Ich wollte Fräulein von Soden eine ödipale Freude bereiten.»
«Wieso?»
«Sag, daß es Ödipus ist, oder ich knall dir eine.»

Kofler, Bericht. Merkwürdig war, daß März trotz heftiger Kritik an der Psychiatrie nicht mehr um seine Entlassung nachsuchte. Dem Richter, der in zweijährigen Abständen die Berechtigung weiterer Hospitalisierung zu prüfen hatte, stellte er sich ironisch als lebenslänglich Freiwilliger vor.
Auf seine Inkonsequenz hingewiesen, machte er eine schriftliche Gegenargumentation: «Die Heilanstalt ist für März nur das kleinere Labyrinth mit den kleineren Ungeheuern. Alle Wege für März führen in die Heilanstalt. Dort ist er einheimisch. Im einheimischen Labyrinth mit einheimischen Monstern. Die Monster der äußeren Labyrinthe haben keine Köpfe mehr, sie sind kommunizierende Röhren. Auch die Opfer sind ‹elektrolytisch› in Flüssigkeiten aufgelöst. Nicht länger identifizierbar, empfinden sie sich nicht mehr als Opfer, schwimmen als rosiges Sprudelwasser frisch-fröhlich rundum.»
Ob die kommunizierenden Röhren eine dichterische Chiffre seien, die etwas Bestimmtes bedeuten, fragte Kofler.
«Natürlich», sagte März. «Die Windungen des Labyrinths finden Sie in den komplizierten Flugbewegungen des Kranichs, der Quanten und in den Gedichten von März.»
Da staunte K.

Kofler-Ansichten

Die Bemühung um das Verständnis der schizophrenen Psychose und die in ihr versteckten Werte dürfen uns nicht verführen, den psychotisch Kranken mit einer Gloriole auszustatten. Die Fremdheit ist schwer zu durchbrechen, und die Geduld jedes Behandlers wird durch ihm unverständliche Handlungen und unzugängliche Gedanken riesigen Belastungsproben ausgesetzt. Er steht einem Menschen gegenüber, der die gewöhnlichen Spielregeln nicht beachtet, vielleicht nicht beachten kann oder beachten will, einem Menschen, der aus einer unerkannten, schrecklichen Katastrophe kommt, unzugänglich, kalt, mißtrauisch, versteinert. Die Realität hat Verluste erlitten, dem Bewußtsein von ihr ist nicht zu trauen, das Sozialsystem ist zerstört. Die eigenen andersgearteten Erfahrungen kann der Kranke nur verschlüsselt und verstümmelt mitteilen, sie sind so schwer zugänglich wie der Traum oder das Fieberdelier. Das Unlogische scheint uns faselig oder läppisch oder verbohrt, unzugänglich oder blödsinnig und im Grunde widrig. Es ist nur durch Widrigkeiten zu ihm vorzudringen. Warum soll das jemand tun, der an seinen Fragen nicht interessiert ist?

Die schizophrene Psychose tritt in einer katastrophenhaften Weise ein, wie Wasser katastrophenhaft zu Eis wird, Erwärmung zu Feuer, Zuneigung zu Liebe, Abneigung zu Haß. Es entsteht eine neue Qualität, die sich nicht einfach aus den Faktoren summiert, die an ihrer Entstehung mitgewirkt haben.

Die psychiatrische Forschung unternimmt seit nahezu hundert Jahren ausgedehnte und aufwendige Fahrten ins Blaue, um körperliche Veränderungen, Substanzen oder Prozesse zu entdecken, die sie einer organisch-körperlichen Erklärung der veränderten Funktionen, die als Schizophrenie bezeichnet werden, näherbringt. Von jeder dieser Fahrten werden Fundstücke abgeliefert, die sich bei näherer Prüfung als wertlos erweisen, die aber niemanden hindern, sogleich wieder mit neuer Expedition ins gleiche Gebiet zu starten, ausgestattet mit verbesserten Meßtechniken und Rechenmaschinen, aber auch mit der immer gleichen Betrachtungsweise. Im Laufe seiner Ausbildung erfährt der Psychiater heute noch nicht das geringste von einer Psychiatrie als Wissenschaft von den gestörten menschlichen Beziehungen.

Mit den neuroleptischen Mitteln, die den Patienten psychomotorisch dämpfen und emotional gleichgültig machen, sehen sich viele Psychiater fast am Ziel ihrer Wünsche. Sie setzen sehr wirkungsvoll die Aktivität und die Spannung herab, mildern die Schmerzempfindung und dämpfen die Triebe, Affekte und Antriebe. Sie wirken der psychotischen Produktivität entgegen und bringen sie oft zum Erlöschen. Sie überdecken die Störung durch eine pharmakologisch erzeugte Indifferenz, bis die Störung von selbst zum Stillstand gekommen ist und verordnen neue Mittel, wenn sich eine neue Störung zeigt. Sie scheinen die Begeisterung der Psychiater vergessen zu haben, die mehr als zwanzig Jahre die Schocktherapie begleitet hat, die ebenfalls höchst wirkungsvoll denselben Zielen diente und noch immer ihre Wirkung tun muß, wenn die pharmakologischen Mittel versagen. Sie vergessen die Begeisterung, die sie der Leukotomie entgegenbrachten (Durchtrennung der Fasersysteme der weißen Substanz des Stirnhirns zum Thalamus), und waren überhaupt immer sehr zufrieden, wenn sie der Schizophrenie als Techniker gegenübertreten konnten. Es ist vielleicht schwer zu sehen, daß es sich bei den pharmakologischen Mitteln um nichts anderes als eine chemische Leukotomie handelt, deren großer Fortschritt allerdings darin besteht, daß sie rückgängig zu machen ist.
Der Nutzen der psychotropen Medikamente besteht darin, daß sie helfen können, die Anstalt zu vermeiden und dem Arzt die Einleitung von Konflikttherapien erleichtern.

Der psychotisch Kranke ist für die Menschen seiner Umgebung ein Projektionsfeld für ihre Ängste. In einer Art von Ansteckungsangst begegnen sie ihm befangen, jederzeit bereit in Panik auszubrechen. Das isoliert und ängstigt den Kranken, provoziert Aggressionen. Erst der in die Anstalt entfernte Kranke bringt die Gewißheit zurück, normal und wie alle zu sein. Die Angst vor dem

Kranken ist so groß, daß Eltern und Geschwister den Arzt fragen, wie sie sich dem Sohn oder Bruder gegenüber verhalten sollen.

Von seiner Umgebung getrennt, einem einzelnen Fachmann übergeben, wird der Patient zum privaten Forschungsfeld des Psychiaters, zu seinem Forschungseigentum. Der Kranke bleibt von ihm, dem geheimnisvollen Alleinwisser, abhängig. Seine wissenschaftliche Einordnung bestimmt die Reaktion seiner Umwelt, seinen Aufenthaltsort und seine Art zu leben.

Der Analytiker verkauft sich, sein spezielles Wissen und die Technik seiner Geduld dem vermögenden Patienten. Die Neurose scheint dessen Privileg. Ein persönliches Interesse kann bei Fachleuten stundenweise gemietet werden. Diese Patientenauswahl hat Folgen für die Psychoanalyse. So berücksichtigt sie Arbeitsprobleme so gut wie gar nicht, weil ihre Patienten keine haben. Etwa auftauchende soziale Widersprüche verschwinden in der Analyse des Ödipus-Komplexes. Weil die Psychoanalyse ein Teil der bürgerlichen Ideologie geblieben ist, kann sie die Ursachen der psychischen Verelendung nicht erkennen.

Tatsächlich läßt die Anstalt wirkliche Psychotherapie nicht zu. Ehe sie wirksam werden kann, muß sie mithelfen, die Struktur der Anstalt zu revolutionieren. An einem Ort der Entwürdigung und des erzwungenen Exils ist ein psychotherapeutisches Vertrauensverhältnis nicht herzustellen. Deshalb wird der Psychotherapeut in der Anstalt nicht von den Ärzten und nicht von den Kranken ernst genommen. Bei dem heutigen Zustand unserer psychiatrischen Institutionen kommt es einer Verhöhnung des Kranken gleich, wenn in der Praxis der Anstalt die Psychotherapie als zusätzliche Behandlung eingeführt wird. Sie dient dort dazu, das schlechte Ansehen der Institution zu polieren und muß sich als unwirksam erweisen, denn Psychotherapie kann nicht im Gefängnis ausgeübt werden.

Verursachungen müssen sicher im Feld der zwischenmenschlichen Beziehungen gesucht werden, aber der Schizophrene ist nicht der extrem entfremdete Mensch, sondern eher dessen paradoxe Gegenposition. Unfähig, ganz von sich abzusehen, auf seine produktive

Kraft ganz zu verzichten, produziert er verschlüsselte Trümmer. (Wahninhalte)

«Für einen Mendelschen Erbgang einer hypothetischen Anlage zur Schizophrenie spricht nichts, hat nie etwas gesprochen als die spekulative Überzeugung, es müsse einen solchen geben.» (Manfred Bleuler)

Dieser Spekulation zufolge wurden von 1942–45 270 000 Geisteskranke umgebracht, eine unbekannte Anzahl zwangsweise sterilisiert. Die deutsche Psychiatrie hat sich nie Gedanken gemacht, wie sie zu dieser aktiven Mordkomplizin wurde. Wer in dem Schizophrenen den unverständlich anderen mit dem degenerierten Erbgut, dem degenerierten Hirn sieht, kann der Logik der Nazipsychiatrie nicht leicht widerstehen.

Ob jemand als ein Geisteskranker angesehen wird, das hängt auch von den sozialen Gegebenheiten seiner Zeit ab, von der daraus abgeleiteten herrschenden Moral.
Die psychiatrische Freiheitsberaubung war zu allen Zeiten gebräuchlich und ist es noch heute. Sie orientiert sich an den Mehrheitsansichten einer Zeit. Zum Beispiel wurden in der Zeit von 1900–1918 im Deutschen Reich, aber auch in der Schweiz, sämtliche Kriegsdienstverweigerer und Friedensapostel psychiatrisiert. Die Bundeswehr schickt noch heute Soldaten, die als Kriegsdienstverweigerer nicht anerkannt worden sind, den Dienst aber dennoch verweigern, zur Begutachtung in psychiatrische Anstalten, sofern ihre Mittel der gewaltsamen Disziplinierung versagen. In der nationalsozialistischen Zeit wurden Landstreicher, entartete Künstler, Religionsfanatiker, Homosexuelle und Asoziale psychiatrisch interniert. Gammler, Anarchisten und Chaoten in die Irrenanstalt wäre vermutlich heute eine populäre Forderung.

Die Annahme einer Arbeit in einer Fabrik, einem Bergwerk oder einem Büro basiert natürlich auf Gewalt. Wer würde Tag für Tag Fische ausnehmen in ekligen glitschigen Räumen und darüber den Geruch der Fische annehmen wie die Konserven-Arbeiterinnen, wenn nicht das Leben auf dem Spiel stünde? Wer würde sich ohne äußersten Zwang seine Gelenke zerstören lassen von Straßenrammen oder Schlagbohrern, wer sein Gehör in Autofabriken, wer sein

Lungengewebe in Bergwerken oder seine Haut in chemischen Fabriken? Wer würde ohne Zwang idiotische Geschäftsbriefe tippen und die Launen von Dummköpfen ertragen? Die Tätigkeit der Hausfrau wird erzwungen, die Erziehung der Kinder, und sogar die Liebe wird überwiegend unter dem Zwang der Gewalt und der Abhängigkeit betrieben. In nahezu jeder Beziehung kann man bei näherer Betrachtung einen Zug der Nötigung finden, so daß vom gesellschaftlichen Charakter der Gewalt gesprochen werden kann. Die Gewalt wird von demjenigen ausgeübt, der die Arbeitsbedingungen personifiziert, der Vorgesetzte, der Chef, der Meister u. s. f. Den Zwang zu verschleiern, dem Bezwungenen das Gefühl zu geben, er habe den Zwang frei gewählt, obliegt der Schicht der Mystifikatoren und Sachautoritäten, die den Zwang als naturwüchsig, als aus der Sache hervorgehend erklären.
Vielleicht kommt man dem Verständnis der Psychose näher, wenn man diesen Zusammenbruch des Sozialsystems als einen wilden, irrationalen Protest begreift, die Gewalt nicht ertragen zu können.

Der Psychiater weiß nicht, daß er den Fragen ausweicht, die der Schizophrene stellt, wenn er ihn mit einer Spritze Haloperidol zur Kapitulation zwingt. Die Schizophrenie ist für ihn dann ein Haloperidol-Mangelsyndrom.

Von wem sich die paranoischen Kranken auch verfolgt gefühlt haben, nach nicht sehr langer Zeit in einer psychiatrischen Klinik fühlen sie sich von der Psychiatrie verfolgt.

Es gibt die Faszination der Psychose.

Die Psychose ist auch der Versuch einer Heilung.

Das Gefühl der Leere, des Mechanischen, Geruchlosen. Reinheit, eine Frage der Desinfektion, Wachstum, eine Sache des Düngers. Das manipulierte Ich als Instrument des Erfolgs. Das Idol der Antisepsis, die glänzende Maschinen- und Apparatewelt.

«Wir glauben, daß Menschen imstande sind, viel von dem zu tun, was Maschinen tun können», sagte der Astronat Buzz Aldrin auf die Frage, warum Amerika bemannte Mondflüge bevorzuge.

Die geistesgestörte Gesellschaft.

Psychosentherapie ist eine große Operation, die man nicht allein machen kann.

Wenn ich genau hinsehe, sehe ich am Straßenrand die grauen Blüten der Schafgarbe.

Lese gerührt von der Furchtlosigkeit, die durch eine Läsion der Mandelkerne des Hirns entsteht.

Peter Moog, die flotte Manie, nennt seine Phantasiebraut Amalie von Pisack.

Lockes Definition des Wahnsinns als falsche Assoziation der Ideen.

Dagegen März: «Der Wahnsinn ist die richtige Verbindung der (gefürchteten) Ideen. Der Netzhaut entlang ins Grüne.»

Das Problem der Wahrheit, das Problem des Wahnsinns und das Problem der Revolution sind ein und dasselbe Problem.

Eine Gesellschaft, die massenhaft psychisches Elend produziert, muß bekämpft werden.

Wenn ich an einer schizophrenen Psychose erkranken würde, hoffe ich auf einen Psychiater, der Schizophrene mag, der meine Fragen verstehen will und Zeit für mich hat. Er sollte in kritischer Lage nicht auf alle Medikamente verzichten, sie aber nur gebrauchen, um Krisensituationen zu meistern und verbale Konflikttherapien zu erleichtern. Ich hoffe, er erspart mir die psychiatrische Klinik und findet Wege, sie sogar dann zu vermeiden, wenn er starke suicidale Gefährdungen erkennt. Ideal wäre die Behandlung in einer Gruppe, die sich auch mit meiner Umgebung befaßt und mir möglichst viele Verbindungen zu meiner Umwelt erhält und neue herstellt.

Erinnerungen an März

Pfleger H. War, wie er weg war, froh, ehrlich gesagt, brachte doch viel durcheinander in einem Stationsbetrieb, wußte man nie, wo man dran war, ist das jetzt ernst oder verkohlt er dich. Kam mal in den abgeschlossenen Schlafsaal, sitzt da allein mein März auf seinem gemachten Bett im Schneidersitz und sortiert vor sich sein Lumpenzeug, was er so allerhand gesammelt hat, Kordeln, Nägel, Draht, Kugelschreiber, Schrauben, Papier, alte Illustrierte und so weiter, frage ich: «Warum sind Sie nicht zur Arbeit? Es ist Arbeitstherapie?» Kriege ich zur Antwort: «Es fehlt mir die Lust zum Erwerb, sowie die Fähigkeit zum Dauerturnen.» – «Und warum sitzen Sie auf dem gemachten Bett?» – «Es ist meine Empfindung, nur diese Bettdecke ist mein persönliches Gebiet.» – «Und der Mist da?» frage ich. – «Ich ordne meine Hinterlassenschaft.» Das war vielleicht so vierzehn Tage vor er ab ist.

Kofler. Zu meiner Verwunderung fand ich März eines Freitags bei der beliebten Polizei-Sendung XY mit Eduard Zimmermann im vollgestopften Fernsehzimmer. Er stand an die Wand gelehnt und rauchte, betrachtete die Szene mit einer Miene hochmütiger Distanz.
«Sie sehen sich diese Sendung an, Herr März?»
«Versuche ein nützliches Glied der Gesellschaft zu werden. Jäger nicht Gejagter via Mattscheibe.» Er schlug sich mit der flachen Hand an die Stirn.
«Sie sind heute guter Stimmung?»
«Anhand der Fahndung in Lohberg, betreibe ich die Einübung des Humors.»
«Was ist Humor, Herr März?»
«Humor ist eine lateinische Vokabel.»

Suchte das abgelegene Kellerfenster auf, wo März oft vor Mittag gestanden hatte. Nach oben durch ein Trittgitter sehe ich einen kleinen Teil der Beine vorübergehenden weiblichen Personals auf dem Wege zum Eßsaal. Auf einem Heizungsrohr entdecke ich einen Rasierspiegel. Ich öffne das Kellerfenster und stelle den Spiegel so auf, wie ich denke, daß März ihn gestellt hat und rauche eine Zigarette. Eine Schwesternschülerin unterhält sich mit einer Küchenhilfe und bleibt ein paar Sätze lang stehen. Im Spiegel sehe ich wie das Mädchen ihren linken Fuß an ihrer rechten Wade reibt, höre die harmlosen Sätze, märzähnlich und verfänglich.

Öchsel. An einem nebligen Morgen auf dem Wege in die Gärtnerei war März abhandengekommen. Ich ging den Weg zurück und fand ihn am Drahtzaun der geschlossenen Frauenabteilung in die Betrachtung eines großen Feuers versunken. Eine Schar von Nonnen warf immer mehr Kisten, Kartons und Strohhüllen in das wild aufflammende, lodernde Feuer. Sie stießen kleine Schreie aus, liefen um neue Strohhüllen, und es sah aus, als hüpften sie, alte und junge Nonnen und jauchzten in Feuerslust. März stand ganz gelöst und heiter, nicht mehr als einen halben Blick an mich wendend, als ich mich neben ihn stellte.

Das Feuer
Heida das Feuer ein heiliger Strauch
kann sein als Kartoffelfeuer
oder im Ofenloch
oder in Ingolstadt als Mineralöllager
ist immer ein Abenteuer.
Heida das Feuer über der Wüste Gobi
muß sehr schön sein.
Ich kann für dich durchs Feuer gehen
heißt es sehr leicht
das ist das Märchen vom Aschenbrödel
als ich gegangen bin
brannte ich ab zu Asche.
Man sagt sehr leicht
ich bin abgebrannt.
Ich bin ganz Feuer und Flamme
sagt sich gleichwohl noch leichter.

«Ich hol Sie ab, Herr März, weil wir sonst Ärger kriegen in der Gärtnerei.»
«Heida das Feuer ein heiliger Strauch. Ein Heller und ein Batzen.»
«Was meinen Sie?»
«Es ist der Zweck der Phantasie, sich zu erheitern.»
«Eine Zigarette, Herr März?»
«Sie sind sehr liebenswürdig.»
Er nahm die angebotene Zigarette sehr förmlich, holte eine Blechschachtel heraus, tauschte die Markenzigarette gegen eine Selbstgedrehte und ließ sich vergnügt von mir Feuer geben.
«Was erheitert Sie?»
«Feuersbrünste und Schiffsuntergänge. Der Wald, der hört, das Feld, das sieht. Man weiß nicht, wer ich bin.»

Waberlohe, Feuersbrunst, höllschwarzer Zuber Benzin.
Flieg, feurige Eule, flieg flusige Fledermaus.
Himmlischer Bräutigam erscheint Lohberg-Nonne.
Zünd an, zünd an,
Petroleuse.

Mutter zu Kofler. Was er immer gern gehabt hat, Herr Doktor, war Feuer, das hat er stundenlang anschauen können, ob ein Kartoffelfeuer oder eine Feldscheune in Kleutsch oder auch Brandbomben, man hat es ihm direkt verbieten müssen. Auch einfach Feuer im Küchenherd hat er sich immer wieder angesehen. Wie ich ihn mal gefragt habe, warum er so gerne Feuer hat, sagt er «weils nicht bleibt». Das habe ich mir direkt gemerkt, da war er vielleicht zehn Jahre.

Weihnachten in Duisburg.
(eine Erinnerung)
Schön anzusehn wurden die Christbäume angezündet,
wurden die Teppiche weit und breit ausgelegt,
das Eselein kann kommen,
jetzt brannte die Stadt lichterloh.

Kofler. Befragt, warum er bei seiner Feuerliebe nie etwas angezündet habe, antwortet März: «Vielleicht kommt das noch.»

März, Äußerung. War etwas hin und vorbei, habe ich das nie bedauert, Fliegender Fisch und feuerspeiender Drache muß sehr schön sein.

Kofler. «Die Haut, Herr Doktor sehen Sie, sind weiße Spinnweben, die man abzieht und abzieht, an der Luft in Atome zerfallen.» Dabei machte er abstreifende Bewegungen über dem linken Unterarm, die ich in einem Film über ein Hospital in Hiroshima ganz ähnlich schon gesehen hatte.

Fuchs. Wenn er dann kam, spendierte er nobel gern eine Selbstgedrehte. Muß gewesen sein die Alpenveilchenzeit oder Chrysanthemenzeit vor Allerseelen, da arbeiteten wir im Gewächshaus, Versand für Blumenhäuser, März zwischen mir und Albert. Kam Professor Feuerstein mit Damen, habe ich gleich gesehen Spenden zum Advent und hat uns den Damen erklärt, hat aber März nicht gepaßt. Fragt Feuerstein den Arbeitspfleger, wer ist am längsten hier in Lohberg?, der Karl, wie lange sind Sie hier?, sage ich 31 Jahre, sind die Damen gerührt, arbeiten Sie gern hier?, jawohl, sind uns Zigarren schon sicher, fragt er den Arbeitspfleger, wer ist der Komponist?, der Albert, haben Sie ihr Instrument dabei?, nimmt der Albert seine Papiertüte aus der Tasche, hat alles dem März nicht gepaßt, was werden Sie uns darbieten?, da bläst der Albert still und fein das Horst-Wessel-Lied für die betretenen Damen, das ist wohl nicht so ganz das richtige, lächelt da Feuerstein und treu entschuldigt sich Albert, es war mein Gedankengang, den Damen gefällig zu sein. Da lachte der März laut raus. Es gab Tabak und Zigarren.

Beschreibung von Albert Zenger, Abt. 5, Saal 6.
An einem Sonntag bei einem Spaziergang außerhalb des Anstaltsgeländes, stellte März Karl und Albert Hanna Grätz vor, die mit einem rundlichen Mädchen aus Haus 27 daherkam, das sich für Albert interessierte. Auf einem grasigen Hügel tranken sie Bier, und Albert musizierte nachdenklich auf der Papiertüte. Sie waren zärtliche Zuhörer und Hanna mußte immer lachen.

Albert fixiert seine Kompositionen in einer phantastischen Notenschrift. Als Kofler erfahren wollte, ob Albert die aufgeschriebenen

Noten wiedergeben kann und ihn bat, ihm ein bestimmtes Blatt vorzuspielen, führte ihn Albert in den Baderaum. Er füllte eine Wanne mit warmem Wasser und legte sich hinein. In völliger Stille reproduzierte er helle Wassergeräusche, wie sie entstehen, wenn eine Hand aus dem Wasser genommen wird, ein Finger in Abständen auf die Oberfläche tupft, eine kleine Flasche unter das Wasser gedrückt wird und so fort. Er las die verschiedenen Geräusche von der Partitur, die ihm Kofler hielt, mit strengen Pausen, Rhythmen, Tonhöhen. Die Töne herzustellen bediente er sich seines Körpers, eines Trichters, eines dünnen Gummischlauchs und einer kleinen bauchigen Flasche. Am Ende goß er aus großer Höhe Wasser auf den stillen Wasserspiegel, in wechselnden Abständen und immer weniger, ein Tropfen zuletzt. Die Prozedur dauerte 20 Minuten. Kofler wird nie mehr baden können, ohne sich an Alberts Musikstücke zu erinnern. Natürlich kann ein anderer Beobachter den gleichen Vorgang als Verblödung beschreiben.

Die Musiktherapeutin wollte Albert die geläufige Notenschrift beibringen. Albert zeigte sich erst amüsiert, dann gereizt, als sie ihm am Klavier Notenbeispiele vorspielt. Er sagte, die Noten seien falsch, Töne von falscher Reinheit. Ein Ton sei eine Lüge, gemessen an einem Geräusch. Saugen, Atmen, Zerreißen von Papier.

Albert Zenger ist sechs Jahre in Lohberg, 28 Jahre alt, von Beruf Elektromonteur, wegen Gewalttätigkeit polizeilich eingewiesen. Albert ist ein großer, athletisch gebauter Mann mit kräftigem Kinn, krausem, dichtem Haar, ruhigem wohlwollendem Wesen. Er arbeitete bei der Firma Telefonbau & Normalzeit und legte mit einer Gruppe von Monteuren im Außendienst Alarmanlagen an, zuletzt bei einer Dienststelle des Militärischen Abschirmdienstes. Er galt als zuverlässiger Arbeiter, war bei den Arbeitskollegen beliebt, nie krank, solide und unauffällig. Er fuhr ein schweres Motorrad, legte am Wochenende ohne Ziel große Strecken zurück, interessierte sich für Boxsport, hatte eine erstklassige Stereoanlage. Er wohnte in einem Einzimmer-Appartment eines großen Mietshauses, galt als verläßlich, hilfsbereit, pünktlich. «Ein feiner, ruhiger Mensch», «konnte man die Uhr nach stellen». Am 27. August 1969 sei er wie gewohnt um sechs nach Hause gekommen, habe einer Nachbarin geholfen, den Kinderwagen in den Keller zu tragen, habe sich gewaschen und um halb sieben Uhr begonnen, die elektrischen Leitungen aus den Wänden zu reißen, Bad und Küche zu demontieren, die Möbel zu zerlegen, schließlich mit einem Beil den Parkettfußboden aufzuhacken, denn er höre Signale und Stimmen, werde durch Wanzen des neuesten Typs abgehört. Als die Polizei kam, schlägt er einen Beamten nieder und zeigte einem zweiten «die Beweise der Galaxis» hinter der Holzverschalung der Flurgarderobe, ehe er überwältigt wurde. Mit neuroplegischen Mitteln wurden die Symptome in Lohberg zufriedenstellend zurückgedrängt. Z. fühlte sich zwar weiterhin von Geheimdiensten beobachtet, arbeitete aber beständig, zuletzt in der Gärtnerei. Ein Versuch, Albert Z. zu entlassen, scheiterte nach kurzer Zeit. Schneller Chronisierung der Psychose folgte ein schneller Persönlichkeitsabbau. Er schien einer der ritualisierten Automaten der Anstalt, der in Papiertüten bläst. Einmal beim Essen soll er geäußert haben, «ich gründete die Riesenstädte Ovianda, Akmolinsk, Alupka».

März, Äußerungen. Die Musik ist fein voll und ganz hoch in sich sehr feindselig anhorchenden Intervallen.

Kofler-Notizen. Wer die Chronisierung der Psychose untersucht, stößt auf das «kranke Krankenhaus», die kranke psychiatrische Institution.

In seinem Ordinationszimmer zeigte Feuerstein den Vertreterinnen der Wohlfahrtsverbände, die sich für ein Taschengeld der Langzeitpatienten einsetzen wollten, Zeugnisse psychopathologischer Kunst, die hier in Lohberg entstanden waren. Eine zu Kontakten kaum noch fähige Patientin hatte er ihnen vorgestellt, jetzt sahen sie deren Bilder, eine Serie von Frauenporträts, von oben nach unten von Farbtropfen überflossen, die sogenannten Tränenbilder. Auf die Frage, was sie dabei empfinde, antwortete eine Frau «Angst, Angst und Angst».
In diesem Moment klopfte es an der Tür, auf Feuersteins Aufforderung trat aber niemand ein.
«Wir sehen bei unseren Kranken immer wieder, daß ihre Originalität tatsächlich an die psychotischen Krankheitsvorgänge gebunden

ist, und daß ihre schöpferische Ausdruckskraft versiegt, wenn sich ihr psychischer Zustand normalisiert.»

In dieser Phase klopfte es zum zweitenmal, und da seine Aufforderung einzutreten wieder nicht befolgt wurde, ging Feuerstein zur Tür und sah in sein Vorzimmer. Auch dort befand sich befremdlicherweise niemand.

Seine Demonstration abzuschließen, legte Feuerstein andere Porträts vor und erbat Empfindungen, die nett, lieb, unbedeutend hießen.

«Es sind dies Arbeiten der gleichen Patientin, als ihre Psychose vorübergehend abgeklungen war.»

Wie es jetzt zum drittenmal klopfte, war Feuerstein sofort an der Tür, durcheilte sogar das wiederum leere Vorzimmer und schaute auf den Gang. Niemand. Aber es lag auf dem Platz der stillen Frau D. ein Zettel mit einem roten Pfeil «Beachte Türanschlag». Tatsächlich spickte am oberen Rand der Vorzimmertür, außerhalb der Blickrichtung, ein maschinengeschriebenes Blatt und daneben ein zerfaltetes Illustriertenfoto. Auf dem Blatt stand: manifest an den leiter der irrenanstalt lohberg.

geehrter herr direktor,

wenn sie uns das nächste mal in der gärtnerei besuchen oder in einem anderen teil der reziproken gesundungsanstalt, sollten sie sich daran erinnern und auch einsehen, daß sie den insassen nur in einem überlegen sind: in der macht. mit uns gemeinsam als paranoisches duo produzieren sie die geisteskrankheiten, die den zweck haben, den wirklichen wahnsinn der norm als geistige gesundheit erscheinen zu lassen.

merke: wenn karl fuchs äußert, die a-bombe ticke in seinem kopf und das gilt als wahn, so hält das den bomberpiloten gesund, in dessen maschine sie wirklich tickt und der sie abwirft.

erklären sie das den fehlfarbenspendenden ziegen, die sie mit unserer hilfe von störelementen befreien.

hochachtungsvoll alexander

der mumps, der ihnen im walde ein lied erzählt. –

«Charakteristisch neben der Indezenz der Schluß, hochtrabenden Verallgemeinerungen folgt der Absturz ins Banale. Weltprobleme, Mumps.»

Die Vertreterinnen der Wohlfahrtsverbände waren von der Mischung aus ernstem Anliegen und bizarrem Humor fasziniert. Feuerstein versprach ihnen Ablichtungen des Manifestes und zeigte ihnen Briefe des gleichen Patienten, in einem neuen paranoischen Schube offenbar massenhaft verfaßt, von der Klinik, soweit erreichbar, in seinem Interesse zurückgehalten.

Gesetz über die Verwahrung geisteskranker, geistesschwacher, rauschgift- oder alkoholsüchtiger Personen. (Verwahrungsgesetz) Bayerisches Gesetz- und Verordnungsblatt 1952 Nr. 14 S. 163
Art. 7
Briefe der verwahrten oder vorläufig untergebrachten Personen dürfen von den durch die Anstaltsleitung bestimmten Ärzten eingesehen werden. Bestehen Zweifel, ob die Weiterleitung dieser Briefe zu einer Störung der öffentlichen Sicherheit, Sittlichkeit oder Wohlfahrt führen könnte, so sind die Briefe dem Gericht vorzulegen. Das Gericht kann bei Vorliegen der vorstehenden Voraussetzungen die Zurückhaltung der Briefe anordnen.
Zurückgehaltene Briefe sind zu verwahren. Briefe an volljährige Angehörige, den gesetzlichen Vertreter oder den Rechtsbeistand dürfen nicht zurückgehalten werden.

März, Briefe. An die Vollversammlung der Uno, New York, USA. Zum Welttag der Behinderten erhebe ich zum Antrag alle Religionen zu verbieten und dies im Amtsblatt als Hauptbehinderung weltweit bekannt zu machen. Beispielgebend sei auf ein striktes Religionsverbot der neueren Geschichte verwiesen: Am 15. Dezember 1945 verboten die Alliierten zu Ende des Krieges mit Japan den Schintoismus, machten dies amtsbekannt und zogen dem Gott Zivilkleider an. Das hat sofort funktioniert.
Hochachtungsvoll Alexander.

An Kardinal Döpfner schickte er eine Durchschrift und schrieb:
Lieber Kirchenfürst,
anliegend Durchschlag meines Schreibens. Bitte Soutane abzugeben und Liste der Kirchengüter.
März, Kontrollkommissar
im Schlachtemonat November
p. s. Die Negation des Gottes setzt das Dasein des Menschen. Der Hl. Ignatius schrieb: O, daß ich die wilden Tiere genießen könnte, die mich erwarten!

An den Herrn Minister des Kultes in Bayern Maier.
Als Sammler von Kulturdokumenten beehre ich mich, Ihnen ein besonders eindrucksvolles zu überreichen. Ich entdeckte den anliegenden Flaschenverschluß. Dort wird die Frage gestellt: Welches Wort kennt man in über 130 Ländern? Die Antwort wird auf der Innenseite erteilt und lautet: Coca Cola.
Hochachtungsvoll
Alexander März
Anlage 1 Deckel der Firma Coca Cola, abgefüllt in Landshut.
P. S. 1 Gehört die Frage in den Bereich der Sprachwissenschaft oder des Völkerrechts?
P. S. 2 Der Deckel, massenhaft hergestellt, wäre ein sehr schönes (Partei) Abzeichen.

Sehr geehrter Herr Redaktor für Kunst und Justiz.
Im Interesse der künstlerischen Wahrheit zerschoß ausgebrochener Verrückter eine Jünglingsgestalt des Maillol-Schülers Arno Breker mit einer Maschinengewehrgarbe in Geschlechtsteilnähe, wurde dabei nicht gefaßt und erstattet Selbstanzeige.
Hochachtungsvoll Prof. Feuerstein
Kunst- und Mallenrat in Lohberg

Andere Patienten

Kofler. Herbert D., Graveur in einem großen drucktechnischen Betrieb, wurde polizeilich in Lohberg eingeliefert, weil er seiner Frau ein Bajonett auf die Brust gesetzt habe, um ihr Geständnis zu bekommen, daß seine Kinder nicht seine Kinder seien. D. nannte die Einweisung ein arrangiertes Manöver seiner Frau, um ihn loszuwerden und ihn ungehemmt weiter betrügen zu können, er habe gesehen, wie sich der Polizist mit seiner Frau durch Zeichen verständigt habe, durch unanständige Gesten.
Im Betrieb habe man ihm schon längere Zeit indirekte stille Andeutungen gemacht, an seinem Arbeitsplatz habe ein Nagel gelegen, was ein Hinweis sein sollte, daß seine Frau genagelt werde. Er habe zunächst nichts gesagt, aber beobachtet. Zum Beispiel habe er an einem gewöhnlichen Donnerstag Aok-Seesand Mandelkleie in der Badewanne gefunden, wieso? Befragt habe sie sich ausgeredet, sie habe die Kinder gebadet. Mit Aok-Seesand Mandelkleie? Da habe sie nicht weiter gewußt. In ihrem Wäschefach habe er Slips gefunden, lila durchbrochene Hurenwäsche. Gegen ihn aber habe sie eine immer größere Kälte gezeigt. Der Geschlechtsverkehr sei mechanisch geworden, maschinenmäßig. Aber sogar aus dem Auto habe sie zärtliche Blicke getauscht. Ins Geschäft habe sie durchsichtige Blusen angezogen und ihm verheimlicht, daß ihr der Chef zum Geburtstag Weinbrandbohnen geschenkt habe. Plötzlich habe sie 50 Mark mehr Gehalt bekommen! Bei Erkundigungen im Betrieb sei er auf Mauern gestoßen, alle hätten Bescheid gewußt, nur er nicht. Bei einer Unterhaltung seiner Frau mit einer Freundin hätten die beiden nur gelacht und geflüstert. Genauere Beobachtungen der Kinder, besonders der Ohrmuscheln, ließen ihn bezweifeln, ob nicht die Nachkommenschaft gefälscht sei. Herbert D. wurde mehrere Monate lang beobachtet, ehe man sich für die Diagnose paranoide Schizophrenie entschied, und zwar wegen der Selbsteingesponnenheit des Patienten bei affektiver Gespanntheit und der Neigung, seinen Eifersuchtswahn immer phantastischer auszubauen. So habe er ge-

äußert, auch der behandelnde Arzt sei von seiner Frau sexuell bestochen, und seine Mitpatienten machten auf seine Frau gemünzte sexuelle Anspielungen. Einer habe beim Frühstück zu ihm gesagt: «Streich Honig auf das Brötchen.»
Seine Frau hat ihn in der ersten Zeit regelmäßig besucht, die Besuche dann aber wegen seiner ewigen Vorwürfe und Drohungen eingestellt. Mit Sachen und Geldbeträgen hat sie ihn auch danach versorgt, sich regelmäßig nach seinem Befinden erkundigt. Nach zwei Jahren erwirkte sie die Scheidung wegen Geisteskrankheit und hat sich neu verheiratet. Zufällig mit einem Polizeibeamten, was D. grimmig als Bestätigung seiner Ansichten nahm. Seine Kinder durfte D. nicht sehen bis sie 14 Jahre alt waren. Danach hatte D. Angst, sie zu sehen. D. konnte in den ersten Jahren nicht entlassen werden, weil er seiner Frau immer wieder Briefe geschrieben hatte, in denen er drohte, daß er das Bordell ausräuchere, ihr Gesicht verätze, erst sie und dann sich umbringe etc.
Wegen der Suicid- und Fluchtgefahr war D. immer auf geschlossenen Stationen gewesen. Als die Suicidgefahr nicht mehr bestand, und auch die Eifersuchtsideen nicht mehr geäußert wurden, war D. zu regrediert, um noch entlassen zu werden. Man wußte auch nicht wohin. Zur Zeit als die Therapiegemeinschaft gegründet wurde, sprach er fast gar nicht mehr, arbeitete aber regelmäßig in der Handdruckerei. Wir brachten ihn dazu zu malen, weil er als Graveur eine technische Vorbildung hatte. Zu Bildern aus Lohberg aufgefordert, malte er mit fotografischer Genauigkeit 25 Aussichten aus einem Fenster seines Krankensaals, die sich nur wenig unterschieden. Es wechselte kaum merklich die Entfernung, der Bildausschnitt und nur der genaue Betrachter sah, daß auch das Licht von Blatt 1 bis 25 wanderte. Für Herbert D., der im Begriff war, vielleicht ebenso viele Ansichten eines Baumes zu malen, waren die 25 Blätter 25 grundverschiedene Bilder. Er staunt, daß anderen die Blätter ähnlich schienen.

Medizinische Bemerkung. Ohne damit die Diagnose zu bezweifeln, kann gesagt werden, daß sich viele Eifersüchtige wie Herbert D. verhalten und äußern. Es ist von der Klinik her auch kaum auszumachen, ob der Verdacht des Patienten begründet war oder nicht. Wäre man zu einer anderen Diagnose gekommen, wenn sich durch einen Zufall herausgestellt hätte, daß D. von seiner Frau tatsächlich betrogen wurde? Es kommt oft vor, daß sich Liebes- oder Ehepaare für den Fall des Liebesentzugs mit Selbstmord oder Mord drohen, und die Veränderungen des Patienten könnten gut auch die Folgen der Klinikeinweisung und des Klinikaufenthalts sein. Ohne Zweifel bietet Herbert D. heute das ausgeprägte Bild einer stark regredierten chronischen Schizophrenie, ich stelle die Diagnose also nicht in Frage, gebe nur zu erwägen, ob nicht viele Eifersüchtige in einer geeigneten Konstellation die gleiche Chance zu einer schizophrenen Karriere haben.

März, Aufsätze. Das Beispiel der Märtyrer.
Ein vorbildlicher Märtyrer der früheren Zeit war der Hl. Markarius. Er schlief 6 Monate in einem Sumpf und setzte seinen Körper den Stichen giftiger Fliegen aus (Malaria). Dazu trug er 150 Pfund Eisengewichte mit sich herum.
Der Hl. Sabenius aß nur verfaultes Getreide und wusch niemals seine Kleider und niemals sich. Bis seine Haut wie Bimsstein war und Moos auf ihr wuchs.
Vierzig Tage und Nächte verbrachte der Hl. Bersarin in einer Dornenhecke und schlief danach 40 Jahre im Stehen.
Eine Gruppe von Heiligen verschmähte jegliche Kleidung, reinigte sich niemals, verbrachte ihr Leben auf Bergweiden und aß nur Gras.
«Die Reinlichkeit des Körpers ist die Beschmutzung der Seele», war ihrer aller Maxime. Sie lebten vor so langer Zeit, daß sie eine psychiatrische Diagnose nicht zu fürchten hatten. Dagegen versammeln sich die neueren Märtyrer zwangsläufig in Lohberg.
Zum Beispiel in unserer Therapiegemeinschaft der Sprachwissenschaftler Philip H., der Verkaufsleiter Rudi S., Karl Fuchs, August E., Alexander März und viele andere. Auch Jesus wurde beherrscht von einem mächtigen Vater (Gott) und gestattete sich kein Sexualleben. Die Psychiatrie ist die Schule der Märtyrer. Die Gefängnisse stellen die Verbrecher her, die Fabriken die Zerstörungsmittel, die Irrenhäuser die Irren.

Kofler. Rudi S. (Seifert), erfolgreicher Verkaufsleiter einer bekannten Firma, hatte sich vor Jahren von seiner Familie verabschiedet, um in München eine geschäftliche Konferenz zu leiten, zu der er jedoch nie eintraf. Nachforschungen der Familie ergaben, er hatte vor Antritt der Fahrt alles verfügbare Bargeld von seinem Konto abgehoben, ‹um Gott zu dienen und das Reich Gottes zu errichten›. Unterwegs nahm er einen Gammler mit, dem er Mantel und Schuhe schenkte. Als sein Auto stehenblieb, weil der Treibstoff verbraucht war, übergab er ihm Schlüssel und Autopapiere und ging zu Fuß weiter. Da es vor München zu schneien begonnen hatte, lief er viele Kilometer barfuß durch Schnee und Matsch. Er wurde abends mit erfrorenen Füßen in ein Krankenhaus eingeliefert. Zwei Zehen mußten amputiert werden. Er nahm Urlaub von seiner Firma, wollte aber zu seiner Familie nicht zurückkehren. Eine bescheidene Pension, in der er zunächst wohnte, gab er auf, weil sie zu gut für ihn sei und nahm Quartier in Obdachlosenasylen und Schlafsälen der Inneren Mission. Er suchte die Gesellschaft von Strichjungen, Heroinsüchtigen und jungen Prostituierten im Bahnhofsmilieu, um Gott zu dienen, nannte sie Brüder und Schwestern und pries sich glücklich, als er sein ganzes Bargeld an sie verschenkt hatte. Die Familie ließ ihn polizeilich in ein privates Nervensanatorium verbringen, er bestand aber darauf, daß er in eine staatliche Anstalt komme, weil sein Unwert und seine Sündhaftigkeit dies erforderten. Hier unternahm er mehrere Fluchtversuche und gab als Begründung an, daß er gefangengenommen und bestraft zu werden wünsche für die Sinnlosigkeit seines bisherigen Lebens. Er schlief nur auf dem Fußboden und seine Mahlzeiten bestanden aus einer widerlichen Mischung aus Milch, Lebertran und Maismehl. Als ihm seine Firma eine kleine Rente aussetzte, bestimmte er den Betrag als monatliches Taschengeld für geistesgestörte Sittlichkeitsverbrecher im festen Haus, denn dies seien seine Brüder.

Öchsel, Beobachtung. August E., ehemals Vertreter in Kunstseideprodukten aus dem Münsterland, stellte sich bei beendeter Chef-Visite hinter die Tür, um seine Finger einzuklemmen. Er hielt die blutenden Hände in die Höhe und weigerte sich, die Hände verbinden zu lassen. Glänzenden Gesichts stimmte er religiöse Gesänge an. Gelegentlich äußerte er, er bestrafe seine Hände für alle Hilfe, die sie in seinem Leben unterlassen hätten. Als die Chef-Visiten eingestellt wurden, weil sie zuviel Zeit kosteten, begnügte sich August E. damit, sich die Finger einklemmen zu lassen, wenn der Stationsarzt oder auch der Oberpfleger den Saal verließ. Es mußte aber

ein Vertreter der psychiatrischen Institution sein, der die Tür zumachte.
Im Laufe der Jahre büßte E. alle Fingernägel ein.

Der Sprachwissenschaftler Philip H., der zwölf Sprachen beherrschte, führend auf dem Gebiet der Zigeunerdialekte, schwieg dreißig Jahre, ehe er in diesem Frühjahr in Lohberg starb. Er gab nie zu erkennen, was der Grund für sein Schweigen war und alle Behandlungsmethoden, die man in den ersten Jahren angewendet hatte, blieben erfolglos. Er hinterließ eine Grammatik der Sinti-Dialekte (Gatschkane-Sinte) in der Zigeunersprache Deutschlands in seiner Einlegesohle. Die möchte ich prüfen lassen. Ich habe bisher keinen Fachmann gefunden. Auch gibt es kaum noch Zigeuner.

Kofler. Der Patient Lorenz W. aus Tittenkofen glaubte, mit dem Wort Vogelsang wolle man auf seine Onanie anspielen. Bald hielt er auch wirklich Vogelsang für eine böswillige Anspielung und suchte ihm zu entgehen. Schließlich hörte er das Wort von Stimmen in seinem Kopf und manchmal sangen die Stimmen auch einfach wie Vögel. Nach seiner Deutung hieß das, Vogelsang verfolgte ihn überall, um ihn durch Beschämung zu töten. So wurde Vogelsang zum Inbegriff seiner Verfolgung, und seine Abwehr galt dem Vogelsang. Er machte sich Klappern und Knarren, die er in Gang setzte, wo immer er sich aufhielt. Er wurde zuletzt Herr Vogelsang genannt, wodurch er das Wort oft und in großer Angst zu hören bekam.

Öchsel. Ebert hat auf C. (Unruhigenstation) Dr. Urban niedergeschlagen, als dieser im Begriff war einer lebensgefährdeten Katatonie, die medikamentös nicht zu beeinflussen war, einen Elektroschock zu geben. Ebert war, obwohl die Sälde abgeschlossen waren, auf den Flur gelangt und von dort in das Behandlungszimmer. Jeder glaubte, daß Ebert die E-Schocktherapie verhindern wollte, aber es stellte sich heraus, daß Ebert nur eingegriffen hatte, weil der Konsulvator an der Steckdose angeschlossen war, die ihm um diese Stunde verschlüsselte Nachrichten aus Rumänien zu übermitteln hatte. Über verschiedene Steckdosen war Ebert mit verschiedenen Weltgegenden verbunden und erteilte Weisungen. Er entschuldigte sich später bei Dr. Urban für den unvermeidlichen Übergriff. «Kennen Sie Anna Pauker? Ich habe Anna Pauker gekannt.» Er hatte sie aber tatsächlich gekannt. 1933 war er in die Sowjetunion emigriert, hatte dort erst in der Komintern, später in Spanien und danach in Mexiko revolutionär gearbeitet. Dabei hatte er viele internationale Kommunisten in führenden Funktionen kennengelernt, und es frappierten noch heute seine Personalkenntnisse der internationalen kommunistischen Bewegung. Ebert sprach alle Weltsprachen, verfolgte die offizielle Politik über Kurzwelle und erfuhr, was tatsächlich gespielt wurde über die Steckdosen. Durch schnelle Anweisungen rund um die Uhr hielt er die Welt im Gleichgewicht und aß, um das durchhalten zu können, täglich zwanzig Zigaretten, die er mit einer Schere halbierte, wie eine Tablette in seinen Mund warf und herunterschluckte. Jemand ließ im Labor feststellen, wie hoch die tägliche Nikotin-Dosis wäre, sie war tödlich. Da Ebert die 20 Zigaretten seit zehn Jahren aß und zu schreien begann, als man ihn in seiner Kraftnahrung beschränken wollte, ließ man alles beim alten. Genauer besehen war das die Toleranz gegenüber einem Verrückten, wo es nicht so drauf ankommt.

Kofler. Theresa S. aus Rosenheim ist seit ihrer dritten Einweisung vor zwei Jahren in Lohberg. Sie arbeitet in der Dampfwäscherei, ist dort als gewissenhafte Arbeiterin geschätzt, bei den Mitpatientinnen beliebt. Sie ist verheiratet, hat zwei Töchter von 11 und 8 Jahren, die regelmäßig am Wochenende die Mutter besuchen, gemeinsam mit dem Vater, einem Lagermeister bei der Raiffeisen-Genossenschaft. Theresa S. berichtet, beim Einkauf versuche ihr Metzger immer wieder rektalen Geschlechtsverkehr mit ihr zu haben. Er mache ihr Zeichen, versuche in ihre Nähe zu gelangen und lege immer gratis ein Schinkenstück dazu. Unauffällig zeige sein Schlachtmesser oder der Stiel seines Beils in ihre Richtung. Die anderen Kunden und auch die mitbedienende Frau des Metzgers scheinen das nicht zu bemerken. Glücklicherweise höre sie Stimmen, die ihr sagen, wie sie sich vor den Annäherungsversuchen des Metzgers schützen kann. Wenn sie das Geschäft verlasse, spüre sie in ihrem Rücken, wie er sie mit schamlosen Blicken verfolge. Befragt, warum sie nicht einfach aufgehört habe, dieses Geschäft zu besuchen, gibt sie an, daß ihr das nichts nütze, da auch die Metzger aller anderen Geschäfte, die sie aufgesucht habe, rektalen Geschlechtsverkehr mit ihr wünschten, sogar wenn sie in entfernte Vororte gefahren sei. Sie müsse doch aber Fleisch für ihren Mann und die heranwachsenden

Töchter kaufen. Die sie auch überdies vor Versuchungen zu schützen habe. Da sei schon besser sie der männliche Infiltrierapparat. Theresa S. könnte nach Hause entlassen werden, aber der Mann fürchtet das Gerede der Leute, er will im Interesse der heranwachsenden Töchter noch abwarten.

Dr. Wiesler. Im Röntgenvorraum hörte ich das Gespräch zweier schizophrener Patienten, die sich allein glaubten und sich offenbar nicht kannten. (A. März und B. Wagner)
«Wartest du hier auf den Doktor?» (März)
«Nein, ich lese hier nur die Zeitung, halte nicht viel von Doktoren. Stümper hier. Können bei mir nichts finden.» (Wagner)
«Was fehlt dir?» (März)
«Nichts, gewöhnlich gar nichts, nur daß mir in bestimmten Abständen die Nase schrumpft.» (Wagner)
«Kann ich rein äußerlich nicht sehen.» (März)
«Auch die Doktoren nicht. Ich habe das zum erstenmal bemerkt, als mich der Bezirksschulrat zur Untersuchung hier nach Lohberg begleitet hat.» (Wagner)
«Warum untersuchen?» (März)
«Angeblich, weil ich grundlos dem Unterricht ferngeblieben wäre, in Wirklichkeit hatte ich aber das Selbststudium der Kinder eingeführt, weil es sinnlos ist zu lernen, was man nicht wünscht und auch für sich nicht braucht, Humbug. Das hatte ich den Eltern mitgeteilt und auch im Gemeindeblatt bekanntgemacht. Da konnte ich also im Zug nur lächeln. Wie ich mir aber die Nase schneuzen will, bemerke ich unter dem Taschentuch, daß meine Nase deutlich geschrumpft ist.» (Wagner)
«Schöne Überraschung.» (März)
«Ich war so erschrocken, daß ich das Taschentuch auf der Nase behielt und ein Nasenbluten vorgetäuscht habe. Wie der Zug aber hielt, rief der begleitende Pfleger ‹aber sie blutet ja gar nicht mehr›, da war die Schrumpfung vorüber. Tritt jedesmal wieder auf, wenn ich mich schneuzen will, millimeterweise. Der Professor hat bei der Vorstellung meine Nase angefaßt, im Knorpel bewegt und zu dem Oberarzt gesagt, ‹das sehen Sie so schnell nicht wieder›. Jetzt wird das natürlich geleugnet, um mich für geisteskrank erklären zu können, auf Verlangen der Schulbehörde. Klarer Fall.» (Wagner)
«Nasenschrumpfung kann man, ich finde, hinnehmen.» (März)

Kofler. Ein Fall von Askese.
Von einer Kollegin gebeten besprachen wir gemeinsam das Verhalten von Maria S., 38 Jahre alt, seit acht Jahren in Lohberg, die nicht mehr aß und schon 40 Pfund Gewicht verloren hatte. Wir erklärten ihr, warum sie auf eine akute Station verlegt werden müsse, wenn sie nicht wieder esse. Sie hörte die medizinischen Argumente, und schien sie auch zu billigen. Sie bat dennoch, nicht verlegt zu werden, wollte aber auch nicht essen. Nach den Gründen befragt, vermochte sie keine anzugeben, schüttelte still den Kopf.
Tatsächlich ist die Patientin, der künstlichen Ernährung und der Infusionen ungeachtet, denen sie sich zehn Wochen lang willig unterzog, in einem urämischen Koma gestorben, ohne daß jemand erfahren hätte, warum sie nicht mehr aß.

Öchsel. Hans N. G. (Galinski) gehörte zu den Patienten, die Kofler mit langzeitlichen Urlauben auf eine Entlassung vorbereiten wollte. Eine verwitwete Tochter hatte sich bereit erklärt, Hans bei sich aufzunehmen (er sollte in ihrem Gemüsegeschäft helfen). Ohne Angabe von Gründen hatte sich Hans der Obhut der Tochter jedoch nach kurzer Zeit entzogen, nannte sich Niemand, und war in der Bundesrepublik umhergestreift. Besonders angezogen war Hans von den Bahnhöfen der Großstädte und er versah sie mit rätselhaften Inschriften:
Niemand will Bundeskanzler werden. Geht das? – Vorzüglich, sagt Pastor Schmidt.
Weltbürger und Frau erspart. Meister versorgt selbst die Kinder.
Abschwirrender Kopfenthaupter sucht Geschlechtsverkehr.
Die Seele ist eine wahrnehmende Ausdünstung. Hans Niemand von Galen.
Hans trinkt gerne Bier und liebt dich.
Es lebe die 7. Flotte!
Er schrieb dergleichen an Lokomotiven, Güterwagen, Bahnunterführungen, wurde dabei nie ertappt, schließlich aber wegen Landstreicherei aufgegriffen und wegen Bettelns bestraft. Im Gefängnis beschrieb er wiederum alle Wände. Als die Ermahnungen und Drohungen der Wachtmeister nichts fruchteten, wurde er in eine Arrestzelle gesperrt, die stark zu überheizen war, schließlich gänzlich verwirrt in Lohberg eingeliefert. Hans kam als ein kindischer, zerfahrener alter Mann zurück, der meist auf dem Boden herumlag und

alles bemalte: Mit Ziegel, Filzstift, Kreide, Kohle wurde jede freie Stelle augenblicklich beschmiert und beschrieben. Dreimaster, Frauenfiguren, Kritzeleien. Dabei murmelte er: «Kolossales Können, kolossale Begabung!» Die Pfleger weigerten sich, die Wände immer wieder weißeln zu lassen, die Hans bekritzelt hatte. Sie verlangten, daß Hans seine Medikamente nähme, oder daß sie ihm gespritzt würden. Wir boten Hans Papier in genügender Menge an, es schien ihm aber gerade auf die Wände anzukommen. «Seestücke, Seedramen, Seeungeheuer», «Kolossal viel zu tun». Wir waren ratlos. Da machte Karl Fuchs auf einer Stationsversammlung den Vorschlag, die Tätigkeit von Hans einfach als Arbeitstherapie anzuerkennen und nach Kategorie 1 zu bezahlen. Hans sollte zuerst den Keller für das Abteilungsfest ausmalen, danach den eintönigen grauen Saal, wo die Musik-Entspannungstherapie abgehalten werde. Merkwürdigerweise ging Hans auf diesen Vorschlag ein. Er arbeitete einen Monat fast ausschließlich in den Kellerräumen, ging sogar auf Wünsche ein, die Patienten hinsichtlich der Ausstattung für das Tanzfest äußerten. Er aß wieder regelmäßig, er schlief, es wurden Gespräche mit ihm möglich. Seine Produktion wurde gleichzeitig langweiliger, bald stellte er sie ein.

«Das Abklingen eines psychotischen Schubes wird gern für Therapie gehalten», sagte Feuerstein oft bei Vorstellungen gebesserter Patienten.

Öchsel, Beobachtungen. Karl Fuchs sollte von seinem Sohn besucht werden, den er 31 Jahre nicht gesehen hatte. Der Entschluß des Sohnes war in einer eigenen Lebenskrise (Scheidung, Trennung von den Kindern, neue Heirat) gefaßt worden, er machte seiner Mutter und auch sich schwere Vorwürfe, den Vater so schmählich im Stich gelassen zu haben. Karl Fuchs freute sich unbändig, der bedächtige Mann erzählte tagelang von seinem Sohn, der ihn am kommenden Sonntag besuche. Karl Fuchs hatte gewünscht, daß auch seine Freunde Alexander März und Albert Zenger seinen Sohn sehen sollten, so saßen die drei erwartungsvoll in ihren guten Anzügen in dem spiegelblank gebohnerten Besucherzimmer. Sie waren lange vor der Zeit da, rauchten Zigarren und genossen die Situation. Karl Fuchs zeigte ihnen noch einmal ein Foto des damals fünfjährigen Sohnes, das März artig kommentierte: «Das musikalische Ohr von Karl.»

Der Sohn, Geschäftsführer einer Baustoffirma, wurde von seiner Frau begleitet, die einen großen Blumenstrauß trug. Als ich den Besuch hereinbrachte, waren die drei feierlich aufgestanden und blickten auf den Besuch, der in der Nähe der Tür blieb, Tränen in den Augen. Nach einem langen Schweigen sagte Karl: «Wer sind jetzt Sie?» Er schaute an den beiden vorbei zur Tür, ob nicht noch wer durch die Tür komme. Der Sohn rührte sich nicht von der Stelle und schwieg.
«Sie haben sich auf Ihren Sohn doch tagelang gefreut, Herr Fuchs.»
«Der Herr ist nicht mein Sohn. Mein Sohn, der ist ganz klein, er ist kein Mann.»
«Das ist jetzt dreißig Jahre her, daß ich dich nicht gesehen habe, Papa. Und das ist deine zweite Schwiegertochter.»
Die imposante junge Frau ging zu ihm hin, überreichte den Blumenstrauß und nannte ihren Namen «Cilly!».
«Mein Sohn, der ist ganz klein, mein Sohn, der ist kein Mann, meine Dame», sagte Karl Fuchs und gab den Blumenstrauß an März weiter. In dem neuen Schweigen betrachtete Fuchs abwechselnd den fremden Mann und die fremde Frau. Da machte März einen Vorschlag: «Vielleicht wäre es möglich, wenn Sie gestatten, daß Sie ein anderer Verwandter sind? – Vielleicht wäre das Karl angenehmer. – Was meinst du, Karl?» Fuchs las, in Nachdenken versunken, in diesen fremden Gesichtern. «Der Herr erinnert mich an wen. – Der Herr erinnert mich an einen gewissen Cousin der Kinderzeit, der jedoch nicht Jakob hieß. Mein kleiner Sohn heißt Jakob, meine Dame.»

Ohne die persönliche Beziehung zu seinem Sohn jemals genau zu definieren, ließ sich Fuchs in den kommenden Monaten von ihm mehrmals abholen und in die natürlich völlig veränderte Umgebung vor seiner Erkrankung bringen. Der Sohn, der alle Schuld am Schicksal des Vaters der Mutter gab, ging so weit, daß er den alten Mann wie ein Möbelstück in der Wohnung der Mutter abstellte. Von niemandem beachtet las er dort Zeitung oder hörte Radio, bis er wieder abgeholt wurde. Dann schlief der Kontakt wieder ein.

Kofler. Eine neue Beschwerde über März, er habe in der Halle des gläsernen Pförtnerhauses gesessen und geschrieben, vor sich ein Schild:

«Eine Büchersammlung ...

... ist der Gegenwert eines großen Kapitals, das geräuschlos unberechenbar Zinsen spendet.»

Dieses Goethe-Wort könnte beinahe auch für Pfandbriefe gelten, allein: dafür bedarf es keines *großen* Kapitals, und die Zinsen sind berechenbar.

Pfandbrief und Kommunalobligation

Meistgekaufte deutsche Wertpapiere - hoher Zinsertrag - bei allen Banken und Sparkassen

Verbriefte Sicherheit

Ich bin der verrückte März
und dichte für die Anstalt
was sie von mir verlangt.
Er habe bei einem Stadturlaub im Schaufenster eines Teppichgeschäfts einen Neger arbeiten sehen, über sich das Schild: ‹Ich bin Herr Kavulai / und schnitze nach Ihren Entwürfen aus Mahagony›. Das habe ihn inspiriert, klappern gehöre zum Handwerk, rechtfertigt er sich.

Kofler, Notizen. Wenn wir es darauf anlegen, könnten wir innerhalb eines Jahres mutmaßlich zwei Drittel sogar der chronischen Psychosen aus Lohberg entlassen. Aber es ist sinnlos, denn sie wären innerhalb eines Jahres alle wieder hier. Mit dem Etikett «Verrückt» kämen sie in das soziale und familiäre Umfeld zurück, das an ihrem Zusammenbruch mitgewirkt hat, und wir haben ärztlich kein Mittel das zu ändern. Die Notwendigkeit, mit der Behandlung des Kranken eine Behandlung des krankmachenden Umfeldes zu versuchen, ist unter unseren Bedingungen eine Illusion.

Hat März eine Philosophie?

Äußerungen die darauf hindeuten:

Der Winter
Der Winter hat vielerlei Ansichten.
Im Winter liebe ich ein Ordnungsgefühl.

Der Mensch magert ab und wird kleiner, schönstens gedeiht seine Vergeßlichkeit.

Ich lebte geräuschlos dahin.

Ein Tag hat manchmal über zweihundert Tage.

Ich bin ein Sklave (des medizinischen Mittelalters), also trage ich kurzes Haar.

Gewiß doch, man arbeitet nicht für sich noch für seine Kinder, sondern für die Unsterblichkeit des Systems. Unsere Gotteshäuser das sind die Fabriken und Büros.

Ich gehöre nicht zu euch, ich habe niemals zu euch gehört, und ich will niemals zu euch gehören, denn ich habe euch kennengelernt. Abgerichtete Objekte und Tubenwurstesser.

März, Alexander verzichtete auf das Sprechen, weil es für ihn nicht mehr nötig war.

Wenn ich einen Fisch esse
Karpfen besonders
denke ich meistens bewundernd
dieser sprach nie
dieser genüßliche Mund
suchte den Schlamm ab und schwieg

März, Aufsätze. Warum man vor mir Angst hat?
Warum man vor mir Angst hat, das weiß ich nicht, es ist wahrscheinlich, weil ich Angst habe. So gibt es den Präventiv-Mord auf Gegenseitigkeit.

Was ist normal?
Ein normaler Mensch tut lebenslang nicht was er will. So stark genießt er die Pflicht. Je besser es ihm gelingt, nicht er selber zu sein, desto mehr bekommt er. Mit 65 wird der normale Mensch pensioniert (auf Antrag mit 63). Jetzt hat er Zeit für sich, doch hat er sich leider vergessen.

Ich empfinde die Welterstarrung. Knochen und Kehle versteinert.

Der Schizo ist der Feind.

März, Niederschrift. Es ist für einen Normalen vielleicht normal, daß in vierzig Jahren normale Menschen vielleicht 100 Millionen normale Menschen umgebracht haben. Gestern im Fernsehen sah ich das Bild eines schwer Atem schöpfenden Mannes, der in Pnom Pen verwundet auf der Straße lag. Wie die Kamera über ihn ging, sah ich, daß seine untere Hälfte vom Gürtel abwärts fehlte. Ins Bild kam eine andere Filmkamera. Normal ist, was alle tun.

März, Exploration.
«Wer ist gesund, Herr März?»
«Ein Gesunder ist ein Mensch, dem es gelingt, nicht nach Lohberg zu kommen.»
«So sind Sie also nicht gesund?»
«Ich kam in die Anstalt, weil ich im Begriff war, gesund zu werden.»
«Ist man als Arzt in Lohberg gesund?» fragte Kofler.
«Nein.»
«Was fehlt mir?»
«Sie, Herr Doktor, sind mit der Medizin geschlagen und wollen es manchmal nicht glauben.»

An der Pforte der psychoanalytischen Internationale möchte ich
Ödipus in die Luft sprengen.
(Äußerung Alexanders nach dem kurzen Versuch einer Psychoanalyse bei Fräulein von Soden.)

März, Aufsätze. Was ist Philosophie?
Die Empfindung der Wärme auf der Haut, das Rauschen des Regens in einem Baum, der Geruch der gemähten Wiese ist wichtiger als Philosophie. Vielleicht geht etwas eher, wenn es von außen nach innen geht und nicht so systematisch.

Ist von mehreren einer vom Kurs abgekommen, können dies leicht auch die anderen sein.

Die Zeit des Reifens.
Mit Liebe und sehr viel Geduld erzielt die gute Familie die Anpassung des Babies an die Vorstellungen von Mama und Papa. (Erziehung) Mama und Papa wissen wie ein Baby sein soll, sie machen ihre Familienlaufbahn durch das Baby. Das Baby drückt Papa und Mama aus. Das Kind ist ihr schönster Besitz, den sie gut hegen und pflegen. Was an ihm schadhaft ist, lassen sie reparieren (Operation) oder lackieren, daß man die Stellen nicht sieht. Der Kindergarten (wo ich nur kurz als ungültiger Versuch war) alsdann hat die Aufgabe, die doch verschiedenartigen Abrichtungen der Kleinkinder aufeinander abzustimmen, was allerlei Trotz hervorruft, denn Kindergärtnerinnen sind nicht so in der Übermacht. So ist es endlich die Schule, die alle Kinder davon überzeugt, zu denken wie die Schule will, daß alle Kinder denken wollen. Die Schule ist Mama und Papa in Überlebensgröße. (Beutel und Stock) Sie sind so groß und stark elastisch, daß jeder aus Angst sie liebt. Die Anpassung ist jetzt eine freudige. So ist man reif für das Leben, zuerst als Lehrling, bald sicher als Mama und Papa.

Der Vater
Der Vater ist das oberste Mitglied der Familie,
der Täglichbrotversorger.
Weiland geht er in die Fabrik arbeiten.
Von dem Geld kann die Mutter
einkaufen gehen. Der Sohn wartet zu Hause

bis der Kauf gelungen
ist. Der Vater war früher der Sohn.
Als er eingerückt und die Erlebnisse fürs Kind
gemacht hatte, war er ziemlich fertig.
Dann spielte er Fußball beim FC Wacker 05.
Und knapp darauf kam ich.

März, Aufsätze. «Ist-sie-nicht-süß» hatte das glückliche Naturell, alles was man von ihr verlangte zu machen, ohne Scham und ohne daß ihre Person daran beteiligt war. Sie verstand die Schwierigkeit zu gehorchen überhaupt nicht, denn nicht sie gehorchte, sondern eine dritte, die sie kalt ließ. Das ist, wie ich heute verstehe, der Weg glücklich zu sein.

Geschäfte.
März durfte, erinnert er sich, nie lange auf dem Klo sitzen, nie diese Ruhe genießen. Verfolgte das endlose Muster des braun-schwarzen Ölanstrichs und hätte still einschlafen mögen, aber es machte der Vater im Kleinhirn Blitzlichtaufnahmen von meinem großen Geschäft. Wer war der Geschäftspartner? Stieß ich einen schönen Posten Ware ab? Oder einen faulen? War großes Geschäft ein faules? War ich vielleicht der Esel-streck-dich der Familie? Prüfte ich meine Ware, schrie jeder, nein, dieses Schwein. So lernte März die Sauberkeit, Abscheu vor Scheiße und Pisse, vor großem und kleinem Geschäft. So wurde März kein Geschäftsmann.

März, Aufsätze (selbstgewähltes Thema).
Anleitung zur erfolgreichen Erniedrigung oder Die Kunst einen andern verrückt zu machen.
Wenn die Mutter sagt, daß sie dem Jungen eine Mütze schenkt, um ihn schön zu machen, dieser aber weiß, die Mütze soll nur diese grauenvolle Hasenscharte verbergen, so verwirrt ihn das und seine Gefühle zu ihr.
Wenn der Vater geduldig und gütig das Sprechen mit diesem Jungen übt, so täuscht er ihm vor, der Sprachfehler sei mangelnder Fleiß und verwirrt ihn. (Zu wenig geübt, daher Hasenscharte!)
Wenn er am Abend gerufen wird, Gäste zu begrüßen, dabei aber nicht sprechen soll, ist das eine verrückt machende Aufgabe, für jeden daran Beteiligten in jeder Hinsicht verlogen. Jeder verachtet

jeden, daß ihm diese Komödie zugemutet wird. Doch kann das Kind nicht lachen. Auch Hassen ist ihm nicht erlaubt.
Wenn einer ein Tagebuch führen muß, worin er über jede Viertelstunde Rechenschaft ablegen muß, kann er nur Tagebuch führen, aber nicht auch noch leben. Als der Sohn mehrfach die Eintragung machte «Soundsoviel Uhr Tagebuchführen», fragte die väterliche Kontrollinstanz: «Heißt Selbstbefleckung neuerdings Tagebuchführen?» So wurde es sein Verständnis, in den Lücken zwischen den Wörtern versteckt sich die Wirklichkeit.
Ein Kind ist ja so leicht verrückt zu machen. Kaum hat es sehr mühselig zu sich gefunden, wird ihm das Sich schon abhanden gebracht. Was wir Gehirnwäsche nennen, das ist die gewöhnliche Erziehung.

Sie haben die Zischlaute
aus dem Alphabet geklopft,
jetzt bauen die Barrikaden.

März, Aufsätze. Was ist Abrahamismus? Zu meinem Schrecken bemerkte ich eines frühen Tages, daß der Mensch nicht nur diesen einen Vater hat, mit dem so schwer auszukommen ist, sondern daß fast die ganze Welt aus offiziellen Vätern besteht. Jeder Chef oder Vorgesetzte spielt sich als Vater auf, nutzt die Ängste und Demütigungen aus, die man von diesem erfahren hat: «Was dir beschwerlich scheint, geschieht zu deinem Besten. Du wirst deinen Vater nicht übersteigen, du wirst ihn ehren, lieben, bedienen, jedenfalls wirst du ihm aber gehorchen. Und später wirst du ihn verstehn.»
Das macht der Lehrer so und der Meister, der Pfarrer, der Untersuchungsrichter und der Kompaniechef. Und schließlich der liebe Doktor Kofler hier in Lohberg, der Oberpfleger und der Professor Feuerstein. Jeder appliziert sich auf den Vater, der das Beste will und den man deshalb nie ganz hassen darf. Das Beste für den Vater allerdings ist, den Sohn zu töten, siehe Abraham und siehe Jesus. Erst der mit seiner Tötung einverstandene Sohn kann im Vater auferstehn. Er ist dann so wie er. Das wollte ich nie sein. Ich hatte nicht die Begabung eines Champions im Herunterschlucken. Ich war kein starker Nehmer.

Zeitwahrnehmung im Finstern. Manchmal sitze ich gern im Finstern, z. B. im Kohlenkeller, und lasse die Zeit vergehen. Im Finstern vergeht sie sehr langsam wie auf der Zunge ein Geschmack, viel langsamer als im Hellen. Der Leerlauf im Finstern ist deshalb angenehmer, müßiger. Den Tod folglich stelle ich mir vor gänzlich schwarz, weil gar keine Zeit vergeht oder auch weiß, da sie auf einmal vergangen ist. Der Tod ist ein Schwarzverbraucher.

Freund Hein. Der Tod, wissenschaftlich betrachtet, ist die gestalt- und zeitlose Daseinsmasse, der nur schwer und sehr kurz zu entrinnen ist. (Leben) Kehrt man zu ihr zurück ist man der wundervoll stille vierwertige Kohlenstoff, verwandelt sich M (März) in C, doch ist man natürlich nicht sicher, daß C nicht was Neues einfädelt. (Kohlenwasserstoffketten)

Ein Tag in der Fremde. Von allen Stätten des modernen Lebens liebe ich am meisten die Flugplätze. Gestern, als uns ein Wochenendurlaub genehmigt wurde, mir und Albert, verbrachten wir ihn auf dem schönen Flugplatz. Wir fuhren zu ihm hin in Omnibus, S-Bahn und U-Bahn. Leider im Omnibus mußten wir 80 Pfennig bezahlen. Wir gingen sogleich in die Halle und mischten uns unter die Flugreisenden, nahmen in Sesseln Platz und studierten die Abfahrtzeiten der Flugzeuge in nahe und ferne Länder. Lauschten den Aufrufen in Englisch, Französisch und Deutsch. Dann sahen wir ein paar Flugzeuge abfliegen und fuhren zurück nach Lohberg.

Ein andermal auf dem Flugplatz (Domestic flights) sah ich in einem glänzenden Warteraum Menschen in neuer Erscheinung. Auf ihren Zwillingsgesichtern, die auf das Flugfeld hinaussahen, lag eine blaßblaue Schicht, die Brillen blaßblau erleuchtet, die Hände in Pfötchenhaltung. Sie schienen alle das gleiche Ziel zu haben, und ihre schwarzen Aktenköfferchen waren die gleichen. In vollkommener Ruhe ging etwas Strahlendes von ihrer Erscheinungsform aus, etwas Religiöses in Tablettenform, geruchlos und ohne Rückstände. Als einer von ihnen zum Klo ging, versuchte ich ihn anzufassen, da sah er durch mich durch und durch. Astralverwesung bei Übergewicht.

Die Geschäftsleute verkörpern das Asketentum unserer Zeit, sagte Alexander, die nervösen Hausfrauen sind die entsprechenden Märtyrerinnen.

Verkehrte Welt. Die Fabrik raubte März Gesicht, Gehör, Geruch, Luft, Zeit und Phantasie. Vor allem aber raubte sie März März, jedenfalls die Reste von dessen Hundemahlzeit der Jugend. Es waren nicht die Werkzeuge, die März anwendete, sondern die Werkzeuge wendeten März an. Nicht März gab den Maschinen Arbeit, sondern die Maschinen März. Nicht März ging zwischen den Maschinen spazieren, sondern die Maschinen schickten ihn auf den Strich, sie zu befriedigen an Knöpfen und Hebeln. Wenn März nicht spurte, versammelten sich vor seinem Arbeitsplatz drohend die Werkstücke und zeigten ihn an als Ausschuß. Das war die verkehrte Welt. Da ihn die Maschine z. B. auch nachts anwenden wollte, war er gezwungen zur Nachtschicht.

Ziel technischer Wissenschaft ist der Roboter, der künstliche Maschinenmensch. Fieberhaft noch wird an ihm gearbeitet. Dabei ist schon entstanden der menschliche Maschinenmensch der produktionsmäßig billiger kommt und noch, wenn er Bier kriegt, auch singt.

März, Niederschriften. Empfinde manchmal im Frühjahr, fremder vielleicht noch als ich sind sich die andern. Ich bin mir manchmal nicht fremd, kenne mich aus in der Fremde, in Kuckucksruf und Getier, sehe geschlossenen Auges manchmal das Veilchental.

Hanna und Alexander

«Ob eine psychotische Liebe wirklich möglich ist, wage ich zu bezweifeln. Jedenfalls verläuft sie ganz anders.» (Feuerstein)

März, Notizen Taschenkalender.
Küchenflur, alte Essensausgabe, die hellen Augen meiner Mutter wollen auf sich aufmerksam machen, hellgrell, erschreckt bei Entdeckung. (Datum)

Hanna (!) Grätz, F 6. Fragte einfach den Pförtner, sie sei Verwandtschaft von mir, Freigängerin, ständige Küchenhilfe. (Datum)

Stehe vollständig verdeckt an Essensausgabe, Küchenflur, doch kennt sie mich augenblicks, läuft in die Küche um Hilfe, erscheint Krokodil, jagt mich weg. (Datum)

Gelingt mir zu telefonieren, verlange ganz cool Hanna Grätz, höre die Stimme meiner Mutter, eine Frequenz höher gestellt, melde mich «hier Alexander», hängt sie den Augenblick ein. (Datum)

Geht an mir vorbei, als würde sie mich nicht erkennen, blickt aber im Gang, wie ich ihr langsam folge, ängstlich zurück von ihrem Essenswagen, streicht eine Strähne des Haars wie meine Mutter zurück. (Sehr ähnliche Frisur)

Küchenaufsicht. Stand wochenlang jeden Mittag im Flur vor der Küche, die Hand vorm Gesicht und blinzte, starrte die Mädchen an mit den Essenswagen, die Mädchen hatten schon Angst. Mußte ich raus: «Weg! Mach weg hier! Was willst du?» Macht er schweinische Zeichen, schlendert den Gang wie ein Dandy.

Das Lieben.
Das Lieben ist schön.
Schöner als das Singen.
Das Lieben hat zwei Personen.
Das ist beim Lieben der Kummer.

Mit Albert am Sonntag vorbei an F 6 und sehen Hanna im Garten. Albert sagt, schönes Mädchen, sieht ihr bewundernd nach. Albert schlägt vor, sie, wenn ich bezahle, zu einem Kaffee einzuladen, ich wage das aber nicht. (Albert hat Glück bei den Frauen)

Mache Dr. K. Andeutungen über H. als Muttererscheinung. Will er davon nichts wissen. Auch Fuchs und Albert nicht. Öchsel sagt, auch ihm sei in seinen Freundinnen immer die Mutter erschienen, was heißen soll Hanna = Liebe. (Datum)

Vormittags den Gärtnern entwischt, pflücke ich in Beeten versteckt riesigen Rosenstrauch (2. Schnitt), kaufe Parfüm und Pralinen (Mon Chérie), lege das einfach still auf ihren Essenswagen, wie sie vorüberfährt. Sie sieht mich an und errötet (!) Es bringt eine Mutter nicht fertig, ihren leibeigenen Sohn durch Liebe ans Messer zu liefern. (Datum)

Das Haus
Das Haus sollte Fenster haben
und auch viele Türen haben
sollte es.
Darin zu zweit
zuweilen
wäre sehr schön.

Ihr Lieben!
Sehr demütig und gehorsamst bitte ich alle mir zu verzeihen für mangelnde Aufmerksamkeit und Liebe und bitte, mir keine Schwierigkeiten in den Weg zu legen hinsichtlich Erbkrankheit und Einflußversuche einzustellen.
Euer sich stets bemühender Sohn Alexander
P. S. War mal am Grab der Mutter und legte Rosen nieder.

Kofler. Beschwerden über März, der gereizt sei und oft die Arbeit schwänze. Verkriecht sich, verlangt, daß in der Teestube, die von den Patienten selbständig geführt wird, die Musik seinetwegen abgestellt werde. Im Kiosk habe er die Verkäuferin beschimpft, weil sie nicht anschreiben wollte. (Filme, die er für eine Reportage brauche.) Wird in einem Brachfeld außerhalb des Geländes gesehen, wo er im Sturm herumläuft und laut mit sich spricht. Was ihm fehle? Das Herz tue ihm weh, Gedanken ließen ihn nicht zur Ruhe kommen, er werde gezwungen sich zu bewegen.

Lieber Kirchenfürst!
Laienbruder und Märtyrer Alexander bittet ergebenst um Sondergenehmigung zu außerehelichem Geschlechtsverkehr zweimal wöchentlich oder Nottrauung.
Dein Bruder Alexander.

Öchsel. Eine junge Patientin bat mich, März ein Päckchen zu geben, aber nicht zu sagen von wem. «Es ist für Sie hier etwas abgegeben worden, Herr März!» Auf seinem Bett sitzend prüfte er das kleine Päckchen ungläubig, Papier, Verschnürung, Geruch, öffnete es langsam und genießerisch in Gegenwart von Fuchs und Albert, die ihm zurückhaltend beim Auspacken zuschauten. Geschenkpapiere, Papierspitzen, in einem bemalten Schächtelchen fünf Zigaretten in Goldpapier, dazu ein roter Taschenspiegel mit Taschenkamm. März zündete sich lässig eine der Zigaretten an, betrachtete sich im Taschenspiegel.

Die Resenrose
im Herbst auch blüht

Ein Gespräch zwischen Hanna und Alexander auf einem Spaziergang entlang den Teichen im Herbst:
«Das erste Mal, wie ich Sie gesehen habe, da dachte ich überhaupt nicht an Patientin, da hielt ich Sie für eine Ausländerin.»
«O je.»
«Südsee.»
«Wieso?»
«Sanft und still.»
«Oje, oje, oje. Wie ich hier rein kam, war ich so, daß sie mich nackt in eine leere Zelle gesperrt haben. Geschrien bis die Stimme weg war, gemuht wie eine Kuh. Die Suppe an die Wand geschmissen, die Matratze zerrissen und mit meinen Fäkalien an die Wand geschrieben ‹Lüge›!»
– «Was war Lüge?»
«Alles. Die hatten mich so verrückt gemacht, daß ich glaubte, ich hätte eine Ratte zur Welt gebracht. Es hämmerte in meinem Kopf und Leute riefen Hure, Schlampe, Saustück. Nachts lagen Kerle über mir und machten mit mir Schweinereien. Das zeigten sie im Fernsehen, und ich wußte nicht mehr, wer ich war. Manchmal die Jungfrau Maria und manchmal die Frau von Elvis Presley.»
«Das kenne ich.»
«Was?»
«Manchmal ist Ich sehr schwer.»
«Ich wußte nicht mehr oben oder unten, Vater oder Mutter, Vater sowieso nicht, der Vater war der Onkel auf einmal und die Tante die Mutter. Weil ich unehelich war, und meine Mutter lebte mit mir in der Familie ihrer älteren Schwester. Ich sagte Mama zu der Tante und Papa zu dem Onkel, und meine Mutter das war Tante Ruti.»
– «Wie kriegten Sie zu hören, wie es richtig war?»
«Da war ich achtzehn. Ich lag auf dem Sofa im Wohnzimmer und Mama und Tante Ruti versuchten, mir Seifenwasser in den Uterus zu pumpen, weil ich schwanger war. Da hörte ich, die Tante Ruti

war die Mama und irgendein komischer Onkel, der anderswo eine Familie hatte und manchmal zum Ficken kam, der sollte plötzlich mein Papa sein. Mit meiner Familie hatte ich nichts zu tun, mein Bruder war ein Cousin und Papa ein angeheirateter Onkel, der es gern gehabt hatte, wenn ich ihm ein bißchen an der Hose rumfummelte. – Sie jammerten, daß ich derselbe Feger wie meine Mutter wäre, die gleiche Schlampe, daß dies nun der Dank sei und so weiter, und so weiter. Im 4. Monat hatte ich eine Fehlgeburt, und anderthalb Monate später brachten sie mich dann her.»
– «Da hätte ich auch Lüge geschrieben.»
«Je mehr ich tobte, für um so verrückter hielten sie mich natürlich, um so gefährlicher. Ich blieb immer geschlossen. Wenn ich mal in den Garten kam der geschlossenen Abteilung, wurde ich an die Bank angeschlossen – Ja.»
«Was ich manchmal überlege, was vielleicht richtig wäre, gelegentlich eine Reise. Ich lese gerne Reisebeschreibungen.»
– «Was mir geholfen hat, das war ein Medikament, das ich mir selbst ausgedacht habe. – Es besteht aus Lilienöl, in Verbindung mit Milchzucker und Gold.»
«Das ist ein sehr schönes Medikament. Auch ein sehr passendes. Vielleicht sollte noch Zimt dazu?»
«Wunderbar. Ich habe als Kind immer sehr gern Apfelreis mit Zimt gegessen. Allerdings durfte ich auch Apfelreis nie mit der linken Hand essen. Ich bin Linkshänderin.»
«Sie auch?»
«Sie auch?»
«Nein.»
«Weil Sie auch sagten.»
«Ich wollte wahrscheinlich sagen, das gefällt mir an Ihnen. Es ist etwas –»
«Was?»
«Ich hatte hier etwas, unter dem Bart, sehen Sie, als Kind hatte ich eine Hasenscharte.»
«Hätte ich nie bemerkt.» Sie betrachtet die Stelle genau und zart. «Nie.»
«Das Grüne scheint und die Sonne drauf. Ist eigentlich eine gute Therapie.»

Mystifizierungen.
Hanna erzählte Alexander: Wie ich vielleicht fünf Jahre war, hatte ich mir eine Perle in die Nase gesteckt, die ich nicht wieder herausbrachte, und wie sie an mir herumpolkten, fing die Nase schrecklich an zu bluten und ich schrie. Ich sollte mich schneuzen, konnte es aber nicht, sondern zog das Blut nur immer wieder hoch, und Mama sagte, daß mir die Perle noch ins Gehirn käme und ich schrie. Sie holten Papa zu Hilfe und Papa holte einen Sanitäter, der sich die Nase besah und nichts finden konnte. Er sagte, daß es keine Perle in der Nase gäbe, daß ich mir das nur eingebildet habe. Alle waren sehr erleichtert und glaubten dem Sanitäter, ich aber hatte Schmerzen und gab keine Ruhe. So holten sie in der Nacht einen Arzt. Der steckte mir einen Trichter in die Nase, leuchtete hinein und konnte wie der Sanitäter nichts von einer Perle finden. Ich aber schrie. Da holte der Arzt ein langes blitzendes Instrument heraus und sagte: Ich kann nichts finden, aber wenn du sagst, daß eine Perle drinsteckt, werden wir die mit dem hier herausholen. Ich war so entsetzt, daß ich beichtete, die Sache mit der Perle erfunden zu haben. Alle waren gerührt und belohnten mich mit Schokolade. Ich wußte aber genau, daß in meiner Nase tatsächlich eine Perle steckte. Und wußte das zwanzig Jahre.

Alexander erzählte Hanna: An einem heißen Sommertag auf dem Heimweg von der Schule hängte ich mich mit dem Fahrrad an einen langsam fahrenden Lastwagen. Ein entgegenkommender Kutscher drohte mir mit der Peitsche, und ich kam auf dem heißen Asphalt zu Fall. Die Haut war aufgeschunden, und die guten Kleider waren voll Teer. Aus Angst vor Strafe sagte ich meinem Vater, ein Bierkutscher habe mit der Peitsche nach mir geschlagen, weil ich ziemlich in der Mitte der Straße gefahren sei. Der empörte Vater, Polizeiorgan, fand den Kutscher heraus und erstattete auf dessen Ausreden Anzeige wegen Körperverletzung.
Termin vor dem Amtsgericht: Dort sagte ich leise die Wahrheit. Wie ein Verbrecher am Ende die Wahrheit sagt. Da führte der Vater mich ab. (Eine mißglückte Mystifizierung)

Kofler. Einen Vorgang vertuschen, verdunkeln, verschleiern, das Mystifizieren und Mystifiziertwerden, das im Leben der Patienten eine so große Rolle spielt, das ist die gewöhnliche Aufgabe der meisten bewußtseinsbildenden Einrichtungen. Wenn unser wirtschaftliches System gut funktionieren soll, darf niemand durchschauen, welches z. B. die tatsächlichen Aufgaben des Staates sind. Den Arbeitern und Angestellten muß bewiesen werden, daß sie niemals selbst eine Fabrik leiten oder zur Arbeit bringen könnten, obwohl sie das offensichtlich tun.

Hanna erzählte März: Für ein Schülerfest wurde uns Mädchen, elf oder zwölf Jahre, die Aufgabe gestellt, nach eigenem Rezept Kuchen zu backen, den die Jungen dann prämieren sollten. Das fand ich ziemlich blöde, denn wieso sollten wir Mädchen dafür prämiert werden, wenn wir den Jungen einen Wohlgeschmack in ihrem Mund erzeugten, und sie waren dann noch unsere Richter. Ich hatte Lust in den Teig zu pieseln oder irgendeinen Dreck hineinzurühren, hatte aber dann nicht den Mut und kaufte einen Bäckerkuchen, mit dem ich den ersten Preis gewann und wurde gefeiert. Blöderweise sagte ich das einem Jungen, der sich für mich interessierte, und der sagte es weiter, so daß ich von der ganzen Klasse beschimpft wurde, und der Lehrer sagte, der Vorfall sei Ausdruck meines betrügerischen Charakters und schrieb das meinen Eltern. Ich suchte tatsächlich nach weiteren Zeichen meines schlechten Charakters, statt dem Jungen eine runterzuhauen.

Alexander erzählte darauf: Was vielleicht ähnlich ist, ich hatte mehrmals ein großes Verlangen, in das Weihwasserbecken am Kircheneingang zu pinkeln, damit sich die Heuchler mit meiner Pisse bekreuzigten, aber ich tat es niemals. Eines Tages beichtete ich das aber dem Pfarrer fälschlich, um ihm mit Missetaten zu imponieren und aus dem Gedanken, daß ihn das Beichtgeheimnis hindere, darüber zu sprechen. Er berichtete in der Klasse einen Fall von Gottesschändung, ohne den Namen zu nennen, doch so, daß jeder mich kannte.

«Als Kind war mir immer, die anderen hätten Geheimnisse, die ich nicht erraten konnte.»

Alexander sieht gern das Wasser fließen. An einem Sonntagmorgen ging er mit Hanna die Strogen stromaufwärts, dem rauschenden Wasser entgegen. Sie setzten sich auf die bemooste Mauer eines aufgelassenen Wehrs und ließen ihre Spucke schwimmen. Wenn Hanna zum Spucken sich vorbeugte, sah März ihre schön große Brust und freute sich. Ein schwerer blonder Mann mit einem Seehundsbart, der dort wohnt, fragte zu wem sie denn möchten, wußte aber wohl, daß sie zu niemandem möchten. Da antworteten die beiden nicht, spuckten noch einmal ins Wasser, gingen aber bald. Sie hatten zum Baden viel Lust, um sich einmal nackend zu sehen, genierten sich aber beide.

Das Wasser
Am Ufer muß das Wasser rauschen
Der Busch erinnert sich
an Wehren und Wasserfällen.
Ein Busch ist ein günstiges Versteck
für Sittlichkeitsdelikte.

Hanna erzählte Alexander einen Traum: «Ich träumte, ich hatte sieben Krankheiten in sieben Bettchen. Eins nach dem andern lüftete sich und flog davon. Als alle weg waren, wurde ich hellwach und dachte: du bist doch aber gar nicht krank.»
– Das sei ein sehr bedeutungsvoller Traum, meinte März. – Sie, Hanna, habe gleich gedacht, die sieben Bettchen seien sieben Kinderchen gewesen. Nun sei sie ganz allein. – Wie das, was davongeflogen sei, ausgesehen habe? – Weiß. – Wie Fledermäuse? – Nein wie Schmetterlinge eher, natürlich bedeutend größer. – Nach seiner Meinung könnten Schmetterlinge auch sehr leicht Reisen bedeuten, er, März, träume besonders im Frühjahr von Fliegenden Fischen, das sei ein wundervolles Gefühl, das ganz sicher Reisen bedeute. Wo sie am liebsten hinreisen würde? – Ins schöne Zillertal.

März. Das Gras ist grün und bedeckt die Oberfläche der Erde.

Am Pflaumenbaum
hängt die süße,
die kleine, die saftige,
auch Zwetschge genannt
und gern von Wespen benascht.

März, Notizen Taschenkalender. Stadturlaub. Mit Hanna im Kino, Platz 3, 50, trinken danach zwei Bier und zeige ihr Allach. (Datum)

Mit Albert und Begleitung (Gisela) Radausflug und Fotosafari. Hanna in weißer Bluse (!).

Kommenden Sonntag Tanzfest mit eigner Band und Buffet. Eigene Regie ohne Aufsicht. Pfleger und Ärzte Zutritt nur als Patienten. Soll Albert am Klavier begleiten, der ein Lied von Marlene Dietrich singt, kostümiert, Perücke und Schlitzrock. Strumpfhose von Hanna. (Albert hat sehr schöne Beine.) Kunstpfeifer und Conférencier. (Mund imitiert ganz brillant Kofler, Feuerstein, Fräulein von Soden und andere. Kofler lutscht gern die Wörter, Feuerstein spitzt sie an, Fräulein von Soden befeuchtet jedes einzeln.) Kofler schaut verdrossen und abgespannt. Möchte ihn fragen warum, doch er ist der Doktor und schweigt. (Datum)

Übe mit Hanna das Tanzbein und Hanna behauptet glänzend. (Naturtalent) Finde man muß es nur laufen lassen. Zwei Schnaps und ich tanze wie ein Derwisch. Ein herrliches Gefühl. Nehme als Sport vielleicht jetzt Gesellschaftstanz. (Datum)

Feuerstein. «Unsere monatlichen Feste werden jeweils von den Patienten einer Abteilung frei und meist phantasievoll ausgerichtet. Die therapeutische Wirkung des Tanzes ist allen Kulturen bekannt. Er löst die Bewegungsabläufe selbst kinetisch stark gestörter Patienten, er lockert physische wie psychische Hemmungen, führt Aggressionen ab und harmonisiert die widerstreitenden Empfindungen als ein ideales Psychopharmakon.»

März, Notizen Taschenkalender. Albert beherrscht auch den Steptanz. Morgen Beginn 18.30 (!) Fotografiere mit Blitzlicht und verkaufe die Abzüge. (Datum)

Was möchte Alexander?
Ein Bein im Tangoschritt
zwischen zwei schönen Beinen
(der Tango Jesu genannt)

Was möchte Alexander noch?
Keinen Blumenkohl.
Aber die singende Säge sein
der strahlenden Fundamente
Futschikato,
die japanische Seerose
ahoi schönes Mädel.

B. S., Wach- und Schließgesellschaft. Meldung. In Vertretung meines Kollegen G. (Silberne Hochzeit) betrat ich im Vollzug des Kontrollganges gegen 1 Uhr 30 (Nacht von Sonntag auf Montag) auch die Reithalle. Veranlassung meines Betretens waren mir unerklärliche Geräusche in der nachts an sich leer sein sollenden Halle, wie sich herausstellte Kettenrasseln. Es war mir aber nicht mitgeteilt worden, daß die Halle zur Unterbringung von Pferden behelfsmäßig benutzt wurde wegen Bauarbeiten kleiner Pferdestall. Vorsichtig eingetreten leuchtete ich in Richtung der Geräusche, so daß ich die Pferde entdeckte und leider auch weniger Erfreuliches, nämlich ein nackter Mann und eine nackte Frau in intimer Beziehung (Geschlechtsverkehr) zwischen den Strohballen, die dort (an sich vorschriftswidrig) gestapelt waren. Auf weißen Bettlaken blieben die beiden zunächst wie ertappt im Lichte meiner Stablampe still nebeneinander liegen, denn auch ich hatte nicht gleich erfaßt, was hier vor sich ging, dachte an Personal oder Reiterverein und fragte, was sie hier machten. Da sprang der Mann auf, entriß mir mit Riesenkraft die Stablampe, und schlug mich mit ihr nieder und trotz Hilferufs besinnungslos. Als ich erwachte, fühlte ich überall Blut, hatte viel Blut verloren, Gehirnerschütterung und klaffende Kopfverletzungen, die chirurgisch genäht werden mußten, sowie Bruch des Nasenbeins. (Krankenhausaufenthalt 24 Tage) Beschrieb den Täter (roter Vollbart), was zur Ergreifung führte, nicht aber der Geschlechtspartnerin.

Der Traum ist ein Papier
der Traum ist zur Nacht
da kam der Pförtner
der die Tore aufmacht.

Am nächsten Morgen war März früh aufgestanden und hatte sein Gärtnerzeug angezogen, um zur Arbeitstherapie auszurücken. Als er zwei fremde Pfleger sah, ging er in den Waschraum, sein Besteck abzuspülen. Da standen die beiden in der Tür. «Du brauchst dich nicht zu eilen. Du wirst verlegt nach C.»
«Ich gehe nicht nach C.»
«Wenn du nicht gehst, dann wirst du halt getragen.»
Sie gingen auf März zu, der plötzlich einen schweren Eimer griff und um sich schlagend auf den Flur entkam. Vom Ausgang her kam ihm ein weiterer Pfleger entgegen. Drei Pfleger schleiften März über den Flur und die Treppe auf C.

Krankengeschichte. Äußerst erregter Patient, gespannt, motorisch unruhig, läßt sich körperlich nicht untersuchen, verweigert Medikamente. Fragen beantwortet er mit einem höhnischen Gelächter, beschimpft die Ärztin als «Polizeimamsell» und «Behördenschnalle», dreht ihr den Rücken zu.
Konsilium mit Prof. Feuerstein auf Wunsch von Dr. Kofler. K. hält Verhalten M. für reaktiv erklärbar, will massive Aggressionen als Station im Prozeß der Wiederherstellung der Persönlichkeit des abgebauten Patienten sehen. (Konflikttherapie in Therapiegemeinschaft) Als Prof. F. nach Darlegungen K.s die Pupillenreaktion des Pat. prüfen will, bekommt er von M. eine Ohrfeige. Konsilium bestätigt gegen K.s Ansicht die Diagnose akuter psychotischer Schub, sieht wegen Selbst- und Fremdgefährdung gegenwärtig keine Möglichkeit, die (behördlich verlangte) Verwahrung rückgängig zu machen.

März ist seit elf Monaten hier abgängig. Bisher ward keine Spur von ihm gefunden. Ein Lieferwagen der Anstaltsgärtnerei, mit der Flucht von März in Verbindung gebracht, wurde unversehrt im Isarkanal geborgen. Es wurde angenommen, daß die zwei Tage später als abgängig gemeldete Hanna Grätz mit März geflohen sei.

Nachtrag

Ein Tagebuch und Notizen aus dem Hochgebirge, die März Kofler übergeben hatte, als er 14 Monate nach seiner Flucht in einer regnerischen Oktobernacht mit Hanna vor dessen Tür stand und Hilfe begehrte:

Ein Kalender der Raiffeisenkasse gibt mir Gelegenheit, ein Tagebuch zu beginnen:
Mit selbstgefertigtem Fensterschlüssel Abortfenster geöffnet und abgeseilt. Lieferwagen Gärtnerei, kurzgeschlossen, nachts durch das stille Holzland, ade. Rollte im Morgengrauen still in den Isarkanal. Schlief herrlich im Wald bis zum Mittag, fand eine Jagdhütte leer.

Löste Problem Hanna, indem ich mit ihr telefonierte. Verlangte zur Mittagszeit Fräulein Grätz, Küche II. Holte sie ab und schon kurz nach dem Abendbrot, VW Cabriolet grau, kurzgeschlossen, fuhren gleich durch bis Meersburg am Bodensee. (Autofähre nach Konstanz) Tanken per Schlauch auf dem Parkplatz. Kaffee und belegte Brote von Hanna jede Menge.

Konstanz. Genießen Strandpromenade mit Möven. Wohnen Hotel zum Hecht. (Ersparnisse Hanna 200 DM, M. 80 DM) Essen Bodenseefelchen blau. Kaufen für Hanna sehr schönen Flauschmantel im Ausverkauf. Jeder betrachtet Hanna, am meisten aber der März.

Mit Touromnibus bis nach Zürich. Sehr schön der Zürichsee. (50 km Länge) Fahren sofort Motorboot.

Peugeot, combi, kurzgeschlossen, ist ein sehr praktisches Auto. (Hotelersparnis) Spritztour nach Bern und St. Moritz. Herrliches Berner Oberland. Fahren an Jungfrau vorbei (Finsteraarhorngruppe 4158 m).

St. Moritz nicht unser Geschmack. Dafür um so mehr Fellers. (Postauto von Chur 30 Min.)

Flitterwochen in Fellers und Flims.

Wohnen bei Bauer Juf im eigenen Auszugshaus, finden bald hier bald da Arbeit. (Beifahrer Molkerei, Hotelgewerbe)

Bauer Juf fragt, ob wir Interesse hätten an Käserei und Almwirtschaft. Wir machen sofort Kontrakt.

März, Notizen aus dem Hochgebirge.

Die helle dünne Luft, der Mensch macht, was er will.
Fühle, daß ich mich vergrößere, ich sehe mit den Fingerkuppen, liebkost meine Zunge die Augen.

Leichter die Luft und weiß, möchte dreihundertmal in der Minute atmen, Lungenfedern, die schweben.

Betrachte mit Hanna sehr gern unsere wundervollen Körpermaschinen und erkläre sie. Zum Beispiel ist die weibliche Brust eine weiße Chlorophyllmaschine, eine sehr handliche und eine Wunschmaschine bin ich.

Wir wollen, daß hier niemand stark sein muß oder I a, nur aufmerksam. Sehen, riechen, hören und fühlen wie er selber und kein anderer. Mit Genuß arbeiten. Alles soll miteinander besprochen werden. Aber es soll vorwiegend nur geredet werden, wenn jemand was weiß oder was wissen will.

Wenn Hanna die Lippen bewegt, das ist ein schöner Gedanke.

Auch ihre Fußabdrücke sind schön.

Mittels hölzerner Rinnen, Wasserrad und Drehscheibe macht März (nenne mich aus alter Vorsicht nicht gern ich) den Wassersturz des Wildbachs zu einer weitflächigen Regenmaschine. Leider wird hier oben ein künstlicher Regen nicht benötigt. Aber doch ein Regenbogen, der im zerstäubten Wasser entsteht.

März erfindet eine Schattenmaschine (Sonnensegel).

März möchte die Nur-Maschine erfinden aus Rädern, Transformationen, Lichtenergie und Schwingungen, die Windmühlen aus weichen, weißen Federn treibt und ohne jeden Zweck.

Die Glocken der Kühe sind in den Herden aufeinander abgestimmt, so daß man jeder Kuh von weitem die Herde anhört. Das kannte März sonst nur von Lohberg. Da sah man es jedem an.

Hanna und Alexander lernen die Namen der hochalpinen Pflanzen (Graubünden) nach einem leider sehr unvollkommenen Bestimmungsbuch. Wenn uns die Namen gefallen, d. h. mit uns verbunden sind, merken sie sich leicht. Hanna gefielen besonders die Namen Sockenblume, Grüne Nieswurz, Kugelschötchen, Dickblatt und Süßdolche, A. stand mehr auf Frostfingerkraut, Alpenrachen und filziger Flockenblume. H. und A. (wir) machten auch gerne Namen und änderten etliche, die zu liederlich benamt worden waren. Ein Fund von A. sollte nach Buch einfach Alpen-Löwenzahn heißen, den nannte er aber Grauzottiger Kugelficker. In über 2500 m fanden H. und A. schwarze Kohlröschen, die nach Vanille rochen, aber ganz abscheulich schmeckten. (H. biß gerne von Pflanzen ab und kaute das.) Zum Schnupfen machte H. Blütenstaubmischungen, die sie gewöhnlichem Schnupftabak untermischte und gern schnupfte. Sie machte auch Kräuterdestillate und Teemischungen.

Läuse in der Löwenmähne. Wenig Einstrahlung. Genie = Talent zum Erfinden.

Mit Vernunft zu rasen. Ist der Gelehrte eine Unterweisungsmaschine?

Hanna hat sich eine Art von Pasteurscher Impfung ausgedacht, aber für kranke Pflanzen.

Hanna meint, es sei blöde, die Tage so einzuteilen, daß sie immer gleich lang wären wie Meterstäbe. Wenn man sich danach fühle sei ein Tag manchmal zwanzig Tage und ein Jahr oder zwei könnte sein wie ein Moment der Abwesenheit oder wie übersprungen.

Machen die Übung, eine Woche lang nicht zu sprechen und alles durch Zeichen zu erklären. Am wenigsten Mißverständnisse beim Geschlechtsverkehr.

Erfinden danach die Sprache, zunächst auf Rufweite, ca. 400 m, Vogelmensch. Ruflaute I-O-A-U, Hanna ruft Mamma-Hallo-Schizo, März Uhu-Schuhu-Willi. Von Rufsprache schubweise Näherung zu Lippensprache. E ist ein Laut der Lippensprache. Grau. Je näher man spricht desto gleichförmiger. März hat beobachtet, je feiner die Sprache desto fauler. Z. B. die feinsten Doktoren, da sieht man nicht einmal am Mund, daß sie überhaupt sprechen. Soll es vielleicht niemand wissen? Oder es ist vom weißen Kittel mitgesagt: Wenn ich schon was sage, könnt ihr die Ohren aufsperren. Der leise Doktor Kofler, aha. Der Schüchterne ist aber auch leise, und ganz leise ist der ganz Niedergedrückte, am leisesten wer verstummt.

Soll der Mensch vorsorglich die Taubstummensprache erlernen? Oder lieber das Blindenalphabet?

März denkt viel nach über März. Als März mit niemandem mehr sprach hatte er seine eigene Sprache, die mit niemandem geteilte Sprache, die Geheimsprache mit sich, die schizophrene Sprache. Hat er die immer verstanden?

Aufstehen, wenn die Sonne die weiße Bettzieche streift. Anblasen der Herdglut und Funken mit Latschenreisig. Gebrocktes Brot in lauwarmer Ziegenmilch. Ziegenkäse in Blätter gewickelt. Was ist an einem Ziegeneuter die Brustwarze? Quittenmarmelade auf Hannas Lippen, hm.

Hanna hat Mamas Füße, die Zehen mit Babygrübchen. März streut weißen Scheuersand auf die Dielen, um ihre Fußabdrücke zu sehen und fotografiert sie.

Die fast versteinerte Creszenzia, die fast nichts mehr sieht, sagt je-

den Morgen, wenn sie uns hört: Chi eschat vus. Ah, vus eschat meis char ufants. Eu n'ha in regal per vus.
Was heißt: «Wer seid ihr? Ach, ihr seid meine lieben Kinder. Ich habe für euch ein Geschenk.» Sie holt aus einem Kasten einen größeren Teddybären, von dem jedes Plüschhaar abgeküßt und abgegriffen ist. Nur unter der Achsel glänzt er noch ein wenig. Sie hält ihn her mit einem lockenden ei, ei.

Mutterseelenallein ein Allmachtgefühl. In Paris möcht ich sein, in Paris ganz allein. Lasse mich einen Hang herunterrollen, was ich als Kind nicht durfte.

Lache, übe zu lachen und merke, ich werde vom Lachen vergnügt. Ich empfinde, was ich tue. Da ich in Lohberg nichts betreiben konnte, wurde ich antriebslos.

Habe das Gefühl, daß sich meine Wirbelknochen um 5–10 cm heben.

Ob er den Gletscher färben solle, fragt Alexander im Traum Johanna (!), die nackt auf einer Wiese Hüte aufprobiert (oder Helme?), und Hanna sagt ja, aber nur Waschblau, nur mit Kaisers Waschblau. Wie März ihn später dann sieht, ist er tatsächlich waschblau. Gletscherspalt und Geröll, Rinnsal, allmählicher Bach.

März betrachtet lange und still den Venusberg Hannas, die mit offenem Munde in der Sonne schläft. März sucht Beschreibungen: Der blondlich dämmernde Wald, sich kräuselnd ins Veilchental. März ist von diesem Fleck sehr angezogen. Er erinnert sich an die wundervollen Schamlippen einer Blauschimmelstute, die er in Peilau vor dem Gasthaus zur goldenen Krone beobachtet hatte. Immer wenn sie mit ihrem Schwanz die Fliegen vertrieb, sah er voll Schuld für Momente die unerlaubte, gefleckte Pferdemöse. Die panische Angst vor dem Lippenspalt, Zwang des Verdeckens. März fühlt seine Kräfte wachsen, wie er lange und ruhig da hin schaut und an seine operierte Gaumenspalte gleichzeitig denken kann. Hasenscharte, Wolfsrachen. Aus Hannas offenem Mund fließt ein Silberfaden.

Die Ziegen sind unter dem Milchvieh die Schizos mit Stich hin zur «flotten Manie».

Nachmittags um vier biegen die schwarzen Fleischerhunde um die Ecken. Es wird mir ein Thema eingeschoben, das ich nicht behandeln will.

Sah durch das Fenster einen halbierten Tisch, der mich als halben Menschen abbilden sollte.
Gespräch ohne Abnehmer. Automatisches Schreiben. Denke doch manchmal an Albert und Karl.

März denkt wieder viel nach über März. Er sagt, ich bin natürlich verrückt, hier wie in Lohberg, aber hier zum erstenmal versuche ich, mich dazu zu bekennen, Stolz darauf zu entwickeln, was sehr schwer ist, schwerer als für einen Bantu oder Bauchaufschlitzer. Weil ich schizophren bin, schreibe ich nicht diese schauderhafte Kacke der Lebenshilfe in Disneyland. Erlaubt die Partei im Asyl den Geschlechtsverkehr?

Heißt denn verrückt krank? Wahnsinn muß nicht Zusammenbruch sein, Wahnsinn kann der Durchbruch sein zu sich, Durchbruch der Mauer und Scheitern des Durchbruchs. Lieber verrückt als ein Rädchen. Ein fröhliches Ding ist ein Ding.

A. genießt die sexuelle Geschwisterliebe (Inzest) und die sexuelle Mutterliebe. (Johanna = Hanna?) A. wurde von allen verlassen (!)

M. verwirft, daß Hanna im Auftrage der Mutter hier sei, daß die Ähnlichkeit eine nur vorgetäuschte sei. Er will eine Verrücktheit nach vorn, eine produktive, nicht diese alte Beziehungsscheiße. Mama und Papa verwesen. Er kann aber das Wort nicht hinschreiben und streicht den Satz.

Alexander erzählte Hanna: Ich hörte meine Mutter sagen, ‹na also, dann komm schon her›, aber in ihrer Stimme klang, ‹furchtbar, daß der jetzt auch noch in meine Nähe kommt mit seinem gespaltenen Maul›.
Da kann man nicht gehen und sprechen.

Hanna erzählte Alexander: Wenn ich zum Beispiel bügeln wollte, hieß es, geh laß das, oder im Garten, du weißt, daß du nichts davon verstehst, du kannst doch nicht kochen, in der Küche. Aber auf einmal warfen mir alle vor: faul und interesselos.

März, Notizen aus dem Hochgebirge.
Hanna will sofort ein Kind, sie will nicht mehr länger allein sein. Später meint sie, daß sie das Kind vielleicht doch nicht wolle, weil es wahrscheinlich nicht vollständig sei. Zu flüchtig gemacht. Sie sei nicht fähig, ein Kind zu kriegen, denn sie sei selber ein Kind.

Hannas Graubündener Schreibheft.

März will mich in schwarzen Tüchern, schwarzer Haube und in der Dämmerung fotografieren. Dies sei ein Bild seiner Großmutter. Zerreiße aber das Bild.

Fragte, warum er den Fotoapparat grün lackiert habe? (Spraydose mit Autolack) Weil es zu viele schwarze gäbe und ein grüner lieber arbeite. Glaube, daß er die Verrücktheit auch gerne spielt.

A. will, daß sein Mund fotografiert werde, farbig und ohne Bart. Ich bringe das aber nicht.

Die Hochalmen, auf die zwei Jahre kein Vieh gekommen ist, sind wie versteppt, massenhaft Disteln, Silberdistelfilz, der ausgehackt werden muß, weil sich die Kühe verletzen. Crescenzia erzählt, daß viel mehr Lawinen heruntergehen, seit die Almen versteppen. Sie kriegen keine Leute mehr dafür, die Alten sterben weg. Da hätten wir vielleicht doch etwas mehr verlangen können. Oder im nächsten Jahr. März ist in der Arbeit so zäh, wie ich überhaupt nicht gedacht habe, er hat von der Sonne in der Höhe Brandblasen, die Haut feuerrot, ist aber immer in Gang, Sex großgeschrieben, aber sehr zärtlich. Irgendwie hat fast alles mit Sex zu tun, was wir tun, auch sprechen, oder zusammen arbeiten, wenn er mir beim Frühstücken auf den Mund sieht oder melken, zusammen etwas riechen, gemähtes Gras zum Nachstreun für das Vieh am Abend. Zum Beispiel schreibe ich, weil er schreibt, und will, daß ich schreibe, und da macht es plötzlich Spaß zu schreiben. Aber Gedichte mache ich nicht. März gefallen Landschaften, die ich gemacht habe, aus roten Flechten, Steinen, Wurzeln, Brotteig und allerlei Zeug, feuerspeiende Berge gottweißwo in Java. Sehe gerne Landkarten.

A. fragt, wie ich koche und hat Ideen zum Ausprobieren. Verrückt nach Gewürzen und Kräutern.

Komisch ist, seit ich von Lohberg weg bin, habe ich meine Tage wieder.

Ein Mann kam rauf, der hat mit uns gekifft. Was man alles denkt und sieht, aber auch präzise. Kanadischer Bergsteiger angeblich. Als er weiter ist, meint A. daß er den Mann kennt, kanadischer Bergsteiger? Lächerlich.

Beschreibung der Herstellung des Hartkäses.
Zu paß kam mir, daß ich von Lohberg aus geläufig melken konnte, denn das war meine erste Arbeitstherapie, übrigens eine mir zuwidere, in der Melkkolonne.
Viel angenehmer empfinde ich das hier, wenn die Sonne schnell weggerollt ist hinter dem Ringelspitz (3247 m), der schwarz und fettig ausschaut, und die Murmler das Pfeifen anfangen, weil sie Molke wollen und uns drängen.
Es werden die Kühe gemolken und danach die Ziegen. März ist emsiger beim Ziegenmelken, er hat die Ziegen lieber, er sagt, eine Ziege ist mehr eine Ziege als eine Kuh eine Kuh. Eine Ziege hat immer mehr Eigenleben, und es ist auf sie viel weniger Verlaß, auch mit der Milch, gerade wie sie Lust hat. Die Ziege ist der Schizo unter dem Milchvieh, sagt März, will sich nicht anpassen. Geradezu unheimlich wirken die Augen, die Stimmen und die Geschlechtsteile. Ziegen insbesondere sind geil und wie es scheint jederzeit. Wie weich ihre Mäuler sind und wie zärtlich ihre Hinterlippen unter dem Stummelschwanz. Im Dorf hier unten ist ein Junge, der die Ziegen gern gehabt hat, wenn er nur ein paar Bier getrunken hat, den haben sie ins Irrenhaus getan. Warum denn? Jedenfalls habe ich Fräulein Creszenzia so verstanden, sie ist fünfundsiebzig, fast blind und spricht Rumantsch (Bündnerromanisch), ein, wie man mir erklärt

hat, Dialekt des Rätoromanischen, der sich wie eine Art Lateinisch anhört, aber die meisten hier können auch eine Art Deutsch. Sie hat fast keine Zähne mehr.

Nun aber zu der Käsezubereitung, wie wir sie hier nach alter Überlieferung gelernt haben: Wir stellen drei Käsesorten her, unter ihnen unsern geräucherten Hartkäse, eine Spezialität der Gegend, von dem es heißt, daß die Römer bei ihren Eroberungen die Methode kennengelernt hätten und seither ihren Rauchkäse caciocavallo danach machen, aber unvollkommen. Der reiche Cicero soll einen hiesigen Käser zu sich nach Rom geholt haben wegen unserem geräucherten Schnurkäse, den wir gerne machen und auch sehr gerne essen. Für einen Rauchkäse von 35 bis 40 Kilo brauchen wir etwa 500 Liter Milch (480 Kuh- aber durchaus 20 bis 30 l Ziegenmilch). Die Milch wird erwärmt, gerade so weit, daß man darin baden möchte, um 37 Grad, und dann bei immer gleicher Wärme mit Lab dickgelegt. Diese bestimmte Gerinnung macht aus der Milch eine feste Gallert, den sogenannten Käseteig. Der wird von März jetzt mit dem Käsesäbel in Stücke gehauen, mit der Käseharfe zerkleinert und mit dem Weibel fein verrührt. Das macht so plupschige Geräusche. Jetzt wird der Teig für genau eine Stunde gebrannt, das meint auf 60 Grad erhitzt. In dieser Zeit koche ich auch meinen Heuaufguß (Schwingel, Kopfgras und Rauhgras, Lattich und Flockenblume) und gebe meine so gewonnenen Hochalmbakterien in den Teig, damit sie sich gemütlich über das Eiweiß und auch das Fett des Käses hermachen und so den einzigartigen Geruch und Geschmack erzeugen.

Der heiße Bruch wird von uns gemeinsam in einem Tuch herausgehoben und kommt in einem Holzreif unter die Presse. Jetzt kommt die Wissenschaft des Lagerns, des Salzens, des Räucherns und die Kunst der Reifung. Ein guter Räucherschnurkäse braucht dazu schon seine sechs Monate.

Vergessen hätte ich, sagt März, die Finessen der Färbung durch ihn mittels Safran und Karotin, die während des Dicklegens erfolgt, ich glaube jedoch, daß die Färbung von gar keiner Bedeutung für das Essen ist, was aber März bestreitet. Ob er nun gerade ein Feinschmecker ist?

März, Notizen aus dem Hochgebirge.
Träume. März bewegte sich nachts in der Gletscherregion. Schwärzliche Wasser redeten in Zungen auf ihn. März verlor sich in der Baumregion. Im Wald begegnete er einer schönen nackten Frau mit einem großen blonden Venusberg. (Aber es war nicht Hanna.) Eine Waldrebe rankt sich um seinen Fuß. Den Felsen herab rollt ein Stein schnell auf ihn zu. März aber schaute nicht hin.

In der Rahmkammer stand ein Murmler, blickte März vorwurfsvoll an und pfiff. März war aber nicht März und nur von hinten zu sehen. Der Traum hütet den Schlaf.

> Alpenmurmeltier, lat. marmota, Nagetier, mit Schwanz 60 cm lang, 15 cm hoch, lebt in Kolonien und baut tiefe, verzweigte Gänge an sonnigen Hängen bis 2700 m. Variationsreiches schrilles Pfeifen, zähmbar und zu Kunststükken abrichtbar. Winterschläfer. (Anm. von März)

Unter der Wiese ist ein Brunnen. Als März hinabstieg, waren da viele Wiesenkammern. Eine dort äsende Gemse reichte März ihr hellbraunes oder hellgraues Euter. März wurde ganz steif vor Angst. Im Wasser ein riesiger Aal machte warnende Schreibbewegungen, die März zu lesen versuchte. Flog eine feurige Eule.

Das Gewitter
Hochdramatisch in Sommernächten
ist das Gewitter.
Gewaltig entlädt sich des Himmels
Elektronatur
in feurigen Blitzen und Praterlicht.
Sturm fährt durch bleigrüne Bäume
und peitscht den See und die Flüsse
im Wetterlicht.
Bald wenn der Regen dann rauscht
ist das Gewitter vorüber.

Träume. Ein grüner Lampenschirm (Tüpfelfarn) mit Birne (25 Watt) wird eßbar. Leiser Erdbeergeschmack. Entdecke endlich, März ist ein Feuerfresser und eile, das Alpenglühn zu entzünden sowie den Scharlach. Freie Fahrt. Poesie ist die Bildschärfe des Gedankens.

In der Dämmerung begegnete März einem Heiligen, von dessen Körper ein unerträglicher Gestank ausging und Würmer herabfielen, sobald er sich bewegte. Als er die Hütte betrat, erstrahlte sie bengalisch beleuchtet. März aber floh.

März, Notizen aus dem Hochgebirge.
Hanna bringt eine dampfende Schüssel mit Speckknödeln auf den weißgescheuerten Tisch. Wir essen und essen.

Wenn ich meine Großmutter fragte, was es zu essen gäbe, antwortete sie: «Maul marschier.»

Die Fähigkeit des Essens. Lang fehlte mir die Fähigkeit des Essens gänzlich. Weder war ich in der Kindheit darauf vorbereitet, noch erlangte ich später ein kulturelles Essenstraining. Es wird gegessen, was auf den Tisch kommt, hieß es in der Kindheit, Roggenbrot macht Wangen rot, man läßt nichts auf dem Teller liegen, Naschen ist ein Laster, Eintopfsonntag, Volksernährung, Kalorien für Normalverbraucher, Schulspeisung, Fleischmarken, Resteverwertung und so fort. Später hieß es dann Essenfassen, Kantinenbon, Futtern bei Muttern, bürgerlicher Mittagstisch, Freßsack, denkt nur ans Fressen, wie einer ißt, so arbeitet einer und so fort bis Lohberg. Essen war ein Verschlingen, am liebsten aß ich allein, weil ich das Gefühl hatte, das sei ein körperlich intimer Vorgang. Überhaupt aß ich nicht gerne, es war eine Pflicht wie das Sauberhalten, Schuheputzen zum Beispiel. Wenn mich jemand fragte, was ich gegessen hätte, fiel es mir oft nicht ein. Ich war schon froh, wenn ich mich nicht ekeln mußte. Bis ich von Hanna unter anderem auch das Essen lernte, und zwar indem sie mir zeigte, wie man den Geschmack des Essens macht. Die Kenntnisse des Machens bildeten meine Essenssinne aus, entwickelten meinen Geschmack. Niemand kann Hanna und mich zum Beispiel im Genusse des Rauchkäses übertreffen, denn wir haben über ihn die größten Kenntnisse, wir haben ihn gemacht. Lebenkönnen vielleicht ist die Entwicklung der Sinne.
Indem wir ihn in der ruhigen Abendluft vor dem Hause essen, essen wir etwas von uns, aber wir erweitern uns gleichzeitig, befähigen uns zu anderen Genüssen, zur Liebe zum Beispiel. Weniger zu genießen ist vielleicht das Gift, das man sich selber macht. Deshalb ist Gift meistens (galle)bitter.

Hanna sagt, er sei ihr befohlen worden, mit nackten Füßen über Schlacke zu gehen. Wer es befohlen habe? Die Oberin – – Stiefmutter.

Hanna verändert sich deutlich. Umherschweifen im Gebirge. Tagelang stürmisch und kalt. Wolkenschwaden und Nässe. Als hätte man der Natur die Farbe entzogen.

Hanna ist verschwunden. Abends. Vergebliche Suche. Am Morgen arbeitet sie in der Milchkammer, behauptet, sie habe sich um das Vieh kümmern müssen. Sie will nicht, daß sich März in der Küche rasiert, wo sie frühstückt. Bittet März, das Haus zu sichern mit Schlössern und Fensterläden. Wechselt die Schlafplätze.

Hannas Graubündener Schreibheft.
Gestern am Kogeljoch, wie ich die Schafe heimhol, steht auf ein Alphornsignal vor mir die Stiefmutter, die mich vergiften will. Sie bringt mir ein Herz vom Oktoberfest, das ich aber nicht esse. Mit einem Kamm, der mir, sagt sie, die Berufung zur Königin gibt, kämme ich mich nicht. Auch widerstehe ich, da sie mich scheinmütterlich zu küssen versucht und beiße sie in die Lippe. Als sich der Berg aber öffnet, leuchtet darin ein Kristall, das habe ich essen müssen, das war des Wahnsinns Chewing-gum. Das war, dachte ich, so ein Tagtraum. Du bist aber doch nicht Schneewittchen.

März, Notizen aus dem Hochgebirge.
Sie werde beobachtet, die Verfolgung des Kindes habe begonnen. Auf dem Dachsims sei eine Beobachtungsstation der Biologen eingerichtet, in der Schlucht lagere Bundesgrenzschutz. Die seien von ihrem Onkel alarmiert. Sagten von ihr böse Dinge. Schnepfe. März besteigt mit Hanna das Dach und überredet sie, mit ihm die Schlucht abzusuchen. Sie zieht ihre Mutmaßungen zurück und schildert das Aussehen des Kindes, das nicht ihr und nicht März ähnlich sei, sondern niemandem. Sie habe es einen Felsen langsam herabstürzen sehen und habe in einem Moossarge gelegen mit stark gekräuselten Lippen.

Hannas Graubündener Schreibheft.
Man will mich verrückt machen, wie man mich damals verrückt gemacht hat, um an das Kind zu kommen. Meine Mutter (Tante) hat sich hier eingeschlichen, redet nachts auf mich ein wie ein Maschinengewehr. Macht mir Vorwürfe, daß ich eine gelernte Hure bin, die den Onkel ständig an der Hose gestreichelt hat. Ich habe aber erfahren, daß der Onkel tatsächlich mein Vater ist. Jetzt macht man, daß ich nicht weiß, wer ich bin. Ich bin aber niemand anderes.

Der Kanadier, der heraufgekommen ist, ist kein Kanadier, sondern verlangt von mir ferngelenkten Geschlechtsverkehr, um mich ebenfalls verrückt zu machen. Niemand ist verrückt, jeder wird verrückt gemacht. März ahnt gar nicht, auf welche Weise er benutzt wird, mich verrückt zu machen. Warum hat er mir sonst gesagt, daß ich die Heilige Jungfrau mit dem Helm war, die nackt Helme aufprobiert habe. Das haben die Biologen notiert. «Aber du bist ja verrückt!» sagte mir darauf März. Da habe ich weinen müssen.

März, Notizen aus dem Hochgebirge.
Hanna übergibt März eine Zeichnung der Beauftragten, die sie nachts verrückt machen wollen. Sie hat mehrere schwarz schraffierte Zeichnungen hergestellt, die sie wie Steckbriefe an den Türen anschlägt.

Sie durchsucht das Haus und alle Wirtschaftsräume, durchsticht die reifenden Käse in den Kellerräumen mit einer langen Stricknadel.

Von Unruhe getrieben durchstreift Hanna das Gebirge. Sie meint, März versuche sie vielleicht verrückt zu machen, um die Verrücktheit von sich abzuwenden. Hanna hört nicht auf März.

Creszenzia, als sie am Morgen eine Stalltür geöffnet hat, ist ein Steinbrocken auf den Kopf gefallen. Sie blutete aus einer Platzwunde, aber es ist keine gefährliche Verletzung. Hanna sieht als erwiesen an, daß Creszenzia im Komplott gegen sie sei. Sie hatte in der Nacht an verschiedenen Türen solche Fallen gestellt, um die Verfolger zu überführen, wenn sie ins Haus eindringen. Dem Kanadier, der kurz hier war, hat sie ein Messer gezeigt, mit dem sie das Kind in ihrem Leib töten wolle, wenn man sie weiter vereinsame.

März spürt eine Wiederkehr. Massenhaft Mutterprozessionen.

Hanna weint und weint. Panische Angst vor März. Zittert am ganzen Leibe, wenn sie seine Stimme hört. Auch weiß der Schizo keinen Rat für den Schizo.

Es ist Polizei heraufgekommen, Schweizer Bundespolizei. Da war Hanna gewitzt und ganz ruhig. Beanstandeten fehlende Arbeitserlaubnis.

Hanna ist fort.

Kofler. Eines Nachts, allein im Haus, ich mußte am nächsten Tag verreisen, erschreckte mich ein Gesicht, das durch die verregnete Scheibe in mein Zimmer schaute. Draußen standen März und Hanna Grätz, durchnäßt und abgezehrt.
Die Pappkartons in ihren weißen Händen waren vom Regen aufgeweicht, Hannas Schuhe aufgeschnitten. Über Wollzeug und alte Mäntel hatten sie Plastikbahnen mit Schnur zusammengebunden. Sie standen einfach da und sahen mich an.
«Der Regen ist gut, für jeden Hut», sagte März und versuchte zu lächeln. Als sie ihr durchnäßtes Zeug ablegten, sah ich, daß Hanna schwanger war. Ich brachte etwas zu essen und Tee, suchte nach trockenen Sachen. Als ich zurückkam war Hanna, ein Brot in der Hand, eingeschlafen. «Ein Geschenk für Sie», sagte März und überreichte mir ein vielleicht zwei Kilo schweres Stück Rauchkäse. Er meinte, sie seien in einer vorübergehenden Verlegenheit, da Hannas fortgeschrittene Schwangerschaft es ratsam mache, ihre umherschweifende Lebensweise der letzten Zeit in eine seßhafte zu verwandeln. Auch sei Hanna, in Verbindung mit der Schwangerschaft, auf einige Ideen zurückgekommen, die meinen ärztlichen Rat erforderten. Er denke an eine kurzfristige private Unterbringung, zu Lasten der Krankenkasse, die 14 Monate alle Kosten gespart habe, vielleicht auf einem Bauernhof, bis eine befriedigende gemeindepsychiatrische Versorgung in angenehmer Gegend, vielleicht Tos-

cana, für sie gefunden sei. Er habe auch über schottische Erfahrungen gelesen, aber er glaube nicht, daß ihnen die schottische Lebensweise behage, ehe die irische, leider gäbe es aber dort keine Gemeindepsychiatrie. Da es sich ohnehin nur um die Zeit bis zur Niederkunft handele, werde das wohl kaum problematisch sein. Doch müsse er jetzt erst schlafen. Er gab mir eine Plastiktüte mit allerlei Papieren und stand schwankend auf. Ich brachte die beiden notdürftig in dem Besucherzimmer unter, das die Haushälterin gegenwärtig mit Blumenkästen vollgestellt hatte, die hier überwintern sollten, denn ich wurde selten besucht. «Ich weiß, Herr Doktor, habe jetzt nur Sie», sagte März auf einmal, meine Hand ergreifend.
Am Morgen telefonierte ich mit meiner früheren Frau, die Psychosentherapie in Stuttgart macht, ob sie Hanna für eine kurze Zeit bei sich aufnehmen könne. Sie meinte, das sei zu riskant. Als ich sie dazu überredet hatte, wollte Hanna nicht von März getrennt sein. Sie riet mir zu einer privaten Klinik, die sich mit Schwangerschaftspsychosen beschäftigte und gleichzeitig den Partner aufnähme, aber das konnte März nicht bezahlen. Da ich meine Reise nicht verschieben konnte, sah ich keinen anderen Weg, als Hanna und März vorerst bei mir zu lassen. «Erbitte, verehrter Herr Doktor, möchte vor allem nicht Lohberg.» Als ich zurückkam, waren die beiden dennoch eingewiesen. Ein Fischereiaufseher hatte verdächtig aussehende Leute (Terroristen?) auf meinem Anwesen bemerkt, die Polizei, die mit großem Aufgebot fahndete, entdeckte März und Hanna, die von der Terrasse in den Fluß gesprungen war, als sie die Polizisten sah.

Ich fand März wie erwartet auf C, Hanna war in eine Klinik überführt worden, die über eine Entbindungsstation verfügte. März saß unbewegt auf seinem Bett, seine Habseligkeiten unter den angezogenen Knien. Er reagierte nicht auf meinen Besuch, gab nicht zu erkennen, daß er mich überhaupt bemerkte, änderte seine Haltung auch nicht, wie ich an sein Bett trat und seinen Namen sagte. Als ich die Anrede wiederholte, sah er mich nach einer Pause ernst an und sagte: «Ich möchte nicht mit Ihnen sprechen.» – Weil er zu glauben schien, daß die Einweisung von mir veranlaßt war, versuchte ich eine Erklärung. Da zog er den schwarzen Pullover über seinen Kopf und verharrte in dieser Haltung.

Der Tod
Der Tod ist ganz groß.
Der Tod ist groß.
Der Tod ist Grütze.
ißt Grütze.
Der Tod ist auch.
Der Tod ist auch dumm.
Ich kann in den Tod gehen.
Der Tod in der Schule als Mädel.

Kofler. Feuerstein bat mich, die Behandlung von März abzugeben, auch meine Besuche zu reduzieren. Kritisierte mein Verhalten, das zu der polizeilichen Einweisung geführt habe. Ein psychotischer Schub sei ein Schub.
Bei meinem nächsten Besuch hockte März in der gleichen Haltung auf dem Bett und aß unbewegten Gesichts einen Zwieback.

Hell lesen wir am Nebelhimmel
wie dick die Wintertage sind.

Langsames Leben ist lang.

Kofler. Die Kollegin beschrieb, daß März trotz massiver Medikation tagtäglich unverändert so auf seinem Bett sitze, gelegentlich rauche er eine Zigarette, oder trinke eine Tasse Kaffee, die aber hingestellt sein müsse. Er verweigere jeden Kontakt und gebe die Haltung nur auf, um vegetative Funktionen zu erfüllen.

Ich stellte meine Besuche bei März ein und teilte ihm brieflich meine Gründe mit. Bei einem späteren Besuch sah ich den Brief uneröffnet auf seinem Bett. Ich schreibe einen neuen Brief, besuche ihn aber nicht.

März schickt mir eine Botschaft: «Ich schäle mich in ein dauerndes Nichts. Alexander ist ein schmerzhaftes Phantomgefühl.» Er bittet an Hanna eine Zeichnung weiterzuleiten, die ein Bett in einem Gebüsch zeigt. Im Bett ein Mann mit erigiertem Penis, neben dem Bett eine nackte Frau. Dazu der Text: Ehefrau und Ehemann als Liebespaar in Amerika. In grünen Wiesen zu zweit.

Kofler. Die Erkundigung nach Hanna ergibt, Hanna hat entbunden, sie mußte von dem Baby getrennt werden, weil es gefährdet war. Sie versuchte das Baby immer bei sich zu halten und versteckte es an kuriosen Orten. Sie brüllte, sie tobte, sie flatterte am ganzen Leibe.

Sehr geehrter Herr Oberarzt,
teile Ihnen mit, daß ich nunmehr inkognito zu reisen beabsichtige. Ich möchte gerne in die größeren Städte aller Länder fahren, da ich von der Welt bisher zu wenig gesehen. Benötige von Ihnen Entlassungsschein und Gesundheitsattest mit Durchleuchtungsbefund. Medizinisch bitte ich für die Beseitung meiner Hasenscharte zu sorgen. Ich wünsche die Lippen voll und gut durchblutet, die Kopfhaut braucht eine dreifache Kopfhaarvermehrung. Die Augen wünsche ich strahlender, feuriger Blick und große Pupillen. Die Augenwimpern seidig, ohne Augenschatten. Das Körpergewicht mindestens 70–75 Kilo. Die Körpergröße sollte schon 1,76 sein. Derzeit 1,70. Gewicht nur 55,30 Kilo. Die Stimme wünsche ich baritonal.
Hochachtungsvoll Alexander

An einem kalten Novembertag fuhr Kofler nachts aus der Klinik nach Hause, an dem alten Gutshof vorbei und den Obstwiesen. Wo der Feldweg kreuzt, sieht er im Scheinwerferlicht das Stoppschild mit dem eingeschriebenen «Ecce homo» und einem roten Pfeil. Er fährt in den Feldweg und in die Wiese hinein, springt aus dem Wagen, ohne den Motor abzustellen und sucht nach dem Apfelbaum. «Herr März! Herr März!» Er läuft zu dem Wagen zurück und kurvt zwischen den Bäumen umher. Erleichtert sieht er im Nebenlicht der Scheinwerfer tatsächlich wieder den nackten März gekreuzigt im nunmehr kahlen Baum stehen, lächelnd als Kofler zu ihm raufsieht und eine Zigarette im Mund. «Kommen Sie runter, Herr März! Kommen Sie mit mir nach Hause, denn Sie erkälten sich ja! Kommen Sie, Herr März!» Da öffnet der Gekreuzigte die Augen und zündet sich wie damals eine Zigarette an. Eine wilde Feuerbrunst fährt über März und den ganzen benzinübergossenen Baum, in dem man März nicht mehr sieht.

Die Zigarette
Es war ein Junge wo auf der

Straße anderer Junge war
Er zündete sich eine Ziegarette
an, das Feuer fing,
der Holunder brannte ab.
mit ihm.

Bald gehe ich hier fort. (Tagebucheintragung Koflers.)

Für dieses Buch empfing ich Anregungen aus den Veröffentlichungen psychopathologischer Texte des Psychiaters Leo Navratil. Besonders beeindruckt haben mich die von ihm publizierten Gedichte des kranken Dichters Herbrich (Pseudonym).
Unter den anderen wissenschaftlichen Arbeiten, denen ich Dank schulde, möchte ich die Arbeiten der Psychiater Laing und Basaglia und des Soziologen Goffman hervorheben.

Heinar Kipphardt
8059 Angelsbruck

Materialien

A. Glossar:
Zur Erläuterung einiger Begriffe

Heinar Kipphardts Roman «März» wurde in eine ganze Reihe von Sprachen übersetzt. Bei der Vorbereitung einer Ausgabe in polnischer Sprache wandte sich 1978 der Übersetzer, Eugeniusz Wachowiak, an Kipphardt mit der Bitte, eine Reihe ihm nicht geläufiger Begriffe zu erklären. Das kleine Glossar, das Kipphardt im Februar 1979 zu diesem Zweck absandte, ist nachfolgend abgedruckt. Im Anschluß werden einige Briefe abgedruckt, die ebenfalls der Klärung von Formulierungen aus dem «März»-Roman dienten. Alle Seitenangaben wurden der vorliegenden Ausgabe angeglichen.

Der Herausgeber

S. 15 *Elugelab:* kleine Pazifikinsel, die bei einem Wasserstoffbombentest versank

16 *Niederspritzen:* psychiatrischer Jargon, einen Patienten mit Spritzen ruhig zu stellen

17 *Konsulvator:* Gerät, Elektroschocks zu erzeugen

18 *Ausspiegelungsgesellschaft:* Neubildung von März für eine Gesellschaft, die einen überwacht, ausspiegelt, beobachtet

23 *so hell an die 10000 Hertz:* Hertz ist eine physikalische Einheit, die akustische Frequenz zu messen

26 *Pokerface:* undurchdringliches Gesicht beim Pokern

27 *Gelbwurst:* Wurstart

28 *sowas von fix:* fix = schnell

29 *durch Mark und Bein anschauen:* Knochenmark und Knochen, im Deutschen: durch und durch

30 *Stollwerck:* Schokoladensorte

30 *Piet van Kempen:* Name eines berühmten Paares beim Sechstagerennen

31 *Zahnkarpfen:* kleine Zierfischart

32 *aus der Hüfte gehen:* was kann ich da erklären? Hüfte – Hüftgelenk

32 *den Fuß abrollen lassen:* dito

32 *steingrauer Wolfshund:* eine Art Schäferhund, grau wie ein Stein

35 *Stabilbaukasten:* Spielzeug aus Metallschienen, die zusammengeschraubt werden
40 *Leopillen:* Laxans, Abführmittel
41 *flatsch:* Geräuschnachahmung
42 *Prien:* deutscher U-Boot-Kommandant im 2. Weltkrieg
43 *Sende:* dünner Stock zum Schlagen der Kinder
44 *Stockschnupfen:* ein tief und fest sitzender Schnupfen, verstopfte Nase
50 *ich schieß den Hirsch im dunklen Forst:* Liedzeile, Forst = Wald, deutsche Jagdtradition
51 *Früchtchen:* ungeratener Junge
51 *Bazi:* bayrisches Schimpfwort
53 *die Hand, wo man das Messer sucht:* das Messer Abrahams, Isaak zu töten
58 *pumperlgesund:* umgangssprachlich, gesund wie eine Pumpe
61 *heranpanzen:* Neubildung, steckt Panzer drin, auch heranwanzen, heranmachen
62 *wähnen:* glauben
64 *Bögel:* schlesisches Ostergebäck, Kringel aus Weizenmehl, sehr luftiges Gebäck, von Kindern geschätzt, an Schnüren aufgereiht
68 *zeitkastrierter Bulle:* zeitkastriert Neubildung, auf Zeit kastriert; Bulle Schimpfwort für Polizisten
70 *entmünden:* Neubildung, entmündigen, den Mund verbieten
70 *Schausau:* Sau zum Schauen, Sau in der Schau = Show, Neubildung
70 *Tipfel:* Tüpfel = Pünktchen
71 *zerkautern:* Neubildung, zerkleinern mittels Hitze
74 *Scholle unter dem Brunsteiter:* Neubildung aus Brunst, geschlechtliche Erregungszeit, und Eiter; Scholle Teilstück, Akkerscholle, Eisscholle
74 *Schlal war die Braut und Labsalin im Wald:* Neubildung, Mischung aus Schlaf und schal, Sinn schwer zu erkennen; Labsalin weibliche Aktivform von Labsal, Genuß, Genußspenderin, Labsalspenderin
75 *Sprechblase:* die Umrandung für Text in Comics z. B.
76 *riss-kant:* nimmt das Wort riskant auseinander in Riß und Kant = Kante; der Riß und die Kante, riss-kant; das Wortspiel ist ein beliebtes Ausdrucksmittel bei psychotischen Texten

76 *ui jegerl:* bayrischer Ausdruck des Verwunderns
76 *Schlitzmund:* Neubildung, Mund, der ein Schlitz ist
79 *Kamelattasprache:* Neubildung, läßt an exotischen Volksstamm denken
79 *Wundertüte:* Papiertüte mit Überraschungen, die an Kinder verkauft wird
81 *aus Pulsch-Polen:* pulsch = schlesisch für polnisch; aus polnisches Polen; in Schlesien verstand man darunter tiefes Polen, auch was Hinterwäldlerisches
82 *Schubraupe:* Gerät, Erde zu bewegen
83 *an den Tag legen:* zeigen
83 *Schlagwurst:* Wurstsorte, eine Fleischwurst
83 *Chronisierung:* daß etwas chronisch wird, ein Dauerzustand
83 *durchladen:* ein Gewehr
87 *Eselsmesse:* die kirchliche Messe der Esel, Neubildung
90 *Blick hell, blick dunkel, niemals Humpel:* Blick = schau, Humpel Neubildung, humpeln = hinken
90 *Fasciculus Opticus:* anatomische Bezeichnung
103 *Speed:* Aufputschmittel, Anregungsmittel, Jargon im Drogenbereich, speed = Geschwindigkeit
106 *der anal fixierte:* Fachausdruck in der Psychoanalyse, anal von anus
107 *tranken Spezi und Radlermaß:* Spezi = Bier und Coca-Cola, Radlermaß = Bier und Limonade; bayrische Getränke; Radler = Radfahrer, Maß = 1 Liter
109 *die in der Ausbildung begriffen waren:* noch ausgebildet wurden
109 *die emotionale Versandung:* psychiatrischer Fachausdruck, Versandung wie bei einer Wüste
109 *Rückzug von Rollenerwartungen:* dito, will keine Rolle mehr spielen, zieht sich zurück
110 *Pallaksch:* Neubildung, bedeutet nichts Bestimmtes*
113 *eine produktive Psychose auf Eis legen:* auf Eis legen, psychiatrischer Fachjargon, in Abwartestellung bringen, durch Medi-

---

* Anm. des Herausgebers: Hier irrt Kipphardt. Das Wort ist aus dem Sprachgebrauch des kranken Dichters Friedrich Hölderlin überliefert, bedeutete bei ihm soviel wie «ja». Auch die Kamelattasprache (S. 79) ist ein Wort Hölderlins. Kipphardt plante lange Zeit, ein Stück über Hölderlin zu schreiben.

kamente zum Beispiel; produktive Psychose = psychotischer Patient, der Wahninhalte produziert oder andere Abweichungen

128 *glaube er übrigens bald:* erwarte er das übrigens bald

128 *du mußt dich frei schießen:* schießen, damit du die wegbekommst, die dich umklammern, bedrohen

131 *der pflichtblasse Doppelgänger:* Pflicht und blaß; Doppelgänger, die einander gleich sehen

132 *der ihr die Abweichung vom Hals halten soll:* Abweichung, was abweicht; vom Hals halten = weghalten

142 *Lombra:* Neubildung, steckt Ombra, der Schatten drin

143 *die Fut:* weibliches Genitale, unanständiges Wort

145 *das Fell war well:* well = engl. gut, in Ordnung

147 *parzen:* Neubildung, heranmachen, hat mit den Parzen, den Todbringerinnen zu tun, den Fadenabschneiderinnen

148 *Glastonpuri:* Ortsname

151 *Grabenrohr:* Rohr in Gräben

151 *Befindlichkeit:* wie sich jemand befindet

154 *Zwiesel:* Ortsname

158 *dem Patienten die Beine brechen:* eben die Beine brechen, irgendwas machen, ganz gleich was

169 *Mandelkerne:* anatomische Bezeichnung einer Hirnregion

169 *die flotte Manie:* Manie, Maniker, flotte – eben flott

172 *flusig:* von Flusen, Fäden

172 *Petroleuse:* wurden die Kämpferinnen der Pariser Kommune genannt, die mit Petroleum Brände legten

174 *Abschirmdienst:* Geheimdienst, Spionageabwehr

178 *Mallenrat:* Schimpfwort für Psychiater; Malle – Verrücktheit (berlinisch)

179 *Weinbrandbohnen:* Konfekt mit Cognac, bohnenförmig

180 *streich Honig auf das Brötchen:* Brötchen = Semmel, aber übertragen auch das weibliche Genitale

182 *die Innere Mission:* kirchliche Organisation, die Hilfe auf Bahnhöfen etc. gewährt

182 *das feste Haus:* Psychiatrieknast, für kriminelle Geisteskranke, die nicht verurteilt wurden, aber deren Verwahrung angeordnet wurde

183 *Gatschkane Sinte:* wie aus dem Text hervorgeht, eine Gruppe von Zigeuner-Dialekten

196 *Hundemahlzeit:* Mahlzeit für Hunde, schlechte Mahlzeit
203 *pieseln:* pinkeln
203 *die Strogen:* Name eines Flusses
213 *schauderhafte Kacke der Lebenshilfe:* Kacke = Scheiße, übertragen Unfug, Unsinn der Lebenshilfe
217 *Wasser redeten in Zungen auf ihn:* in Zungen reden = inspiriert reden
224 *Augenschatten:* Schatten unter den Augen

Brief von Vera Kovács   Budapest, den 14. Sept. 1978

Sehr geehrter Herr Kipphardt!
Als Übersetzerin Ihres Romans «März», den der Magvetö-Verlag Budapest bald herausbringt, möchte ich mich mit einigen Fragen an Sie wenden. Die Übersetzung ist zwar fertig und bald ist auch der Umbruch da, doch es lässt mir keine Ruhe, dass ich vielleicht Einiges noch verbessern könnte. So bitte ich Sie also, mir freundlicherweise so bald wie nur möglich einige Fragen beantworten zu wollen.

Seite [15]: *Im Gewitter versank Elugelab.* – Es konnten weder meine deutschen Kollegen noch Freunde vom deutschen Sprachgebiet eine Erklärung zu diesem Wort finden und rieten mir, es unverändert zu übernehmen. Mir scheint jedoch, ich weiss nicht warum, als müsste das Wort doch irgendeinen Bezug haben und dass es, sollte sich dieser finden lassen, durch ein passendes ungarisches Wortgebilde ersetzt werden könnte.

Seite [93]: *Gurke Mörder verlässt mich soll das Gewehr geladen loben die Zeitung?* – Diesen Satz übertrug ich wörtlich, jedoch mit dem Unterschied – da die ungarische Sprache das Subjekt des Satzes vom Objekt unterscheidet –, dass nun *die Zeitung* zum Subjekt und *das Gewehr geladen* zum Objekt wurde; das Wort Gurke habe ich im Sinne von grün, unreif übertragen.

Seite [144]: *...die Rekonstruktion der tatsächlichen Lage und die Eröffnung einer sozialen Praxis seien die Voraussetzungen der Heilung.* – Heisst es denn hier, dass der Kranke wieder den sozialen Verkehr aufzunehmen versuchen soll, oder aber geht es um die sozialpsychiatrische Praxis des Arztes? Übersetzt habe ich den Satz in diesem (zweiten) Sinne.

Und zum Schluß: Eines der Gedichte endet mit dem Satz: *Parzte sich immer dran;* es schien mir eine Anspielung auf die Parzen zu sein und auch etwas wie heranschleichen, daran basteln an sich zu haben, so wählte ich im ungarischen Text das Wort die Schere, daraus man etwas Dingwörtliches bilden kann. Entspricht es denn Ihren Vorstellungen?

Es machte mir Freude, Ihr schönes Buch übersetzen zu können, und ich hoffe, es wird zu einem Bucherfolg.

Lange habe ich darüber gegrübelt, ob ich Sie mit meinen Fragen behelligen darf, nun aber würde ich mich sehr freuen, wenn Sie trotz allem so lieb wären, meine Fragen baldmöglichst beantworten zu wollen, damit ich gegebenenfalls noch, wie gesagt, in der Korrektur etwaige Missverständnisse verbessern kann.

Mit freundlichen Grüssen
und vielem Dank im voraus
Ihre
Vera Kovács

An Vera Kovács 20. September 1978

Schönen Dank, sehr geehrte Frau Kovács, für Ihren Brief. Elugelab ist eine Pazifik-Insel, die bei einem H-Bombentest im Meer versank. Sie sehen, es muß nicht unbedingt an dem Kranken liegen, wenn er nicht verstanden wird. Tatsächlich ist das kaum entzifferbar.

[93] der Sinn dieses dunklen Textes ist nur zu ahnen. Gurke meint die Frucht, als Nebensinn das formal (in der Form) Mißglückte. Im Deutschen gibt es das Jargonwort vergurken, im Sinne von falsch machen, es ist mir mißglückt durch mein Ungeschick. Mir scheint schon richtiger, wenn das geladene Gewehr das Subjekt bliebe. Es darf nicht auf flache Weise sinnvoll werden. So ein Text ist wie ein Fund, man ahnt einen tieferen Sinn, man ist von der Verstörung des Schreibenden und seiner armseligen Lage betroffen.

[144] meint eindeutig, ihm, dem Patienten, eine soziale Praxis zu eröffnen, ihm eine neue Möglichkeit zu sozialen Verbindungen, Tätigkeiten, Selbstverwirklichung zu geben, wenigstens ihm Lust dazu zu machen, ihn dahingehend zu ermutigen.

Parzt (Seite [147]) hat mit den Parzen zu tun, aber auch mit ranmachen, Jargon im Deutschen «panzen», auf unangenehme Weise ranmachen. Assoziation zu «anwanzen», wie Ungeziefer ranmachen.

Ich bin mit guten Wünschen für Ihre Arbeit
Heinar Kipphardt

Von Eugeniusz Wachowiak   Poznań, den 25. Mai 1979

Sehr geehrter Herr Dr. Kipphardt,
bei der Verlagsbearbeitung Ihres «März» gibt es winzige Meinungsunterschiede zwischen der Lektorin und mir bei der Betrachtung der Bezeichnung *Lohberg-Ruh* und *Peilau-Gnadenfrei*.

Die Lektorin denkt, daß es sich in diesem Fall wortwörtlich um den Namen eines Ortsteiles bzw. Ortssiedlung handelt.

Ich dagegen bin der Meinung, daß dieses «Gnadenfrei» so wie auch das «Ruh» einen gewissen Zustand der geistig-moralen Verhältnisse wiederspiegelt.

Was sagen Sie dazu? Wir bitten Sie um eine freundliche Erklärung.

Mit freundlichen Grüßen
Ihr
Eugeniusz Wachowiak

An Eugeniusz Wachowiak   8. August 1979

Sehr geehrter Herr Wachowiak,
bei Peilau-Gnadenfrei handelt es sich tatsächlich nur um den Namen eines Ortes im ehemaligen Kreise Reichenbach in Schlesien. Gnadenfrei war eine ehemalige Herrnhuter Gründung. Die Herrnhuter sind eine christliche Religionsgemeinschaft. Ich selbst bin übrigens in dem Ort Peilau, später Gnadenfrei, aufgewachsen.

Lohberg ist ein erfundener Name. Es steckt in ihm die Lohe, die mit Feuerslohe zu tun hat. Ruh bezeichnet das Ausruhen, das Ende, es wurde in Deutschland oft Orten verliehen, wo sich Personen zur Ruhe setzten, Erbprinzen und Kaiser beispielsweise. Die Bezeichnung Lohberg-Ruh ist von März ironisch verwendet.

Ich hoffe die Nachricht erreicht Sie noch rechtzeitig. Ihr Brief ist in einem Postberg verloren gegangen, ich war der Meinung, ich hätte ihn längst beantwortet.

Ich bin mit freundlichen Grüßen
Ihr
Heinar Kipphardt

Alle Briefe befinden sich im Nachlaß Kipphardts in Angelsbruck.

B. Aus Briefen (1967–80)

An Leo Navratil   29. September 1967

Sehr geehrter Herr Navratil,
äußerst beeindruckt las ich vor langer Zeit Ihre Arbeit SCHIZOPHRENIE UND SPRACHE, und mich beschäftigten besonders die von Ihnen gesammelten Gedichte Alexanders. Über das Symptomatische hinausgehend, fand ich in vielen seiner Gedichte Zeilen großer Poesie, und ich möchte Sie fragen, ob es wohl möglich ist, durch Sie mehr über Ihren Patienten Alexander zu erfahren und ob ich ihn kennen lernen kann. Sie werden nicht wissen, daß ich von Hause aus Arzt bin und vor meiner schriftstellerischen Tätigkeit eine lange Zeit als Arzt an der Universitäts-Nervenklinik der Charité gearbeitet habe. Ich interessiere mich für Alexander auch in Zusammenhang mit einer von mir geplanten Arbeit, die ich Ihnen gerne im Gespräch erörtern würde. Dabei wird sich auch die Frage erheben, ob Sie diese Arbeit unterstützen möchten und zu einer Mitarbeit bereit wären. Vielleicht darf ich Sie in der nächsten Zeit einmal in Kloster-Neuburg besuchen, mir wäre ein Termin in der zweiten Oktoberhälfte ganz recht. Werden Sie in dieser Zeit in Kloster-Neuburg sein?
Herzlichen Dank für Ihre Mühe.

                            Ich bin mit freundlichen Grüßen
                                          Ihr
                                  Heinar Kipphardt

Brief im Besitz von Leo Navratil, Wien. – Klosterneuburg ist der Ort des Niederösterreichischen Landeskrankenhauses für Psychiatrie und Neurologie, an dem Navratil seit 1946 praktiziert.

Von Leo Navratil 28. Oktober 1967

Sehr geehrter Herr Kipphardt,
Sie werden schon böse sein, weil ich Ihren freundlichen Brief so lange unbeantwortet ließ. Ich bitte um Entschuldigung. Wir sind im Oktober übersiedelt, und noch einiges ist dazwischen gekommen, sodaß ich Ihr Schreiben vorübergehend aus den Augen verlor.

Es freut mich natürlich sehr, daß Sie den Versen meines Patienten Alexander poetische Qualitäten zuerkennen, zumal der Patient ja nichts weniger ist als ein professioneller Dichter. Ich habe ein neues Buch-Manuskript über psychopathologische Dichtkunst nahezu fertig, und darin figuriert wieder Alexander an erster Stelle, vor allem was die poetische Essenz der Produkte anbetrifft. Die weiteren vier kranken Autoren stammen aber diesmal ebenfalls aus meiner Beobachtung.

Sie schreiben, Sie möchten Alexander kennenlernen. Er ist zu keinem geordneten Gespräch fähig. Er würde Ihnen kaum etwas über sein Leben oder seine Arbeit mitteilen können. Er produziert ja nicht spontan. Die gesamte Produktion, auch seine neue, noch unveröffentlichte, ist das Ergebnis meines «Dialoges» mit dem Patienten, also einer Art Psychotherapie. Ich habe deshalb auch Bedenken, den Patienten vorzustellen.

Da ich selbst mit Arbeit überhäuft bin, werde ich voraussichtlich auch zu einer gemeinsamen Arbeit nicht in der Lage sein.

Sie sehen, hier liegen vielleicht die inneren Gründe meines längeren Schweigens. Aber dessen ungeachtet, würde ich mich über Ihren Besuch sehr freuen, wenn Sie zu einem Gespräch mit mir Lust hätten. Ich würde Ihnen gerne die von mir gesammelten Texte und Zeichnungen zeigen und hätte sicher einen großen Gewinn durch Ihr Urteil.

Seien Sie herzlichst gegrüßt
Ihr
Leo Navratil

Brief-Durchschlag im Besitz von Leo Navratil, Wien.

An Leo Navratil   10. August 1969

Sehr geehrter Herr Navratil,
ich bin sehr im Verzuge, Ihren liebenswürdigen Brief zu beantworten, und ich bitte Sie, meine Säumnis zu entschuldigen. Ich steckte tief in anderen Arbeiten, hatte wegen einiger Aufführungen im Ausland eine Menge Arbeitszeit verloren, und ich entschloß mich schließlich eine Arbeit vorerst unbeendigt zur Seite zu legen, die mich anderthalb Jahre gekostet hatte. Gleichwohl behielt Ihre freundliche Einladung zu einem Besuch in Klosterneuburg mein lebhaftes Interesse, und ich würde die Gelegenheit gerne wahrnehmen, mehr über Ihre Arbeit zu erfahren und Sie mit meinen Arbeitsüberlegungen vertraut zu machen. Sie können dann entscheiden, ob es richtig ist, mir den einen oder anderen Ihrer Patienten vorzustellen, und ob Sie es auch zum gegenwärtigen Zeitpunkt für bedenklich halten, daß ich den Versuch unternehme, mit Alexander einen Kontakt herzustellen. Ich verbinde mit meinem Wunsche nicht die Vorstellung, mit Alexander ein geordnetes Gespräch führen zu können, vielleicht kann meine ursprüngliche psychiatrische Ausbildung Ihre Bedenken zerstreuen. Aber wir wollen das ganz von unserem Gespräch abhängig machen. Für einen Besuch möchte ich Ihnen zwei Termine vorschlagen, entweder den 13. und 14. Oktober oder den 27. und 28. Oktober. Ich habe vom 15. zum 25. Oktober in Budapest zu tun, und es wäre mir sehr angenehm, wenn Ihnen einer der beiden Termine passen würde. Es versteht sich, daß ich Ihrer Arbeit nur möglichst wenig Zeit entziehen will.

Wenn Sie Ihr neues Manuskript über psychopathologische Dichtkunst abgeschlossen haben, wäre ich Ihnen sehr verbunden, wenn Sie mir ein Exemplar schicken könnten. Falls das Buch schon erschienen ist, bitte ich Sie um die Angabe des Titels und des Verlages.

Ich freue mich sehr, Sie kennenzulernen und bin für heute mit den herzlichsten Grüßen

                                                                    Ihr
                                                        Heinar Kipphardt

Brief im Besitz von Leo Navratil, Wien.

Von Leo Navratil   16. August 1969

Lieber Herr Dr. Kipphardt,
für Ihr Schreiben danke ich herzlich. Ich will es sogleich beantworten. Es würde mich sehr freuen, wenn wir im Oktober zusammentreffen könnten, leider weiß ich noch nicht, ob es möglich sein wird.

Ich weiß nicht, ob ich Ihnen von dem Kongreß unserer Gesellschaft berichtet habe, der heuer im September in Linz stattfinden wird. Ich bin mit der Organisation des wissenschaftlichen Programms betraut, und ich erlaube mir, Ihnen das Programm, das soeben gedruckt worden ist, zu übersenden. Vielleicht haben Sie Gelegenheit, nach Linz zu kommen.

Für heute verbleibe ich mit den herzlichsten Grüßen
Ihr
Leo Navratil

Brief-Durchschlag im Besitz von Leo Navratil, Wien.

An Leo Navratil   25. August 1969

Lieber Herr Navratil,
schönen Dank für Ihren Brief und die liebenswürdige Einladung. Ich komme zu dem Kongreß Ihrer Gesellschaft in Linz sehr gern. Es scheint mir der Überlegung wert, ob Sie nicht noch ein paar Leute einladen sollten, die auf dem Felde der Künste arbeiten. Jenseits der wichtigen Aspekte für die Psychopathologie neige ich zu der Ansicht, daß sich eine Trennung zwischen der Kunst der Kranken und der Kunst der Gesunden im Grunde nicht aufrecht halten läßt. Unsere Bestimmungen, was krank zu nennen sei und was gesund, sind doch, soweit ich sehe, noch die alten pragmatischen Eselsbrücken, und es scheint mir unbegründet, den Arbeiten der psychisch Kranken die Kunstqualität abzusprechen, nur weil sie krank sind. Freilich sind die ästhetischen Bestimmungen des 19. Jahrhunderts, was Kunst zu nennen sei, in diesem Zusammenhange gar nicht mehr aufrecht zu halten. Übrigens aber auch nicht, was die Kunst der Gesunden betrifft. Ich freue mich sehr auf ein Gespräch mit Ihnen,

und ich hoffe, es läßt sich schon in Linz einrichten. Das Programm habe ich bisher nicht erhalten. Können Sie veranlassen, daß mir eine Einladung zugeht? Natürlich nur, wenn die Teilnahme am Kongreß an eine Einladung gebunden ist.

Ich bin mit den herzlichsten Grüßen und guten Wünschen
Ihr
Heinar Kipphardt

ps Das Programm kam soeben, und ich habe meine Teilnahme angemeldet.

Brief im Besitz von Leo Navratil, Wien. – Kipphardt und Navratil begegneten sich (zum ersten- und einzigenmal) beim Kongreß «Psychopathologie und Kunst» der Société Internationale de Psychopathologie de l'Expression, der vom 26. bis 28. September 1969 in Linz stattfand.

An Hansgünther Heyme   16. August 1974

Lieber Herr Heyme,
schön, von Ihnen zu hören. Ich bin, ich hoffe, aus der Melancholie heraus, in die mich die politische Versumpfung dieses Landes und die Verblödung des Theaters im besonderen gebracht hatten. Ich habe einen Film gemacht, der Ihnen nach meiner Mutmaßung gefallen wird. Der Titel ist AUS DEM IRRENHAUS, Bericht über Alexander. Wir beginnen Mitte Oktober zu drehen, das meiste original in einer Landesklinik, der Regisseur ist Vojtěch Jasný, ein tschechischer Kinoregisseur, von dem ich einen sehr schönen Film sah, wenn man von einigen politischen Dummheiten absieht. Der Mann interessiert sich für Astrologie, hat aber, ich hoffe inständig, ein schlaues Sensorium und eine perfekte Technik zur Verfügung. Wir arbeiten zusammen, und ich lerne vielleicht ein paar Kino-Kunststücke. Gegenwärtig arbeite ich an einem Roman, der die haltbarere Fassung des Stoffes werden soll. Wenn Sie Zeit haben, sollten Sie das Drehbuch mal lesen, obwohl ich kaum sehe, wie ein Stück daraus werden sollte, und leider weiß man ja auch nicht mehr so recht warum.

Die TUPAMAROS sind so zur guten Hälfte fertig, aber ich habe tatsächlich große Zweifel, ob das Theater überhaupt noch mit Stoffen dieser Brisanz umgehen kann. Warum denn eigentlich diese himmlische Ruhe stören?

Nach dem Roman mache ich einen Fernsehfilm für WDR, KARL RADEK, im Augenblick heißt das für mich noch: die Anstrengung, Karl Radek zu verstehen. Das ist für mich auch ein Stück. Ein anderer Film wird die wirkliche Geschichte des historischen Woyzeck sein, und das ist vielleicht auch ein Stück. [...]

Ich bin mit allen guten Wünschen
Ihr
Heinar Kipphardt

Brief-Durchschlag im Nachlaß Kipphardts, Angelsbruck. – AUS DEM IRRENHAUS war der Arbeitstitel des «März»-Fernsehfilms. Das im Brief erwähnte TUPAMAROS-Stück (über südamerikanische Guerillas) blieb Fragment. Auch die Filmprojekte über Radek und Woyzeck wurden nicht ausgeführt.

An Leo Navratil   1. Oktober 1974

Sehr verehrter, lieber Herr Navratil,
Sie wissen aus unserem zurückliegenden Briefwechsel, wie tief mich die Gedichte Ihres Patienten Alexander beeindruckt haben, die Sie in Ihrer Arbeit SCHIZOPHRENIE UND SPRACHE veröffentlicht haben. Mich rührte auch sehr die Krankheitsgeschichte, die Sie bei dieser Gelegenheit mitteilten. Als ich kürzlich einen lange gehegten Plan verwirklichte, einen Fernsehfilm zu machen, der das Leben einiger schizophrener Kranker zu beschreiben versucht, faszinierte mich beim Sammeln umfangreicher Materialien erneut Ihr Patient Alexander, und ich erlaubte mir, für eine erdachte Figur einzelne Züge des tatsächlichen Alexander zu benutzen, einige seiner von Ihnen wiedergegebenen Äußerungen, einige Lebensumstände und vor allem einige der hinreißenden Gedichte, manchmal auch nur zwei oder drei Zeilen eines Gedichts.

Ich hoffe, daß Sie dieses Verfahren billigen, denn nach meinem Gefühl muß sich ein Filmvorhaben dieser Art auf vielfältige Materialien stützen, um ein hohes Maß an Authentizität zu erreichen und wissenschaftliches Interesse nicht zu verletzen. Auch, vielleicht gerade, wenn es sich um einen fiktiven Spielfilm handelt.

Selbstverständlich werden die wissenschaftlichen Quellen der von mir benutzten Materialien auch im Film genannt, Sie an erster Stelle. Bei einer etwaigen Buchpublikation würde ich im Anhang genaue Hinweise geben. Im Film kann das nur ein Hinweis im Vor- oder Abspann sein. Unsicher bin ich, ob ich auch Alexander H. nennen kann, sicher wohl nicht mit seinem Familiennamen, oder hätten Sie da keine Bedenken? Ich möchte Sie auch fragen, ob ich Alexander für die Benutzung seiner Gedichte ein Honorar schicken darf. Wenn Sie keine ärztlichen Bedenken haben, bitte ich Sie, mir zu schreiben, wohin ich es schicken soll.

Gern würde ich neue Arbeiten von Alexander kennen lernen, und gern würde ich Sie wiedersehen.

Ich bin mit den herzlichsten Grüßen
Ihr
Heinar Kipphardt

Brief-Durchschlag im Nachlaß Kipphardts, Angelsbruck.

Von Leo Navratil   6. Oktober 1974

Lieber Herr Kipphardt,
über Ihr freundliches Schreiben habe ich mich sehr gefreut. Ich bin auf Ihren Film sehr neugierig und hoffe, ihn sehen zu können. Es freut mich, daß Sie an Alexander und seinen schiftlichen Äußerungen weiter Anteil nehmen. Kennen Sie mein in der Reihe Hanser 1971 erschienenes Buch «a + b leuchten im Klee»? Der Titel stammt von Alexander, im Buch finden sich weitere Texte und Angaben über seine weitere Entwicklung. Vermutlich haben Sie den Namen Alexander H. diesem Buch entnommen? Er heißt Alexander Herbrich. Vor- und Zuname sind Pseudonyme, Herbrich ein von ihm selbst gewähltes Pseudonym. Sie könnten also beide Namen verwenden.

Wenn Sie für Alexander ein Honorar schicken wollen, wird es dankend angenommen. Alexander hat seit langem nur zwei Bedürfnisse (außer dem uneingestandenen Bedürfnis nach mitmenschlicher Zuwendung): Kaffee und Zigaretten. Da ich auch noch andere Dauerhospitalisierte (freilich vor allem meine übrigen Künstler) privat befürsorge, kann ich Alexanders Bedarf nicht zur Gänze decken. Wenn Sie das Honorar für Alexander an mich senden, werde ich es auf Heller und Pfennig ihm zukommen lassen. Ein anderer Weg ist mit administrativen Komplikationen verbunden.

Wir hatten heuer im September das 8. Internationale Kolloquium für Psychopathologie des Ausdrucks in Besancon. Im nächsten Jahr wird in Hannover das Thema Sprache («Die Sprache des Anderen») abgehandelt; ich denke, das könnte Ihr Interesse finden. Wenn ja, dann wenden Sie sich bitte an Professor Gunter Hofer, Psychiatrische Klinik der Medizinischen Hochschule Hannover, Postfach 180, 3 Hannover-Kleefeld.

Meine Kommunikationsversuche mit Alexander gehen – mit Unterbrechungen – weiter. Er weicht gerne aus dabei, oder er wird sehr direkt. So schrieb er mir unlängst zu dem Thema «Die unnötige Sprache»: «Diese Sprache findet man in der Ärzteschaft und jeweils bei den Patienten.»

Mit sehr herzlichen Grüßen
Ihr
Leo Navratil

Brief im Nachlaß Kipphardts, Angelsbruck.

An Leo Navratil　　　　　　　　　　　　　　　　12. November 1974

Lieber Herr Navratil,
seien Sie herzlich bedankt für Ihren liebenswürdigen Brief und die schönen Bücher, ich finde Ihre Arbeit ausserordentlich wichtig und für mich immer wieder sehr anregend. Ich bemerke viele Übereinstimmungen in theoretischerHinsicht, und ich hoffe wir haben bald einmal die Gelegenheit zu ausführlichen Gesprächen. Ich würde auch gerne aus der Nähe Ihre Arbeit sehen und hoffe insbesondere, daß sich irgendwann auch ein Treffen mit Alexander einrichten läßt, ich bin nach den erstaunlichen Arbeiten gar zu neugierig. Selbstredend will ich mich nicht vorlaut in eine Beziehung drängen, die Sie

aufgebaut und zu Ergebnissen gebracht haben. Sie sollen sich von meiner Neugier nicht gedrängt fühlen.

Nach dem Film, an dem wir gegenwärtig noch arbeiten und der einige Aussicht auf Gelingen verspricht, werde ich an einem Roman arbeiten, der einige ergänzende Vorarbeiten in psychiatrischen Kliniken braucht. Darf ich mich an Sie wenden, wenn mich der Weg auf einige Tage nach Wien führt?

Der Film wird Ende des Jahres fertig geschnitten sein, ich hoffe er ist auch in Österreich zu sehen, ich informiere Sie, sobald ich Sendetermine kenne.

Ich bin mit den schönsten Grüßen
Ihr
Heinar Kipphardt

Ein Honorar ist für Alexander an Sie abgeschickt.

Brief-Durchschlag im Nachlaß Kipphardts, Angelsbruck.

Von Leo Navratil   19. November 1974

Lieber Herr Kipphardt,
heute habe ich Alexander mitgeteilt, daß ich einen großen Geldbetrag für ihn erhalten habe. Ich sagte ihm, daß ein Freund von mir einige seiner Schriften in einem Fernsehfilm verwendet habe und dafür das Geld geschickt hat. Er werde jetzt ein Jahr hindurch monatlich S 300.– als Taschengeld zur Verfügung haben. Alexander war sichtlich überrascht und gerührt, er streckte mir die Hand entgegen – was er sonst nie tut – und sagte, «ich danke Ihnen!»

Ich bedanke mich auch für Ihr großzügiges Honorar an Alexander und für Ihren Brief. Bitte schreiben Sie mir, wann Sie nach Wien kommen, ich werde es dann so einrichten, daß Sie mich und Alexander besuchen können. Ich werde Ihnen gerne meine Sammlungen psychopathologischer Bilder und Texte zeigen und meine Tonbänder vorspielen. Ich bin sehr neugierig auf Ihren Film und auch auf Ihre weitere literarische Arbeit. In den letzten Monaten habe ich

Alexander dazu animiert, zu bekannten Gedichten Paraphrasen zu schreiben. Einiges davon scheint mir ganz gut gelungen. Das beiliegende Autograph Alexanders möchte ich Ihnen gerne überlassen, vielleicht gefällt es Ihnen.

Mit herzlichen Grüßen
Ihr
Leo Navratil

Brief im Nachlaß Kipphardts, Angelsbruck.

An Manfred in der Beeck   6. Dezember 1974

Sehr geehrter Herr In der Beeck,
der Film ist fertig, und ich denke, wir haben eine gute Arbeit gemacht. Es waren große Schwierigkeiten zu überwinden, bis wir zu Motivlösungen kamen, die uns das Drehen in einer Landesklinik leidlich ersetzten. Die Angst der Kollegen, den Deckel vom Topf zu nehmen, war schon bebend. Obwohl niemand bestritt, daß es sich um ein gutes Buch handelte, das auch von der Lehre her zu akzeptieren war, gelang es uns nicht, eine geeignete Landesklinik zu finden, die uns die notwendige Unterstützung gegeben hätte. Dazu kam allerdings, daß die Firma gerne in Berlin drehen wollte aus Kostengründen, wenigstens große Teile des Films, aber das wäre zu überwinden gewesen, wenn wir irgendwo eine volle Unterstützung gefunden hätten. Alles, was wir erreichen konnten, war die Überlassung von Räumlichkeiten, und auch das unter oft kuriosen Auflagen, also verzichteten wir schließlich ganz auf eine Landesklinik und wirkliche Patienten und drehten in Berlin im Johannisstift und in älteren Krankenhäusern. Von der Besetzung her haben wir einen hohen Standard, und Ernst Jacobi ist in der Titelrolle ein Ereignis. Der Film ist geschnitten, wird gerade gemischt, und ich denke, er wird so Anfang Juni 75 im ZDF gesendet. Der Titel ist: LEBEN DES SCHIZOPHRENEN DICHTERS MÄRZ. Wenn Sie ihn sehen können, interessiert mich Ihre Kritik. Im Frühjahr will ich zu dem Kongreß in Hannover der Gesellschaft für Psychopathologie und Ausdruck, vielleicht sehen wir uns bei der Gelegenheit.

Nehmen Sie, lieber Herr In der Beeck, noch einmal meinen herzlichen Dank für Ihre liebenswürdige Unterstützung, Dank auch für die Überlassung der Bilder, die im Film ausführlich zu sehen sind.

Alle guten Wünsche für das kommende Jahr und die schönsten Grüße an Ihre Frau

Ihr
Heinar Kipphardt

Brief-Durchschlag im Nachlaß Kipphardts, Angelsbruck. – Dr. Manfred in der Beeck war Leitender Arzt der Psychiatrischen Männerabteilung im Landeskrankenhaus Schleswig, wo Kipphardt für seine März-Arbeiten recherchierte.

An Klaus Wagenbach   2. März 1975

Lieber Herr Wagenbach,
[...] Ich wäre gerne mal wieder ausgiebig mit Ihnen zusammen und bitte Sie, mich doch unbedingt anzurufen, wenn Sie in der hiesigen Gegend sind. Angelsbruck ist 44 km von München entfernt, die S-Bahn geht bis Erding, das 10 km von uns liegt, ich kann Sie da jederzeit abholen und wir haben genug Platz, wenn Sie übernachten wollen. Ich werde mich auch melden, sobald ich in Berlin bin. Im Oktober und November habe ich das telefonisch gelegentlich versucht, aber ich traf Sie nicht an und hatte auch zu wenig Zeit, weil uns die Filmarbeit mit der bekannten Terminbedrängnis ziemlich auffraß. Der Film, Titel LEBEN DES SCHIZOPHRENEN DICHTERS MÄRZ, wird im Juni (30.6.) 21.15 Uhr im ZDF gesendet, und wir wollen danach sehen auch in Kinos zu kommen. Wir haben 5 Wochen in Berlin gedreht, und ich habe von der Sache ein gutes Gefühl. Ich schicke Ihnen anliegend das Manuskript des Buches, und es interessiert mich, Ihre Meinung dazu zu hören. Für den Fall, daß Ihnen das Buch gefällt, biete ich es Ihnen zur Veröffentlichung an. Der Haken bei der Sache ist: ich mache unabhängig von diesem Drehbuch einen längeren Prosatext, so etwas wie einen Roman. Der Prosatext geht ganz andere Wege wie das Drehbuch und beschreibt das ganze Umfeld. Er greift auch die Fragen

auf, die ein Film nicht behandeln kann. Über diesen Roman habe ich mit der AutorenEdition, die im Verlag Bertelsmann erscheint, einen Vertrag abgeschlossen, und zwar wegen der besonders guten finanziellen Bedingungen, die sie mir geboten haben. Ich hätte sonst gar nicht die Zeit finanzieren können, die ich für die Arbeit brauche. Ich will aber auch das Drehbuch veröffentlichen. Ich schicke Ihnen außerdem eine Anzahl von schizophrenen Gedichten, die ich im Zusammenhang mit dem Film gemacht habe und nur zu einem Teil verwenden konnte. Vielleicht sehen Sie sich die Gedichte mal für einen etwaigen Abdruck in dem TINTENFISCH an. Ich bin unsicher, ob man die Gedichte, aus dem Zusammenhang genommen, verstehen kann. Es ist so eine Art von Rollenpoesie. Die Rolle fällt mir leicht, und sie gefällt mir auch.

Ich wünsche Ihnen die Verdickung der Haut, die wir jetzt alle brauchen, und den grimmigsten aller Humore.

Herzlich Ihr
Heinar Kipphardt

Brief-Durchschlag im Nachlaß Kipphardts, Angelsbruck. – Der tatsächliche Sendetermin des «März»-Films war der 23. Juni 1975. Kipphardts Wunsch, den Film auch in die Kinos zu bringen, ließ sich nicht verwirklichen. Das Drehbuch erschien 1976 im Verlag Klaus Wagenbach als Quartheft 78.

An HAP Grieshaber   2. Januar 1976

Lieber Hap Grieshaber,
von Ihren heidnischen Marienbildern zu Heines Gedicht bin ich ganz hingerissen, das schöne erotische Rot, die offene selbstbewußte Gestik schaue ich gern an, und es ehrt die Direktion der vatikanischen Museen, daß sie da nicht erschrocken sind, oder handelt es sich um eine blinde Direktion? Auch die Pia mag die Holzschnitte sehr, und sie kriegen bei uns einen schönen Platz zum Anschauen. Ich bin immer beschämt von Ihren Geschenken, weil sich mein Gekritzel nicht zur Gegengabe eignet. Schönsten Dank für den Bauernkriegsengel. Mir fällt zum Bauernkrieg merkwürdigerweise immer was Weiches, Hilfloses, Abgemurkstes ein, ein noch nicht fliegen könnender Vogel, ein Findelkind mit einem Bein, die Wiege

unserer revolutionären Geschichte, aus der nichts Rechtes kam, und niemand weiß genau, warum nichts kam.

Zum Oktoberengel sagte März erst einmal:

> Bei uns in Deitschland die Oktoberengel
> werden gern im November ernannt
> zu Zeiten der Winternebel.
> Da frieren die Engel und zögern
> durch Kahlfeld und Flur.
> Wenn plötzlich ein Schuß fällt
> sehn sie es ist Treibjagd
> und sie
> sie sind die Treiber
> atmen sie auf.

Dann gab März dazu noch einen Epilog:

> Einmal sogar kamen die Oktoberengel im Mai
> als ausländische Oktoberengel
> und suchten hiesige Novemberengel.
> Die hatte man aber erschossen.

März hat noch ein paar Varianten gedichtet, die ich beilege. März hat auch einige fromme Bilder gemalt, die von seinem Arzt im Roman beschrieben werden und die ich ebenfalls beilege.

Ich bin von der Arbeit an dem langen Prosatext ganz zermürbt, und fast zu jedem Gewaltakt bereit, um damit fertig zu werden. Es gibt im Roman eine Anzahl von Aussagen der März-Figur, die Sie im Zusammenhang mit unserer Arbeit interessieren werden, ich möchte Ihnen den Text aber erst schicken, wenn ich die angstschweißtreibende Arbeit hinter mir habe. Ich hoffe, Sie sind viel besserer Dinge als ich und machen im neuen Jahr viele schöne Sachen.

Ich bin mit den herzlichsten Grüßen
Ihr
Heinar Kipphardt

Brief-Durchschlag im Nachlaß Kipphardts, Angelsbruck. – Grieshaber und Kipphardt produzierten gemeinsam ein Heft von Grieshabers Zeitschrift «Engel der Geschichte», das unter dem Titel «Engel der Psychiatrie» 1976 erschien – mit Texten von Kipphardt (aus den «März»-Arbeiten) und Holzschnitten von Gries-

haber. Zwischen beiden Künstlern entwickelte sich eine Freundschaft, die u. a. in einer intensiven Korrespondenz ihren Niederschlag fand. Grieshaber sandte Kipphardt zahlreiche Malbriefe, von denen dieser sagte, sie seien «ergreifend schön; kindlich, poetisch, voller Information, nicht ohne Sarkasmus, der direkteste Ausdruck in großer Form» (Brief an Grieshaber, 11. August 1976).

An HAP Grieshaber 5. April 1976

Lieber Hap Grieshaber,
die Blätter werden immer schöner, immer gedankenreicher, immer bissiger, immer grieshaberischer, und ich bedanke mich sehr. Das wird eine wichtige Sache von uns beiden, und ich überlege, was ich tun kann, Ihre Arbeit zu begünstigen. Einmal schicke ich mit gleicher Post das Buch, das jetzt ausgeliefert wurde, das liest sich vielleicht angenehmer als Druckfahnen. Dann überlege ich, welche Texte ich in Verbindung mit den Holzschnitten vorschlage, das bekommen Sie in den nächsten Tagen, ohne Sie natürlich an diese Vorschläge binden zu wollen. Dann meine ich, sollte ich zu Ihnen kommen auf ein oder zwei Tage und wir reden, welche Komplexe der psychiatrische Engel berücksichtigen sollte. Vielleicht brauchen wir doch eine Doppelnummer. Und ich will natürlich auch mehr als 5 Holzschnitte. Über die Verbindung Text und Schnitt müssen wir reden, es müssen da viele Entdeckungen zu machen sein und Unverschämtheiten, wir stellen uns ganz auf die Seite des Schizos, des Beisichseinwollenden, des produktiven, verletzlichen, ungenormten, anpassungsunfähigen Gegenentwurfs zur fremdbestimmten Leistungsgesellschaft. Auch in verstümmelter, kaum entschlüsselbarer, zerstörter Form ist ein Gegenentwurf die Betrachtung wert. Will sagen, wir müssen auch auf ein Moment der Utopie in der Schizophrenie kommen, wenn sie auch zerstückelt und unkenntlich gemacht ist. Es gibt viele solcher Momente in März, stark in den schweizer Notizen des Nachtrags. Aber ich wollte gar nicht darüber schreiben, sondern mit Ihnen ausgedehnt reden.

Die herzlichsten Grüße, besonders auch an Frau Hannsmann,
Ihr
Heinar Kipphardt

Brief-Durchschlag im Nachlaß Kipphardts, Angelsbruck. – Margarete Hannsmann war die Lebensgefährtin Grieshabers.

An Manfred in der Beeck 7. April 1976

Lieber Herr In der Beeck,
März, der Roman, ich hoffe, kann Ihr Interesse so erregen wie der Film. Ich schicke ein Exemplar mit gleicher Post. Das Drehbuch des Film erscheint im Juni bei Wagenbach, und Sie bekommen es sogleich. Ich bin natürlich neugierig, was Sie zu dem Roman sagen. Es gibt zweimal 4 Zeilen, die ich den Publikationen psychopathologischer Texte, die Sie veranlaßt haben, entnahm. Zwei Zeilen vom Dreis behielt ich aus einem Gespräch mit Ihnen, die vier Zeilen hinsichtlich Salvatores entnahm ich Ihrem ‹Das Gesicht der Psychose›. Anfang Mai bin ich in Hamburg, weil ich da lesen muß, und wenn es Ihnen recht ist, käme ich dann gern auf einen Tag nach Schleswig, um unsere Fragen zu besprechen. Ich habe auch noch einen Fernsehplan mit dem Film, den ich gern mit Ihnen bereden würde. Wenn es Ihnen nicht zuviel Mühe macht, würde ich Sie herzlich bitten, mir den Besuch in einem festen Hause in die Wege zu leiten. Wir sprachen damals davon, ich würde dann einen weiteren Tag in Schleswig bleiben.

Ich hoffe Sie und Ihre liebenswürdige Frau guter Dinge, und ich bin mit herzlichen Grüßen

Ihr
Heinar Kipphardt

Brief-Durchschlag im Nachlaß Kipphardts, Angelsbruck.

An Leo Navratil 7. April 1976

Lieber Herr Navratil,
endlich kann ich Ihnen ein Exemplar meines Romans MÄRZ schicken, den ich damals ankündigte und der dieser Tage ausgeliefert wurde. Das Drehbuch des Films erscheint im Juni bei Wagenbach, und Sie bekommen es natürlich gleich. Der Film, im Juni des vorigen Jahres gesendet im ZDF, hatte eine große Wirkung, bekam eine Anzahl von Preisen, auch den Filmpreis des Hartmannbundes kurioserweise, wurde als Fernsehfilm des Monats auch nochmal im 3. Programm WDR gesendet, leider aber nicht in Österreich, wenigstens bisher nicht. Es gab bei mir eine An-

frage, ich stimmte zu, aber es kam noch zu keiner Übernahme. Ich hoffe noch immer, wir bringen den Film, trotz hoher Kosten, ins Kino, dann wären Kopien verfügbar, und ich könnte Ihnen den Film vorführen lassen.

Ich bin neugierig, was Sie zu dem Roman sagen und zu meinem Umgang mit einigen der von Ihnen veröffentlichten psychopathologischen Texte. Es kam mir sehr darauf an, die Gegenposition des psychotisch Kranken ernst zu nehmen und dem Leser die Möglichkeit zu geben, sich in dessen Fragen einzulassen. Wenn es Ihre Zeit erlaubt, würde ich Ihr freundliches Besuchsangebot gern in der Woche nach Ostern wahrnehmen. Welcher Zeitpunkt wäre Ihnen recht?

Für Alexander Herbrich würde ich gern über Sie ein weiteres Honorar schicken, wenn Sie zustimmen. Ich bedanke mich bei ihm auch sehr für das mir geschickte Autograph.

Mit sehr herzlichen Grüßen bin ich
Ihr Heinar Kipphardt

Brief-Durchschlag im Nachlaß Kipphardts, Angelsbruck.

Von Leo Navratil   15. April 1976

Lieber Herr Kipphardt!
Vielen Dank für die Übersendung und Widmung Ihres Buches «März». Leider muß ich Ihnen mitteilen, daß ich mich von diesem Werk entschieden distanziere, und zwar nicht wegen Ihrer Stellungnahme zur Psychiatrie, sondern wegen Ihrer Verwendung der psychopathologischen Texte, die Sie ja nicht bloß zu einer Anregung benützt haben, wie Sie es am Schluß Ihres Buches vermerken. Ich bin bestürzt, mit welcher Unverfrorenheit Sie die verschiedensten Auszüge aus meinen Büchern, auch Texte der verschiedensten Patienten, teils wortgetreu, teils entstellt, ohne Quellenangabe in Ihrem Buch abdrucken ließen. Aus unserer Korrespondenz und Ihrer Spende an Alexander konnten Sie das Recht zu einer solchen Plagiierung keinesfalls herleiten.

Sie werden verstehen, lieber Herr Kipphardt, daß ich unter diesen

Umständen nicht bereit bin, Ihnen weitere Einblicke in meine Arbeit oder in unser Krankenhaus zu gewähren und meine früheren Einladungen zu einem Besuch hiemit zurücknehme.

Mit den besten Grüßen bin ich
Ihr
Leo Navratil

Brief im Nachlaß Kipphardts, Angelsbruck.

An Leo Navratil 17. April 1976

Lieber Herr Navratil,
Ihr Brief bedrückt mich, und ich bedaure sehr, daß es zu diesem Mißklang zwischen uns gekommen ist. Mir liegt außerordentlich daran, Ihre Verdienste und meinen Umgang mit den benutzten psychopathologischen Texten richtig zu beschreiben. Wenn die bisherige Form der Danksagung das nicht leistet (was ich natürlich gehofft habe), sollte ich sie erweitern. Ich schlage Ihnen für den bald vorgesehenen Nachdruck einen Einschub nach dem Sie betreffenden ersten Absatz vor: ‹Einige der von Navratil veröffentlichten Patiententexte wurden von mir für die Zwecke des Romans, und meist sehr frei, benutzt. (L. Navratil, Schizophrenie und Sprache, dtv 355; L. Navratil, a+b leuchten im Klee, Reihe Hanser 68)›

Der Hinweis auf Ihre Bücher soll den Leser ermuntern, die psychopathologischen Originaltexte kennenzulernen.

Ich habe übrigens bei jeder sich öffentlich bietenden Gelegenheit meinen Umgang mit den psychopathologischen Dokumenten dargelegt. Ich denke, lieber Herr Navratil, das tut nicht gerade jemand, der sich eine fremde Urheberschaft heimlich aneignen will. Er widmet wahrscheinlich auch keine Bücher und verfaßt Danksagungen. Unsere Korrespondenz deutet wohl auch nicht in diese Richtung, und ich kann Ihren dahingehenden Vorwurf nicht ernst nehmen.

Ihre Mißverständnisse fordern mir aber ein paar Erklärungen zu meiner Arbeit ab. Es scheint nicht selbstverständlich zu sagen, daß es sich um keine wissenschaftliche Arbeit handelt, die strengen Quellennachweis verlangt, sondern um einen Roman, der andere

Zwecke verfolgt und andere Regeln hat. Diese Sorte von Roman verlangt äußerste Authentizität, es ist also ohne zeitgenössische psychopathologische Texte nicht auszukommen. Diese Texte müssen aber gleichzeitig den Vorgängen und Biografien des Romans entsprechen, also verändert werden. Die Montage ist ein schon ziemlich altes künstlerisches Mittel, sie benutzt vorliegende Teile und stellt daraus durch eigene Arbeit oder Verbindung etwas künstlerisch Neues her. In meiner Arbeit spielt die Montage und der Umgang mit faktischen Materialien eine große Rolle, aber es wäre falsch anzunehmen, man käme im Roman oder im Drama mit unbearbeiteten Materialien aus, übrigens auch in der bildenden Kunst nicht. Sie könnten einwenden, da ich die meisten Texte, auch die «psychopathologischen», für die Montage erfunden habe, hätte ich alle psychopathologischen Texte erfinden können. Das ist aber nicht zutreffend, weil nur die Mischung von erfundenen Texten und wirklichen psychopathologischen Texten die zu fordernde Authentizität erbringt. Deshalb finden sich in meinen Texten auch immer wieder Einsprengsel wirklicher Patientenäußerungen verschiedenster Herkunft. Ein Quellenapparat würde den Roman leider absolut unlesbar machen, denn ich müßte neben der Quelle den Originaltext und die Gründe für meine Änderungen angeben. Das ist beim besten Willen nicht zu leisten. Ein Roman wie MÄRZ, der auch fachlich wenigstens diskutabel sein will, muß auch notwendigerweise wissenschaftliche Ansichten reflektieren, und er kann das wiederum leider nicht mit einem wissenschaftlichen Quellenapparat tun.

Ich schreibe Ihnen das alles nicht aus Besserwisserei, lieber Herr Navratil, sondern um Ihr Verständnis für mein Arbeitsfeld zu vergrößern. Natürlich habe ich aber keinen Augenblick daran gedacht, daß Sie sich etwa mit meiner Arbeit identifizieren sollten. Wenigstens freut es mich, daß Sie meine Stellungnahme zur Psychiatrie nicht mißbilligen.

Ich hoffe, Sie können meinen Vorschlag akzeptieren und bin mit freundlichen Grüßen

Ihr
Heinar Kipphardt

Brief-Durchschlag im Nachlaß Kipphardts, Angelsbruck.

An HAP Grieshaber 24. April 1976

Lieber HAP Grieshaber,
für den schönen Tag auf der Achalm bedanke ich mich herzlich. Mir scheint, wir haben ganz gut gearbeitet, und ich bin zuversichtlich, daß unsere erste Zusammenarbeit was Wichtiges ans Licht bringt. Immerhin habe ich Sie veranlaßt, ein paar Sachen herauszulassen, die ohne mich vielleicht in Ihnen versteckt geblieben wären. Während unserer Arbeit habe ich manches an Ihnen besser verstehen gelernt, und so kam die Übereinkunft schnell. Wir sind uns (ich hoffe, das wir ist richtig) näher gekommen. Jedenfalls habe ich in ein paar zugenagelte Verschläge geblickt, und da lag so einiges, was man gesehen haben muß, um den Grieshaber zu verstehen, und manches will der Grieshaber selber vielleicht ungesehen dort liegen lassen und läßt es nur gelegentlich in den schneidenden kaputten Arm hinein. Ich freue mich, Sie so bald wiederzusehen, wenn auch aus diesem miesen PEN-Anlaß.

Auf der Fahrt zurück im Schneeregen, den zurückflutenden Blechlawinen entgegen, fiel mir ein, was mir John Heartfield mal sagte, als er seine Arbeitsweise begründen wollte: «Wir haben die Fotomontage nur gemacht, weil die Fotos doch so ungeheuer lügen.» Vielleicht ist das ein Motiv, so was Unbeschreibbares wie Kunst zu machen, die platten Informationen über unsere Wirklichkeit, die Ideologie der Oberflächenbeschreibung lügen so ungeheuer.

Ich bedanke mich auch schönstens bei Frau Hannsmann.

Herzlich Ihr
Heinar Kipphardt

Brief-Durchschlag im Nachlaß Kipphardts, Angelsbruck. – Die Achalm bei Reutlingen war der Wohnort von HAP Grieshaber.

An Jochen Greven 27. Juni 1976

Sehr geehrter Herr Greven,
für Ihre Meinung zu MÄRZ, und daß Sie die mir übermittelt haben, bedanke ich mich herzlich, und ich verstehe auch ganz gut, daß Sie

mir ein Buch von Robert Walser schicken. Da ist sicherlich in mancher März-Betrachtung ein ähnlich naiver Gesichtswinkel wie bei Robert Walser. Die Mischung von Kindlichkeit, die das Kindische streift und unsere Ordnungssysteme nicht berücksichtigt, läßt sich wohl nur noch in die Figur eines kranken Dichters einbringen, aber ich fürchte, es ist das sogenannte Dichterische selber. Ich werde die RÄUBER, die ich bislang nicht kenne, mit Vergnügen lesen.

Ich bin mit den schönsten Grüßen
Ihr
Heinar Kipphardt

Brief-Durchschlag im Nachlaß Kipphardts, Angelsbruck. – Der Hörfunk-Redakteur Dr. Jochen Greven hatte Kipphardt Robert Walsers Buch «Räuber» geschickt und in seinem Brief betont, «März» sei für ihn die eindrucks- und bedeutungsvollste Lektüre seit vielen Monaten gewesen.

An Ingrid von Heiseler 27. Juni 1976

Sehr geehrte Frau von Heiseler,
schönen Dank für Ihren liebenswürdigen Brief. Es kam für mich überraschend, daß einige Lehrer für sich die Analogie zu Kofler machten, und das beschreibt natürlich etwas von den abscheulichen Umständen, in die Schule und Universität neuerlich wieder geraten sind. Ich erfuhr das erst kürzlich bei einem Kongreß für medizinische Psychologie in Ulm, wo etwaige kritische Gedanken schon in einer Art von Sklavensprache vorgetragen wurden und nachdenkliche Leute mir erklärten, daß sie nicht daran denken könnten, ihrer Nachdenklichkeit zu folgen, weil das eine Universitätskarriere unmöglich mache. Man kann sich denken, was da wissenschaftlich entstehen wird, und so ist es natürlich auch mit den Schulen. Ich höre von Kindern, die ihren Mitschülern Hilfe verweigern, weil das ihre Zensuren relativ verschlechtert. Solche Erwachsene möchte man nicht gerade in seiner Nähe haben. Ich

weiß nicht zu sagen, wie sich Lehrer da wehren können, aber sie
müssen es jedenfalls tun, wenn der Beruf nicht zur Qual werden
soll.

Mit freundlichen Grüßen
Heinar Kipphardt

Brief-Durchschlag im Nachlaß Kipphardts, Angelsbruck. – Antwort auf den Brief einer Leserin, die Erfahrungen von Lehrern in der Institution Schule mit denen Koflers in der Psychiatrie parallelisierte.

An Rainer Huppert   27. Juni 1976

Sehr geehrter Herr Huppert,
für Ihren nachdenklichen Brief zu MÄRZ bedanke ich mich, und Sie
werden mir sicher nachsehen, daß ich auf die vielen gescheiten Fragen aus Zeitgründen nicht eingehe. Was die Kofler-Figur angeht, so
schafft sie das Material zu MÄRZ und anderen Gegenständen des
Buches aus einer anteilnehmenden Distanz, und es wäre nach meiner Ansicht nicht richtig gewesen, in das Gewordensein Koflers untersuchend einzudringen, zumindest wäre das ein selbständiges
Buch. MÄRZ ist ein Roman, weil er mit mir zu tun hat, subjektiv
und sinnlich und erfindungsreich, ich hoffe, und weil die Wissenschaft die brüderliche Nähe zur Psychose nicht leisten kann, die ich
leisten wollte.

Ich freue mich jedenfalls, daß Ihnen das Buch vielerlei Gedanken
abverlangt hat, und bin mit freundlichen Grüßen

Heinar Kipphardt

Brief-Durchschlag im Nachlaß Kipphardts, Angelsbruck.

An Karin Struck   14. Dezember 1977

Liebe Karin Struck,
es sind die Schwierigkeiten, die uns weiter bringen, und der Schriftsteller, der in keine mehr gerät, um den steht es schlimm. Ich will nur sagen, es wäre nach Ihren drei Büchern zum Wundern, wenn Sie eine neue Phase Ihrer Arbeit und also Ihres Lebens ohne Verstörungen und ohne Beulen schafften. Depressionen gehören zum Handwerk.

Ich halte es für keine gute Idee von Ihnen, einen dokumentarischen Film über Marienthal zu machen, ich kenne die Klinik flüchtig, wenn es sich um die Landesklinik Münster handelt. Sie werden sich krank ärgern und keine Dreherlaubnis erhalten, Sie werden nicht mit Patienten drehen können, weil es da unendliche Rechtsschwierigkeiten gibt, und die institutionelle Psychiatrie weiß zusätzliche zu machen. Das geht nur auf der Basis von Kenntnissen und enger Zusammenarbeit mit einer Klinik, die selbst eine kritische Haltung einnimmt, und die ist nicht leicht zu finden. Was mich angeht, so ist der Stoff von mir aus in dem MÄRZ-Film und dem MÄRZ-Roman behandelt, es würde mir keinen Spaß machen, und ich stecke in neuen Sachen. Für Sie ginge die Sache sicher am leichtesten, wenn Sie einfach von einigen realen Lebensläufen ausgingen, von Leuten, die mitteilungsfähig sind und sich nicht mehr in der Klinik befinden. Die werden nicht leicht zu finden sein. Im Grunde rate ich Ihnen ab. [...]

Mit den schönsten Grüßen, auch von der Pia
Ihr
Heinar Kipphardt

Brief-Durchschlag im Nachlaß Kipphardts, Angelsbruck. – Karin Struck hatte Kipphardt vorgeschlagen, mit ihr gemeinsam einen Film über die Geschichte des psychiatrischen Krankenhauses Marienthal zu machen.

Von Klaus Wagenbach   5. Juni 1978

Lieber Heinar,
[...]Dein Fußballgedicht ist sehr bewegend: Aber ist Dir nicht aufgefallen, daß unsere Jungens weder rechten Biß noch den nötigen Kampfgeist haben, ganz abgesehen davon, daß sie führerlos sind? Dagegen die Barfußkicker aus Tunesien! Oder Kamerad Schnürschuh aus Österreich! [...]

        Viele Grüße, insbesondere auch hedonistische
        Dein Klaus

Brief im Nachlaß Kipphardts, Angelsbruck. – Der Brief bezieht sich auf das folgende MÄRZ-Gedicht Kipphardts (abgedruckt in der Zeitschrift «Wespennest» 33, 1978):

    Frühling
Die Knochengerüste der Bäume haben sich begrünt
Langsam zu traben beginnen die Reiterdenkmale
Ich höre die Erdrinde knacken
Zum Fenster herein schaut eine Fußballmannschaft

An Klaus Wagenbach   7. Juni 1978

Du nimmst, liebster Klaus, Märzens Gedichte viel zu metaphorisch. Es sahen aber tatsächlich alle 11 Fußballer hier rein, Du weißt von der schmalen rückwärtigen Brücke, weil sie sich von der Flußterrasse nicht trauten, sie waren nämlich auf der Flucht und wollten hier Quartier machen. Da habe ich ihnen erst mal wieder ein Gedicht vorgelesen, das ihnen die Ohren ganz schön gerötet hat:
    Argentinia (Polen-BRD 0:0)
    Jetzt werden wir auch diesen Krieg nicht gewinnen
    hochgerüstet
    auf einsamen technischem Stand
    und Meister der Strategie
    ach Flohe
    ach Fischer
    ach Bonhof
    ach wie ein Mann hinter euch steht die Heimatfront.

> Kommt jetzt der Dolchstoß per Satellit
> und durch euch
> in unser Color TV?

Da hat der Vogts so geweint, daß ich ärztlich eingreifen mußte, und wir gewährten Quartier, ohne die Ausweise nach den Richtlinien des Innenministeriums zu überprüfen. März begann sofort mit dem Training: Therapiegemeinschaft ohne Ball, keine körperliche Anstrengung und jede Art von menschlicher Zuwendung. Da hättest Du die gequälten Seelen in ihrer Trauerarbeit aber rackern sehen sollen und heulen wie 11 Dorf- und Schloßhunde, nur ausdauernder. Zu ihrer Tröstung durften sie halbstundenweise Franz und Moritz beim Päppeln auf unserer Wiese zusehen, und Franz hat es geschafft, dem Rüßmann zu erklären, daß das zu treffende Tor nicht das nächstbeste ist. Du siehst nun den Erfolg der Arbeit in Mexico. Was uns zuerst irritiert hat, es wurden, z. B. auf dem Wege zum Wirt nach Reichenkirchen, immer mehr Fußballer. Wir erklärten uns das erst mit neuer Aufstellung, Ersatzleuten etc., bis ich auf einmal das mir ganz unvergessliche Gesicht von Maihofer erkannte, auch er im Fußballerdreß und mit ihm ein starker Zug Leibwächter im Nationaldreß (BSG 9). Auch sie wollten zwanglos hier unterkommen und verlangten Therapie. Wir glauben aber nicht, daß sie Übertragungen leisten können, halten sie somit nicht für therapiefähig, und es störten uns auch immer die vielen Maschinenwaffen rund um die Couch. Maihofer las mir immer PEN-Papiere vor, die er gegen Notstandsgesetze und Polizeiwillkür verfaßt hatte, aber es ist einfach so, daß ich hier ausziehen müßte, wenn er da ist, weil Gesicht und Geruch mir unerbittlich auf die Allergien schlagen. Versuchte ihm das freiwerdende Innenministerium bei Mobutu schmackhaft zu machen, wo humanitäre Aufgaben unser harren, aber er will noch nicht, lagert nachts mit seinen Mannen in den Wiesen und übt an Richtmikrophonen. Wie werde ich ihn los? Gedichte fallen mir zu Maihofer nicht ein. Es fehlt mir jetzt nur noch der Filbinger, aber März sagt, der kommt nicht, weil Richter keine Therapie brauchen, sie sind die Therapie.

Herzlich
Dein Heinar

ps Zum Thema Deutschland habe ich für den Tintenfisch immer was auf Lager.

Brief-Durchschlag im Nachlaß Kipphardts, Angelsbruck. – Geschrieben während der damals in Argentinien stattfindenden Fußballweltmeisterschaft. Franz und Moritz sind die Söhne von Heinar und Pia Kipphardt; Reichenkirchen der Kipphardts Wohnort Angelsbruck nächstliegende Ort.

An Klaus Wagenbach [1980]

Der März, lieber Klaus, der immer mal wieder dichtet, hat in seinem neuesten Produkt die Technik beschrieben, wie mit einem zu groß gewordenen Golem umzugehen ist. Es scheint, er hat den beschriebenen Trick Deiner Arbeit als Verleger entlehnt. Der Golem, dieser stumme, künstliche Mensch aus Lehm, dieses Monstrum, kann ja durch sprachmagische Buchstabenkombinationen belebt oder stillgelegt werden. Wenn er zu groß geworden ist, sieht er die Buchstaben nicht mehr. Ein Golem kann auch furchtbar und gewalttätig werden, als Obrigkeit beispielsweise oder als Koryphäe.

Der Golem

> Wenn der Golem zu groß geworden ist ihm
> den Kopf abzuschlagen
> mit seinem W an der Stirn
> Wahrheit
> Wissenschaft
> Wahnsinn
> muß man den G. höflich bitten
> sich zu bücken
> indem man ins Ohr ihm was flüstert
> wegwischt das W und
> den Kopf.

März immerhin hat so seinen Psychiater in die Hand gebissen.

Gruß zu Klaus Wagenbachs 50. Geburtstag am 11. Juli 1980. Brief-Durchschlag im Nachlaß Kipphardts, Angelsbruck. Gedruckt in: Fintentisch, Berlin 1980 (= Quarkheft 50), S. 95.

An Daniel Kradolfer 6. August 1980

Lieber Herr Kradolfer,
schönen Dank für Ihren freundlichen Brief, und ich bitte um Entschuldigung, daß ich erst heute dazu komme, ihn zu beantworten. MÄRZ ist eine erfundene Figur, die sich aber ihre Authentizität aus tatsächlichen Erlebnissen mit psychisch Kranken und tatsächlichen Krankengeschichten holt. Der Gang der Handlung und die Personen, auch die Person des Dr. Kofler, sind erfunden, ich denke aber, daß sie möglich sind, daß sie einer wissenschaftlichen Betrachtung auch standhalten.

Ich verstehe Ihre ernsten Zweifel an Ihrem Beruf gut, aber ich gebe doch zu bedenken, daß gerade so empfindliche und kritische Leute wie Sie im Bereich der Psychiatrie gebraucht werden, wenn sie sich ändern soll. Ich denke, daß die Tage der institutionellen Anstaltspsychiatrie gezählt sind, sie wird den kritischen Druck, dem sie von vielen Seiten ausgesetzt ist, nicht aushalten können, ohne sich grundlegend zu verändern. Es ist ja bei jeder Entwicklung so, daß Änderungsversuche über lange Zeit immer wieder scheitern, und daß sich aus eben diesem Scheitern die Änderung ergibt, die in den Änderungsversuchen schon enthalten war.

Ich habe übrigens kürzlich ein Stück mit der MÄRZ-Figur gemacht, das für mich die entschiedenste Ausprägung des Stoffes ist, und in diesem Stück spielt der menschliche Gegenentwurf, der schwer erkennbar in der Psychose möglicherweise steckt, eine besondere Rolle. Im Roman ist das der Graubünden-Teil, der einen leicht utopischen Zug hat, aber doch auch real möglich ist. Das Stück heißt MÄRZ, EIN KÜNSTLERLEBEN, die Uraufführung wird im Oktober in Düsseldorf sein.

Ich bin mit guten Wünschen für Sie und Ihren Beruf,
Ihr
Heinar Kipphardt

Brief-Durchschlag im Nachlaß Kipphardts, Angelsbruck. – Der Adressat, ein Psychiatrie-Pfleger aus Bern, hatte u. a. angefragt, ob März und Kofler authentische Figuren seien.

C. Das Elend der Psychiatrie.
Ein Gespräch (1976)

Ist «März» überhaupt ein Roman? Ist es nicht vielmehr ein Dokument, das Protokoll über die Vernichtung eines Menschen durch den Menschen in unserer Gesellschaft? Mit anderen Worten: Wo liegt hier die Grenze zwischen Dichtung und Realität, oder gibt es diese Grenze – beabsichtigterweise – gar nicht?

Kipphardt: Mein Buch ist ein Roman, in dem erfundene Vorgänge und erfundene Figuren geschildert werden.
Aus Gründen der Authentizität wurden von mir eine Anzahl psychopathologischer Texte für die Zwecke des Romans, und meist sehr frei, verwendet, insbesondere einige mich äußerst beeindruckende Texte des kranken Dichters Herbrich (Pseudonym), die Leo Navratil veröffentlicht hat.
Wenn ich mich einer bestimmten Thematik zuwende, erforsche ich zuerst meist ziemlich gründlich das Vorfeld, um mich auf den heutigen Stand der Wissenschaft auf dem jeweiligen Gebiet zu bringen. Mit den Kenntnissen dieses Feldes gehe ich in die schriftstellerische Arbeit, und dabei bekommt natürlich alles meine Subjektivität. Jede Art von Kunst ist durchtränkt von der Person des Künstlers. So auch «März». Es handelt sich also nicht um eine wissenschaftliche, sondern um eine künstlerische Arbeit, wenngleich ich meinen Arbeiten immer zumuten möchte, daß sie den Blick der Wissenschaft aushalten.

Nun sind Sie ja selbst Fachmann auf dem Gebiet der Psychiatrie. Haben Sie in der Vorbereitungsphase zu diesem Buch in einer psychiatrischen Klinik praktische Arbeit geleistet, als Arzt?

Kipphardt: Meine eigenen psychiatrischen Erfahrungen liegen lange zurück. Als ich mich diesem Felde erneut näherte, versuchte ich zu erfahren, was ist in der vergangenen Zeit, in der ich nicht praktisch-psychiatrisch gearbeitet habe, in der Psychiatrie vor sich gegangen? Was ist in der Praxis der Psychiatrie und in ihren Institutionen geschehen? So habe ich zu einer Anzahl von Kliniken neue Kontakte aufgenommen, auch viele Patientenbeziehungen, und habe die internationale Literatur auf diesem Gebiet, vor allem die neuere

Psychosenlehre, studiert. Da ist im Ausland mehr und Besseres gearbeitet worden als bei uns.
In der Praxis unserer psychiatrischen Institutionen hat sich – vom therapeutischen Gebrauch neuerer Psychopharmaka einmal abgesehen – leider nur sehr wenig geändert. Die Zustände sind elend und erbarmungswürdig; wir haben uns von der alten Anstalt, dem alten Asyl nur wenig entfernt. Wie Sie wissen, hat kürzlich eine Kommission im Auftrag des Bundestages die schreckliche Lage der Psychiatrie in der Bundesrepublik beschrieben, leider aber ganz unzulängliche Folgerungen zur Änderung gezogen.

«März» ist der Roman eines schizophrenen Menschen in einer schizophrenen Gesellschaft. Wir alle verbinden mit dem Begriff «Schizophrenie» ganz bestimmte Vorstellungen über Realitätsverlust. In Ihrem Roman jedoch notiert der junge Psychiater Dr. Kofler: «Die Schizophrenie ist nicht nur ein Defekt. Ich spüre im psychotischen Verhalten vieler Kranker einen unerkannten Wert, einen menschlichen Entwurf anderer Art. Jede wirkliche Entdeckung hat den abweichenden Blick zur Voraussetzung.»
Bedeutet das, daß Sie den Begriff «Schizophrenie» noch in einem anderen, vielleicht erweiterten Sinne verstehen?

Kipphardt: Man soll die Krankheitsbezeichnung «Schizophrenie» nur vorsichtig gebrauchen. Viele bezweifeln, ob es überhaupt so etwas wie eine beschreibbare schizophrene Grundstörung gibt. Ich würde diesen Krankheitsbegriff aber keinesfalls auf Gesellschaftsformationen anwenden. Was soll das sein: eine «schizophrene Gesellschaft»?
Eine richtige Bemerkung steckt in Ihrer Frage jedoch insoweit, als ich in meinem Roman den Versuch unternehme, konkret zu beschreiben, was jemandem in seinem sozialen Umfelde zugestoßen ist, und ich stelle Mutmaßungen an, was das mit diesem merkwürdigen Zusammenbruch seines Sozialsystems, eben mit der psychotischen Erkrankung, zu tun haben könnte.
Ich bin tatsächlich der Meinung, daß es einen Zusammenhang zwischen dem Maß an Fremdbestimmung, an Zwang und der psychischen Erkrankung gibt. Das muß nicht immer bis in die Psychose hineingehen, aber ich glaube, auch bei psychotisch Erkrankten kann man solche Zusammenhänge annehmen.
Der Roman stellt aber die weitergehende Frage: Ist diese Erkran-

kung, diese tiefgehende Änderung des Denkens und Fühlens, die wir Schizophrenie nennen, ist das nur ein Zusammenbruch oder steckt in ihr eine verschlüsselte Gegenposition? Ist das vielleicht nur eine bestimmte Art von Beharren auf sich selbst, eine Unfähigkeit, sich anzupassen? Wir versuchen festzustellen, was ist mit den Leuten passiert, was ist ihnen Schlimmes zugestoßen. Nun, meist gar nicht viel mehr, als was uns allen zugestoßen ist. Wir sind nur stärkere Nehmer. März sagt an einer Stelle: «Ich war kein Champion im Herunterschlucken.» Vielleicht sind es gerade dünnhäutigere, empfindlichere, verletzbarere Menschen, die den massiven Anpassungszwängen unserer Realität nicht gewachsen sind. Sie wenden sich verstört ab, bestehen aber *auf sich*, auch wenn sich das nur noch trümmerhaft, verstümmelt und wahnhaft äußert. Oft stecken in der Psychose von uns verkannte, stark verschlüsselte Entwürfe einer anderen Art zu leben, tiefergehende, ernst zu nehmende Fragen.

Sind Sie der Auffassung, daß nur der schizophrene Mensch, der Außenseiter, der Unangepaßte, aufgrund seiner geradezu seismographischen Sensibilität dazu in der Lage ist, die eigentliche Tragik unserer Existenz, ihre Ausweglosigkeit und damit ihre absolute Wirklichkeit zu erkennen?

Kipphardt: Der Roman handelt nicht von «Genie und Wahnsinn», aber wir beobachten in unserer Gesellschaft einen enormen Rückgang an Phantasie, an Selbstbestimmung, an Individualität. Wir beobachten einen unglaublichen Verlust an sinnlicher Erfahrung, an Sehen, Hören und Schmeckenkönnen, an Produktivität, in der sich das jeweilige Ich ausdrückt. Wir sehen Leute, die nur noch genußfähig sind, insofern sie etwas kaufen, etwas erwerben. Das ist eine sehr merkwürdige, sich auf bloßes Haben reduzierende Verwandlung im Gebrauch von Sinnlichkeit. Diesen bestimmten produktivitätsfeindlichen und auch kulturfeindlichen Aspekt in unserer Gesellschaft hat Marx, glaube ich, sehr umfassend beschrieben.
Interessanterweise bewahren viele psychotisch Kranke, viele Schizophrene – ich würde sagen die meisten von ihnen – eine intensive Ausdrucksfähigkeit ihrer Person und ihrer Lage. Oft kommt das der künstlerischen Produktivität sehr nahe.
Der Künstler ist ja in unserer Gesellschaft derjenige, der sich – im Unterschied zu anderen – ein hohes Maß an Selbstbestimmung bewahrt hat. Das, was er prodziert, hat mit ihm selbst zu tun. In seiner

Produktion erscheint sein Ich, seine Existenz, und das unterscheidet ihn von fast allen anderen Menschen, die fleißig und pflichtbewußt fremdbestimmte Arbeiten verrichten, in denen sie selbst nicht erscheinen, in denen ihre Subjektivität nur stört. Unsere Gesellschaft geht nicht von den Bedürfnissen der Menschen, sondern von denen der Wirtschaft aus. Menschen werden zu Objekten in Wirtschaftsprozessen. Ich halte das nicht für unveränderbar.

«Wenn ich an mein Leben denke, ist es, wie wenn man etwas denken würde und wieder einschläft. Es ist mir nicht gelungen, darin Fuß zu fassen.» So sagt März in Ihrem Buch. Sind Sie der Auffassung, daß es den meisten Menschen in unserer Gesellschaft nicht gelungen ist, in ihrem Leben, in der «normalen Struktur» ihres Lebens Fuß zu fassen, was uns natürlich gleichzeitig zu der Frage führt: Was ist normal?

Kipphardt: Nun, es gelingt fast allen, in ihrem Leben Fuß zu fassen, aber unter Verlust ihres Ichs, ihrer Selbstbestimmung, unter Aufgabe ihrer Lust. Fragen Sie einmal einen Menschen, der 50 oder 60 Jahre alt ist und auf ein Leben im Büro, in der Fabrik oder sonstwo zurückblicken kann – fragen Sie ihn einmal, wie denn sein vorliegendes Leben sich zu den Vorstellungen verhält, die er sich als Junge oder als Mädchen gemacht hat, die Entwürfe und die Wünsche, auch die Fähigkeiten, die er einmal hatte, was ist von ihnen, was ist von seiner Produktivität geblieben? Sie werden feststellen, er hat Fuß gefaßt, aber unter der Bedingung, daß er die fremde Bestimmung annahm und bejahte. Er muß sein fremdes Leben als richtig akzeptieren, muß die Zwänge der Gesellschaft als unvermeidbare Sachzwänge begreifen, er muß das System anerkennen, das ihn zum Objekt, zum Rädchen macht. Unter dieser Bedingung faßt er Fuß – aber es ist nicht mehr sein Leben. Doch das weiß er nicht mehr, er vermißt es kaum noch; er ist ein funktionierendes Ding geworden, ich würde sagen, sogar ein fröhliches oder zufriedenes Ding. Aber auch ein fröhliches oder zufriedenes Ding ist ein Ding und somit etwas Unmenschliches.

Ich erinnere mich hier an einen Satz des amerikanischen Psychiaters Thomas S. Szasz: «Wenn Menschen ihre sozialen Rollen richtig spielen, oder anders gesagt, wenn soziale Erwartungen angemessen erfüllt werden, gilt ihr Verhalten als normal.»

Kipphardt: Aber von wem gehen die Erwartungen aus? Unser ganzes Training läuft auf Adaption hinaus, die wir dann als Tugenden verstehen: Pflicht, Gehorsam, Zufriedenheit, Treue. Dabei handelt es sich jedoch nicht um Treue zu sich selbst und nicht um die Pflicht seiner eigenen Produktivität gegenüber. Familie, Kindergarten, Schule, Lehre, Militär, Büro, Fabrik, Kirche, oder was sonst immer auf Menschen einwirkt, konditioniert sie ununterbrochen, sich fremden, unangenehmen Pflichten anzupassen. Man lernt in einem ziemlich langen und komplizierten Prozeß von verschiedensten Seiten, daß man so sein *muß* wie es von einem erwartet wird. Der Vater zwingt uns zu seinem Entwurf, und alle pfropfen sich diesem Modell auf, die Lehrer, der Meister, die Chefs etc. März nennt das Abrahamismus.

Ich dachte, man sollte das einmal beschreiben aus ebenso fremden, merkwürdigen und überspitzten Positionen heraus, wie sie zum Beispiel März in seinen Gedichten und Aufsätzen einnimmt. Für mich hat das eine anziehende Naivität, eine Kindlichkeit, die sich über die gewohnten Ordnungsschemata und das rechteckige Denken mit metaphorischen Empfindungs- und Denkweisen einfach hinwegsetzt. Ich glaube, daß März aus dieser poetischen Befindlichkeit viele richtige Beobachtungen gelingen.

Nun bemerkt Dr. Kofler in Ihrem Buch: «In nahezu jeder Beziehung kann man bei näherer Betrachtung einen Zug der Nötigung finden, so daß vom gesellschaftlichen Charakter der Gewalt gesprochen werden kann... Vielleicht kommt man dem Verständnis der Psychose näher, wenn man diesen Zusammenbruch des Sozialsystems als einen wilden, irrationalen Protest begreift, die Gewalt nicht ertragen zu können.»

Ich meine aber, wir kommen mit diesem «wilden, irrationalen Protest» der Lösung des Problems: nämlich der Abschaffung der Gewalt keinen Schritt näher. Vermutlich ist die Gewalt unabschaffbar, wir müssen sie wohl als eine Art Lebensgesetz akzeptieren – oder wir verlieren uns in der vergeblichen Hoffnung auf die Verwirklichung des Utopischen. Ich kann mir jedenfalls beim besten Willen kein System, keine Gesellschaft, eigentlich nichts, nicht einmal einen gewöhnlichen Arbeitsprozeß ohne ein gewisses Maß an Druck, an Gewalt oder Aggression vorstellen.

Kipphardt: Ich nehme da eine ganz konträre Position zu Ihnen ein. Ich kann mir nicht die geringste wirklich produktive Arbeit unter Gewaltanwendung vorstellen. Richtig ist sicherlich, daß unser System nur unter Anwendung von Gewalt funktioniert. Denn es wird doch niemand täglich tun, was er eigentlich nicht tun will, ohne eine zwar verinnerlichte, aber doch gegen ihn angewendete Gewalt. In der nur auf die Wiederherstellung der eigenen Arbeitskraft berechneten Entlohnung steckt natürlich schon ein Moment von Gewalt, denn sie zwingt, die aufgezwungenen Tätigkeiten täglich wieder auszuführen, einfach um zu leben.

Um der Gewaltanwendung einen objektiven Anstrich zu geben, wird die Gewalt beim Staat und bei der Wirtschaft monopolisiert und Gewalt ansonsten verboten, jedenfalls diffamiert. Das kann aber nicht funktionieren. Ein Mensch, der ununterbrochen Gewalttätigkeiten ausgesetzt ist, muß entweder selbst Gewalt als ein Mittel akzeptieren und ist äußerst aggressiv und gewalttätig, wenn er nicht gezwungen wird, seine Aggression und Gewalttätigkeit zu unterdrücken, oder er läßt sich zerstören und setzt an die Stelle der von Gewalt erschütterten Realität eine von ihm erfundene Innenwelt, in der er existieren kann. Das wäre in gewisser Hinsicht die Asyl-Existenz, die sich im Asyl eingerichtet hat und nicht mehr kommuniziert. Eine solche Persönlichkeit ist März nach 15 Jahren Aufenthalt in der Anstalt Lohberg.

Arbeit, der Springquell menschlicher Produktivität und die Naturform unserer Solidarität, ist für die meisten Menschen heute eine sich täglich wiederholende Qual auch dann, wenn diese Qual durch andauernde Gewöhnung nicht mehr als solche empfunden wird. Darin liegt ein stark krankmachender Faktor, und er verstärkt sich noch, wenn man die Tatsachen für unabänderlich hält und sie akzeptiert, weil man nicht in der Lage ist, die Dinge zu durchschauen. Es gibt ganze Meinungsindustrien, deren Zweck die Mystifikation, die Verschleierung der Wirklichkeit ist. Der größere Teil der freien Zeit dient dem Konsum von Produkten eben dieser Meinungsindustrien. Die freie Zeit verwandelt sich in Freizeit, die ebenfalls weitgehend fremdbestimmt verbracht wird, konsumbewußt und unproduktiv. Gerade die künstlerische Arbeit zeigt, daß wirkliche Produktivität nur selbstauferlegte Disziplin verträgt, selbstbestimmte Arbeitsprinzipien, keine fremde, gegen den Künstler als Produzenten gerichtete Gewalt.

Würden Sie dem zustimmen können, daß der Identitätsverlust des modernen Menschen sowohl in der westlichen Konkurrenzgesellschaft als auch in der vorgeblich sozialistischen Gesellschaft immer mehr total wird, daß also beide Systeme auf jeweils spezifische Weise den Menschen entmenschlichen, zumindest zu entmenschlichen versuchen?

Kipphardt: In den spätkapitalistischen Industriemetropolen stellen wir einen immer stärker werdenden Zug zur Verwaltung fest. Die Kapitalseite ist personell immer weniger faßbar geworden. Der Lohnarbeiter steht immer seltener Einzelunternehmern gegenüber, sondern anonymen Verwaltungen. Die Besitzverhältnisse an den Produktionsmitteln werden mystifiziert. Diesem Zug zur Monopolisierung und zur Anonymisierung in der Verwaltung begegnen wir auch in anderen Lebensbereichen, vor allem im staatlichen Bereich. Alles wird immer undurchschaubarer, bekommt mehr und mehr den Charakter eines nicht aufhebbaren Sachzwanges, so daß viele Menschen das Gefühl haben, das Funktionieren dieser Welt nicht mehr zu begreifen. Und dieses Gefühl der Unüberschaubarkeit, des Ohnmächtigseins, verstärkt sich. Das ist nach meinen Beobachtungen die derzeitige Lebensrealität, und sie ist, denke ich, eine krankmachende Realität – ein Moment der psychischen Verelendung.
Was nun die mir bekannten sozialistischen Länder angeht, so halte ich diese für Übergangsgesellschaften, nicht aber für entwickelte sozialistische Gesellschaften. Mir scheint in ihnen Fremdbestimmung und Entfremdung der Arbeit in anderen Formen fortzuwirken, und auch die obrigkeitsstaatliche Struktur ist unverkennbar. Meine mangelhaften Informationen erlauben mir jedoch keine Aussagen für den Bereich der psychischen Erkrankungen in diesen Ländern.

In Ihrem Roman bemerkt Dr. Kofler: «Eine Gesellschaft, die massenhaft psychisches Elend produziert, muß bekämpft werden.» Welche Aussichten gibt es auf eine moderne Gesellschaft, die kein psychisches Elend produziert? Ist das überhaupt heute vorstellbar, nur im Entwurf?

Kipphardt: Das ist im Entwurf schon vorstellbar, obwohl nicht in den Einzelheiten. Das setzt eine Gesellschaft voraus, die von den Bedürfnissen produktiver Menschen ausgeht, freier und gleicher Menschen, das heißt, es würde sich um eine historische Formation handeln, die den Kapitalismus aufgehoben hat. Der Kapitalismus ist historisch eine wunderbare Sache gewesen, ein notwendiges Durchgangsstadium, um Wissenschaft zu produzieren, Technologie und vieles andere, um überhaupt einen Stand zu erreichen, wo so etwas wie Überfluß in den Blick kommt. Darin liegt fraglos das große Verdienst der kapitalistischen Epoche.

Aber gleichzeitig muß man sehen, daß der Kapitalismus die dringenden Fragen unserer Zeit nicht lösen kann. Eine Gesellschaft freier und gleicher Produzenten, die von ihren Bedürfnissen ausgehen, kann man sich nur im aufgehobenen Kapitalismus vorstellen. Diese Aufhebung hat zwei Momente: einmal das Moment des Endes und zweitens das Moment des Aufnehmens bestimmter, weiterführender Faktoren, die der Kapitalismus erbracht hat.

«Die Psychiatrie ist die heilige Inquisition der seelischen Gesundheit», schreibt Alexander März. Das heißt, die Psychiatrie, wie sie heute betrieben wird, ist eine Psychiatrie der Selbstgefälligkeit, der Selbstbestätigung, aber keine, die die Voraussetzungen zu wirklicher Heilung der Kranken schafft. Könnten Sie über die Ursachen dieser Misere der Psychiatrie vielleicht gerade am Beispiel der Bundesrepublik etwas sagen?

Kipphardt: Zunächst einmal: der Psychiatrie ist offensichtlich sehr früh eine Aufgabe zugekommen, die nicht nur die Heilung ins Auge faßte. Da sehr häufig auch nicht geheilt werden konnte, war die Verwahrung fast die wichtigere Funktion, die der Psychiatrie in der Historie zukam, und leider ist das so geblieben. Die Gesellschaft wollte – aus welchen Gründen immer – die Abweichung verwahrt, isoliert wissen. Das führte zum psychiatrischen Asyl. Man sah im psychisch Kranken den Degenerierten, Abweichenden, Unbrauchbaren, der hinter Mauern gehört, nicht aber den Partner, den Mitmenschen. Das hat im nationalsozialistischen Deutschland dazu geführt, daß 270000 Geisteskranke ermordet wurden und zwar mit Hilfe der Nazipsychiatrie.

Dieses fürchterliche Versagen der deutschen Psychiatrie ist bis heute kaum reflektiert worden, am wenigsten von der Wissenschaft selbst. Es ist keineswegs dasselbe, ob ein SS- oder Polizeibüttel in einem Einsatzkommando Menschen umbringt, oder ein Arzt seine Patienten umbringen läßt, unmittelbar oder mittelbar an deren Ermordung beteiligt ist. Eine größere Verkehrung des ärztlichen Be-

rufes läßt sich kaum denken. Bemerkenswerterweise erregte es keinerlei Aufsehen, als vor kurzer Zeit ein Arzt, ein Psychiater, der in der Nazizeit jahrelang geholfen hat, Kranke umzubringen, von einem deutschen Gericht von der Anklage des Mordes freigesprochen wurde, und zwar aus zwei Gründen: a) weil man ihm zubilligte, daß er seine Handlungsweise für rechtens hielt und b) weil bei Geisteskranken von heimtückischer Täuschung der Opfer nicht die Rede sein könne. In solchen Begründungen drückt sich das Denken der Wissenschaft der nationalsozialistischen Zeit weiterhin aus.
Das Bedrückende ist, daß die psychiatrischen Institutionen aus diesem staatlichen Vollzug der Verwahrung, des Asyls immer noch nicht freikommen und daß die Heilung nicht wirklich im Vordergrund steht, oder beim einzelnen Patienten nur für kurze Zeit. Dann kommt bei einem hohen Prozentsatz die Hospitalisierung, und jeder Psychiater weiß: vieles, was wir als Chronisierung der Psychose ansehen, ist in Wirklichkeit das Produkt der krankmachenden Anstalt, des Asyls.

Wie könnte diesem Mechanismus oder Automatismus der Zerstörung der Individualität des Menschen durch den Menschen begegnet werden?

Kipphardt: Die psychiatrische Problematik ist eine gesellschaftliche Problematik. Der Arzt reproduziert die Chefposition. Wenige Psychiater bemerken überhaupt das Moment der vollkommenen Entrechtung des Patienten.
Wer steht mir denn bei einem ersten Gespräch gegenüber? Ein Mensch, der vielfach unter dramatischen Umständen gegen seinen Willen in eine Klinik eingeliefert wurde. Ist das immer noch der Mann von gestern oder vorgestern? Ist das nicht vielmehr ein Mann, der nicht versteht, was vor sich geht, was alles mit ihm geschieht? Der mit Gewalt gebadet wurde, dem etwas Schreckliches passiert ist. Dieser Mann steht mir jetzt gegenüber, aber das ist nicht mehr derselbe Mann. Und wenn er sich jetzt merkwürdig benimmt, so ist das aus seiner Situation vielleicht verständlich. Ich meine, das müßte ein Psychiater begreifen. Aber in der Regel wird das abweichende Verhalten einfach diagnostisch nicht zur Kenntnis genommen und gegen ihn verwertet. Der Arzt tritt dem Patienten als Vorgesetzter gegenüber und trifft weitreichende Entscheidungen über dessen Leben. Dazu kommt die Verständnislosigkeit, aber auch die Angst der

Menschen in der Umgebung des Kranken. Die meisten Leute haben eine unbewußte Furcht, dem Druck ihrer eigenen Zwänge eines Tages vielleicht nicht mehr gewachsen zu sein. Psychische Abnormität, abweichendes und unverständliches psychisches Verhalten versetzen sie in Panik. Sie wollen den verrückten Ausgeflippten weghaben, am besten in die Anstalt.
Die meisten Aufnahmen in psychiatrische Landeskrankenhäuser sind nach meiner Überzeugung durchaus vermeidbar. Und sie sollten vermieden werden, denn die Einweisung in eine psychiatrische Klinik ist für viele Kranke der erste Schritt zu einer unaufhaltsamen Krankheitskarriere.
Wenn bei einem Mitglied einer Familie eine Psychose ausbricht, setzt so etwas wie Beziehungsangst ein, als könnte man sich durch einen Bazillus anstecken. Selbst die Mütter fragen den Arzt, wie verhalte ich mich gegenüber meinem Sohn, meiner Tochter? Wie spreche ich mit ihnen? So ist der Kranke mit einem Mal isoliert, wird wie ein unbekanntes Tier angesehen, das man nicht anfassen darf. Diese Angst hat mit der eigenen Gefährdung zu tun und ist insoweit durchaus real. Die Zunahme an psychischen Erkrankungen ist riesig sowohl im Psychosen- wie im Neurosenbereich, von den Suchten und dem gewaltigen Dunkelfeld der psychosomatischen Erkrankungen nicht zu reden. Man kann ohne Dramatisierung von einer psychischen Verelendung in unserer Gesellschaft sprechen. Das hängt mit der Nichterfüllung unserer Bedürfnisse zusammen, mit unserer Verdinglichung, der Einseitigkeit und Perspektivlosigkeit des Lebens.

Ihr Buch läßt erkennen, daß die Kontrollfunktionen unserer Bürokratie gegenüber der Psychiatrie im allgemeinen und der Anstaltsinstitutionen im besonderen absolut unzureichend sind. Wie könnte diesem eklatanten Mangel an Verantwortlichkeit gegenüber dem Schicksal des einzelnen Patienten abgeholfen werden? Gibt es überhaupt schon Ansätze auf diesem Gebiet, die in eine neue Richtung weisen? Zum Beispiel im Sinne einer Reform der heute noch geübten Praxis, daß ein Mensch sozusagen hinter Anstaltsmauern verschwindet und nie wieder zum Vorschein kommt?

Kipphardt: Wenn man die entsprechenden Gesetzestexte liest, kann man schon erschrecken, über welche Befugnisse beispielsweise die Polizei bei der Einweisung eines Menschen in die Nervenklinik verfügt und wie rechtlos der Patient selber ist. Es scheint mir überhaupt unglücklich, daß die Psychiatrie als einzige medizinische Disziplin einen so starken staatlichen und beamtenmäßigen Zug hat. Sie muß sich normalisieren. Sie muß erreichen, in einem allgemeinen Krankenhaus eine Abteilung unter anderen Abteilungen zu werden. Die Besonderheit, diese Mischung aus Krankenhaus und Asyl, die unsere psychiatrischen Landeskrankenhäuser auszeichnet, bedeutet im Grunde eine Diffamierung des psychisch Kranken und ist – ursprünglich entstanden aus gewisser Bewahrungsnotwendigkeit – beim heutigen Stand der Wissenschaft therapeutisch nicht mehr nötig. Aber schon dieser Schritt wird bei uns aus vielen Gründen, u. a. aus Kostengründen, für nicht machbar gehalten. Die psychisch Kranken verfügen eben über keine Lobby wie die Flugzeugindustrie.

Der vorhin schon einmal erwähnte amerikanische Psychiatrie-Kritiker Thomas S. Szasz hat festgestellt, daß es heute «kein Verhalten und keine Person gibt, die ein moderner Psychiater nicht schlüssig als abnorm oder krankhaft diagnostizieren könnte».
Dies und die Zerstrittenheit, ja zum Teil sogar abgrundtiefe Feindschaft der einzelnen psychiatrischen Schulen untereinander führt zu der Frage, ob auf solcher Basis – rein klinisch gesehen – überhaupt Psychiatrie im Interesse des einzelnen Menschen betrieben werden kann und ob den Betroffenen mit der Abschaffung der Psychiatrie am Ende nicht besser gedient wäre?

Kipphardt: Wenn das beschränkt wäre auf die institutionelle Psychiatrie, wie sie im Moment funktioniert, würde ich dem zustimmen. Aber es gibt in der Psychiatrie gegenwärtig doch auch starke Impulse des Umdenkens und der Kritik. Viele jüngere und manche ältere Psychiater – auch in Deutschland – stehen der psychiatrischen Institution kritisch gegenüber, sehen ihre krankmachenden Faktoren, empfinden die Sackgasse, in der sie stecken bleiben, wenn sie nicht das soziale und interfamiliäre Feld in die Heilungsbemühungen einbeziehen. Die generelle Abschaffung der Psychiatrie ist kein Weg, notwendig ist ihre umfassende Änderung.

Ich meinte Abschaffung im Sinne der englischen Schule der Anti-Psychiatrie...

Kipphardt: Die Anti-Psychiatrie in ihrem richtigen gegeninstitutionellen Ansatz ist eine neue Art von Psychiatrie mit neuen Grundlagen. Sie verfolgt keineswegs die Abschaffung der Psychiatrie, sondern führt den Psychiater zu seiner Bestimmung zurück, zum Verständnis und zur menschlichen Solidarität mit seinen Patienten.

Wie Sie wissen, bestreitet Szasz rundweg, daß es so etwas wie Geisteskrankheiten überhaupt gibt; der gewöhnlich mit «Geisteskrankheit» bezeichnete Zustand ist für ihn ein Mythos. In Wirklichkeit, meint Szasz, sind die sogenannten Geisteskrankheiten nur ein Vorwand, um von den eigenen Problemen abzulenken. Was wir tatsächlich haben, sind «Wertkonflikte» und «Lebensprobleme». Wie beurteilen Sie diesen Standpunkt?

Kipphardt: Ich weiß nicht, ob so viel gewonnen wäre, wenn man den Begriff der Geisteskrankheit, der psychotischen Erkrankung ganz aufgäbe. Daß der Weg der bisherigen Psychiatrie, die den Kranken nicht als Partner annahm und die sich nicht in seine Fragen einließ, die immer nur den organischen Defekt sah, ihn diffamierte, deformierte, verwahrte und einsperrte, daß das ein unguter Weg ist, der nicht zur wirklichen Heilung führt, scheint mir erwiesen zu sein. Aber auch wenn der psychotische Zusammenbruch ursächlich aus dem sozialen und interfamiliären Feld zu bestimmen wäre – und ich neige dazu – ist da ein schwer kranker Mensch, der ärztliche Hilfe braucht.
Ich fühle mich bei diesen Fragen nicht ganz zuständig, weil ich kein wissenschaftlich arbeitender Psychiater bin, sondern ein Schriftsteller, der einen Roman geschrieben hat, der viel mit mir zu tun hat, keine Fachkenntnisse voraussetzt, um verstanden zu werden und kein verkapptes Sachbuch ist.

Wenn ich abschließend noch einmal Dr. Kofler aus Ihrem Roman zitieren darf: «Der Psychiater kommt mit einem System von Gewalt und Unterdrückung unmittelbar in Berührung, und wenn er nachdenkt, stößt er auf das Gesamtsystem, das Gewalt und Unterdrückung hervorbringt. Er entdeckt, daß er wie jeder andere Mensch vor einer Entscheidung steht. Entweder er vergißt, was er weiß, zieht sich auf die Grenzen seines Fachs zurück und organisiert Gewalt und Unterdrückung auf dem Felde seiner Spezialkenntnisse, oder er entschließt sich zum Kampf gegen die Institution des Irrenhauses und das Gesamtsystem, das die Institution hervorbringt.»

Nun ist Ihr Roman «März» – entstanden nach einer langen Periode der «eigenen Verzweiflung an der politischen Entwicklung in der Welt und den Wirkungsmöglichkeiten von Literatur» – gewiß unter anderem auch zu interpretieren als Ihre Wiederaufnahme des Kampfes gegen das politisch-gesellschaftliche Gesamtsystem, wie es sich zum Beispiel in der Bundesrepublik Ihnen darstellt. Vielleicht können Sie abschließend etwas darüber sagen, auf welche Weise Sie diesen Kampf in der Zukunft zu führen gedenken und an welcher der möglichen Fronten: an der Front der Psychiater, an der Front der Bühnen- und Fernsehautoren, an der Front der Romanciers?

Kipphardt: Mit der von Ihnen zitierten Äußerung Koflers kann ich mich identifizieren, was nicht bei allen Äußerungen der Fall ist. Ich habe mit einer ganzen Reihe früherer ärztlicher Kollegen gesprochen, die heute sehr kritisch ihre eigene Tätigkeit beurteilen und über ihr Arbeitsfeld nachdenken. Wenn ich meine eigenen, weit zurückliegenden psychiatrischen Erfahrungen bedenke, dann empfinde ich so etwas wie Scham. Wenn ich denke, welche Methoden von mir einfach hingenommen wurden, wie selbstherrlich mein Verhältnis zum Patienten war, wie wenig nachdenklich. Auch wenn ich manches anders sah als die Mehrheit der Ärzte, es bleibt genug zurück, an das ich mich ungern erinnere. Ich bin davon überzeugt, daß sich viele Psychiater in 10 oder 15 Jahren ihrer heutigen Behandlungsmethoden auch nur mit Scham erinnern werden.

Zum zweiten Punkt Ihrer Frage: Es gab vor einigen Jahren große Hoffnungen auf nachhaltige politische Veränderungen hier wie in vielen anderen reichen Industrieländern. Einige Schriftsteller, die wie ich starke politische Interessen haben, wandten sich ungeduldig von der Literatur ab, versuchten sie jedenfalls mit politischer Praxis zu verbinden. Als sich die Hoffnungen nicht erfüllten, fiel es nicht leicht, dahin zurückzukehren, daß die politische Praxis eines Schriftstellers wahrscheinlich doch nur das zu machende Buch, der zu machende Film, das zu machende Theaterstück ist. So machte ich «März».

Aus einem Gespräch, das Adelbert Reif im Sommer 1976 mit Heinar Kipphardt führte. Gedruckt nach einer von Kipphardt korrigierten Typoskriptfassung, aus dem Nachlaß in Angelsbruck.

D. Zur Frage des Authentischen in meinem Roman «März». Eine Entgegnung

Der Kritiker Paul Kruntorad machte anderthalb Jahre nach Erscheinen meines Romans «März» die Entdeckung, daß ich für die Zwecke dieses Romans eine Anzahl psychopathologischer Texte teils wörtlich, teils frei verwendet habe, insbesondere einige Gedichte und Gedichtteile des kranken Dichters Herbrich (Pseudonym).

Diese Entdeckung kann Kruntorad aber sowohl dem zitierten Nachwort des Romans wie der Vorbemerkung zum Filmbuch «Leben des schizophrenen Dichters Alexander M.» (Wagenbach Verlag) entnehmen und neuerdings am ausführlichsten den Anmerkungen zu meinem Gedichtband «Angelsbrucker Notizen» (Autoren-Edition bei Bertelsmann).

Im Filmbuch bei Wagenbach heißt es:

«Für den Film empfing ich Anregungen aus den Veröffentlichungen psychopathologischer Texte des Psychiaters Leo Navratil. Besonders beeindruckt haben mich die von ihm publizierten Gedichte des kranken Dichters Herbrich (Pseudonym). Einige der von Navratil veröffentlichten Patiententexte wurden für die Zwecke des Films, und meist sehr frei, benutzt.

Unter den anderen wissenschaftlichen Arbeiten, denen ich Dank schulde, möchte ich die Arbeiten der Psychiater Laing und Basaglia und des Soziologen Goffmann hervorheben.»

In den Anmerkungen zu den «Angelsbrucker Notizen» steht auf Seite 212: «MÄRZ-Gedichte I und MÄRZ-Gedichte II. März-Gedichte I enthält alle Gedichte aus dem Roman MÄRZ und dem Film LEBEN DES SCHIZOPHRENEN DICHTERS ALEXANDER M., dazu eine Anzahl Gedichte, die in diesem Arbeitszusammenhang entstanden sind und nicht veröffentlicht wurden. Für diese Arbeiten empfing ich starke Anregungen aus den Veröffentlichungen psychopathologischer Texte des Psychiaters Leo Navratil (Schizophrenie und Sprache, dtv 355, München 1966 und ‹a+b leuchten im Klee›, Reihe Hanser 68, München 1971). Besonders

beeindruckt haben mich die von ihm publizierten Gedichte des kranken Dichters Herbrich (Pseudonym). Einige der von Navratil veröffentlichten Patiententexte wurden für die Zwecke des Romans oder Films, und meist sehr frei, benutzt. Die Gedichte ‹Die Spirale› und ‹Die Zigarette› von Herbrich übernahm ich nahezu unverändert. Bei einigen Gedichten, wo Teile von Patiententexten verwendet wurden, zitiere ich zum Vergleich die Originaltexte im Anhang. Die März-Gedichte II sind später entstanden. Sie setzen die März-Figur fort, die sich in mir, wiewohl verändert, behauptet hat.»
Paul Kruntorad kann in diesen Anmerkungen übrigens vier wörtlich zitierte Gedichte von Herbrich finden, um dem Leser an diesen Beispielen meinen Umgang mit den Gedichten von Herbrich zu zeigen. Ein Beispiel ist das auch von Kruntorad zitierte Gedicht «Das Lieben». Die anderen seien hier wiedergegeben:

MÄRZ-Gedicht bei Kipphardt:

> *Das Glück*
> Der das Glück hat kann leben.
> Das geht nicht schwer.
> Es rollt der Koloß allein
> im Frühling und nährt sich.
> von Aas. (Vergangenheit)

Herbrich:

> *Das Glück*
> Wenn wir das haben
> Wann wird das Glück erscheinen
> Wenn wir das Glück haben werden
> Eine Autokollonne zu vererben.
> Der das Glück hat der kann leben.
> Der Gluck hat, der muß es eben.
> mitgehen und den Koloß fahren.
> er geht nicht schwer er fahrt allein.
> Der das Glück hat, ich.

MÄRZ-Gedicht bei Kipphardt:

> *Die Uhr*
> Sehr schön sieht man auf die Uhr

>   Zifferblatt, Zeiger und Sekundenzeiger
>   damit die Zeit vergeht,
>   aber sie vergeht sehr schlecht
>   ach, lange dauert die Zeit.

Herbrich:

>   *Die Uhr*
>   Sehr Schön sieht man auf die Uhr.
>   Sie besteht aus mehreren Teilen.
>   Sie besteht aus mehreren Teilen.
>   Sie besteht aus mehreren Teilen.
>   aus dem Ziffernblatt
>   Schön Titelblatt und aus dem Uhrwerk,
>   Schön sieht man auf die Uhr.

MÄRZ-Gedicht bei Kipphardt:

>   *Der Elefant*
>   Der Elefant gleichwohl riesig
>   fristet sich durch.
>   in Zoo oder Zirkus.
>   Der Elefant geht auf. den Zehen –
>   Der Elefant ist schon hier.

Herbrich:

>   *Der Elefant*
>   Der Elefant ist gleichviel im Zirkus
>   wie auch Schönbrunn. im Zirkus.
>   Der Elefant ist schön. Der Elefant
>   ist groß. Der Elefant ist ein Dickhäuter.
>   er hat große Ohren. Der Elefant sieht.
>   gut. Der Elefant ist ein Dyck.
>   er befindet sich in Schönbrunn, er ist
>   jung. er fristet sich durch.
>   Der Elefant geht auf. den Zehen –
>   Der Elefant ist schon hier.

Ich darf hinzufügen, daß ich Herbrich immer als einen bedeutenden Dichter gerühmt habe, ich habe mit Navratil, seinem Psychiater, lange darüber korrespondiert, und ich meine, ich habe für das Bekanntwerden Herbrichs einiges getan.

Paul Kruntorads Irrtum scheint mir darin zu bestehen, daß er MÄRZ für so etwas wie einen dokumentarischen Roman über Herbrich hält. Es handelt sich bei März aber um eine Kunstfigur, die mit der Biographie von Herbrich nicht das geringste zu tun hat, auch wenn Einzelheiten aus den Biographien verschiedener Kranker stammen. Was ein Roman dieser Art jedenfalls erreichen muß, das ist Authentizität. Im Bereich der psychotischen Erkrankungen ist diese nicht zu erreichen, ohne tatsächliche psychopathologische Texte, Denkweisen, Krankenberichte, wissenschaftliche Materialien etc. in die künstlerische Arbeit aufzunehmen, gleichzeitig in ihr aber auch aufzuheben. Die Authentizität ist Teil einer Kunstanstrengung zu anderen Zwecken als dem der wissenschaftlichen oder naturalen Dokumentation. Die Zwecke des Romans fordern den freien Umgang mit den Materialien, und das macht es unmöglich, die Zitate und Änderungen im einzelnen anzugeben. Auch Kruntorad wird vielleicht sehen, daß mein MÄRZ-Gedicht «Das Lieben» ein anderes Gedicht ist als «Das Lieben» von Herbrich. Es wäre zum Beispiel irreführend, wenn ich die von mir verwendeten Zeilen des ursprünglichen Gedichts als Zitat kenntlich machen würde, denn sie sind anders montiert. Ich mußte auch gerade vermeiden, daß der Leser dem Irrtum Kruntorads verfällt und meine Kunstfigur MÄRZ mit Herbrich identifiziert. Der in einer wissenschaftlichen Arbeit durchaus zu fordernde Quellenapparat würde einen Roman wie MÄRZ ganz unlesbar machen.

Was übrigens den Büchner mit seiner LENZ-Erzählung angeht, so irrt sich Paul Kruntorad auch hier, Büchner hat für seine Zwecke seitenlang den Bericht des Pfarrers Oberlin benutzt, ohne anzumerken, wo er ihm folgt, wo nicht und warum er ihn an anderen Stellen ändert. Immer noch gibt es den Bericht von Oberlin und Büchners LENZ, zum Studium des Tatsächlichen in der Literatur empfohlen.

Veröffentlicht in: «Frankfurter Rundschau», 15. Oktober 1977. Entgegnung auf einen Artikel Paul Kruntorads in derselben Zeitung, 14. Oktober 1977. Zum Inhalt der Kontroverse vgl. auch den im vorliegenden Band abgedruckten Briefwechsel Kipphardts mit Leo Navratil und das Nachwort des Herausgebers.

E. PSYCHIATER BLEIB M. I. R. FERN

PSYCHIATER schäme Dich (Max Junge, Inv. Nr. 2857)

Im Marstall in Heidelberg sind Bilder, Skulpturen, Collagen, Textilarbeiten und Texte ausgestellt, die mich ergriffen haben wie kaum ein bildnerisches Erzeugnis der jüngeren Zeit. Sie sind von Hans Prinzhorn in psychiatrischen Anstalten gesammelt worden und stammen fast ausschließlich aus der Zeit von 1890–1920. Prinzhorn war von 1919–1921 Assistenzarzt an der Psychiatrischen Universitätsklinik in Heidelberg. Im Auftrag des Klinikleiters sollte er eine kleine Sammlung von Patientenarbeiten erweitern; als er die Klinik verließ, war die Sammlung auf 5000 Arbeiten aus vielen deutschen Kliniken angewachsen, großenteils mit Auszügen aus den Krankengeschichten versehen. Über den Plan, ein Museum psychopathologischer Kunst damit einzurichten und für dessen Ausstattung 50000 Mark zu erbitten, empörte sich die Presse. Die Sammlung solle nicht allgemein, sondern nur Menschen von ernsthaftem Interesse zugänglich sein, beschwichtigt der Klinikleiter. In diesen Jahren verfaßt Prinzhorn sein berühmtes Buch «Bildnerei der Geisteskranken», das 1922 erschien (Reprint der 2. Auflage bei Julius Springer, 1968). Es enthielt ihm wesentlich scheinende Teile der Sammlung, und er versuchte anhand dieser Materialien das Besondere im bildnerischen Ausdruck der schizophren genannten Patienten zu beschreiben, mit der Bildnerei anderer Kulturen zu vergleichen, nicht zuletzt mit den bildnerischen Strömungen der eigenen Zeit, dem Expressionismus hauptsächlich.
Er nannte sein Buch einen «Beitrag zur Psychologie und zur Psychopathologie der Gestaltung». Philosophisch blieb er im Umkreis seines Lehrers Ludwig Klages, dessen ‹Seminar für Ausdruckskunde› und ‹der Metaphysik des Lebens›, psychiatrisch im Umkreis Bleulers, dessen Versuch, die von ihm sogenannte Schizophrenie naturwissenschaftlich zu erfassen und in ihr eine organisch oder genetisch begründete Erkrankung zu sehen. Bleulers Buch «Schizophrenie» ist die Bibel der organisch orientierten Psychiatrie geblieben, auch wenn in nahezu hundertjährigen Bemühungen Beweise für vielerlei organische oder genetische Mutmaßungen nicht

erbracht wurden. Die erwiesen falsche Behauptung eines genetisch klaren Erbgangs führte immerhin zur Ermordung von wenigstens 120000 schizophren genannten Patienten unter tätiger Mithilfe ihrer Ärzte und zur Sterilisierung einer unbekannten Zahl von Patienten, ohne daß die deutsche Psychiatrie davon in ihren Grundlagen erschüttert worden wäre.

Es liegt auf der Hand, daß Prinzhorn mit diesem philosophischen und psychiatrischen Ansatz nur zu sehr bescheidenen wissenschaftlichen Beiträgen zur Psychopathologie der Gestaltung kam. Immerhin brachte er zehn schizophren genannte Bildner in ihrer Produktivität in einen gewissen Zusammenhang mit ihrer Lebensgeschichte, und er erörterte sogar Zusammenhänge ihrer spontanen künstlerischen Produktion mit dem Leidensdruck der lebenslangen elenden Existenz im psychiatrischen Asyl. Seine große Bedeutung liegt nicht in der Theorie, sondern in seiner Sammlung.

Ganz unbewußt entzog er sich wahrscheinlich auch einer psychiatrischen Universitätskarriere, arbeitete noch kurze Zeit an einer psychiatrischen Klinik in Dresden (er lebte dort mit der Tänzerin Mary Wigman zusammen) und eröffnete 1924 eine psychotherapeutische Praxis in Frankfurt am Main. Vortragsreisen führten ihn nach Amerika, Rauschgiftstudien nach Mexiko, in Paris übersetzte er André Gide. Drei Ehen waren gescheitert, er führte ein unruhiges Leben, voller Produktivität, den Künsten verbunden, von Krisen oft heimgesucht und nicht frei von schwermütigen Verstimmungen. Erschöpft und vereinsamt stirbt er 1933 an Typhus, 47 Jahre alt. Die Todesumstände seien nicht endgültig geklärt, einige seiner Freunde sprächen von Selbstmord, teilt Inge Jarchov, die jetzige Kustodin der Prinzhorn-Sammlung, in einer Fußnote mit.

Den Wert seiner Sammlung begreifen wir erst heute, und wer sensibel genug ist, der spürt in nahezu jedem Blatt ein Anderssein, das ihn anzieht, das seine Lebensnormen in Frage stellt. Er erlebt an diesen Exponaten, daß die Psychose eben nicht nur ein Defekt ist, ein Weniger, sondern daß in ihr auch ein schwer zu entziffernder, zerstückter menschlicher Entwurf anderer Art steckt, stecken kann, den man zu erfahren wünscht, dessen Metaphorik man sich nähern kann, den man aus den Angst- und Wunschproduktionen der eigenen Träume bruchstückhaft zu kennen meint. Der psychotisch Erkrankte, der im alten Wortsinn wahnsinnig gewordene, ist eben nicht der ganz andere, unverstehbare, er vermag künstlerische Mit-

teilungen zu machen, die uns erreichen, wenn wir unsere Abwehrmechanismen ausschalten, die uns neugierig auf die Abweichungen machen, die auch in uns vergraben schlummern und die uns ängstigen. Es hat mit der Unfähigkeit sich anzupassen zu tun, mit der Unfähigkeit, sich dem Druck der fremden Bestimmung auszuliefern, die den voll Angepaßten einerseits anzieht und die ihn gleichzeitig so unduldsam, so aggressiv der Abweichung gegenüber macht.
Die Möglichkeit zur Psychose, zum Unglück der Psychose, zum vollständigen Zusammenbruch des jeweiligen Sozialsystems scheint in nahezu jedem von uns zu stecken. Die Angst davor erzeugt den Wunsch, die Abweichung hinter Mauern zu bringen, und sie läßt das «gesunde Volksempfinden» ausbrechen, wann immer es benötigt wird.
Es ist hier natürlich nicht der Ort, sich in die Kämpfe zu mischen, die in der Psychosenlehre seit zwanzig Jahren etwa weltweit geführt werden, aber ich bin ziemlich sicher, die Neuroleptika-Euphorie, in der sich der größere Teil der organisch orientierten deutschen Psychiater gegenwärtig noch befindet, wird bei den nachdenklicheren bald in Scham übergehen, wie hoffentlich die schreckliche Kooperation der deutschen Psychiatrie in der Nazizeit beim Massenmord an ihren Patienten der Scham gewichen ist oder die gedankenlose Handhabung der Leukotomie oder die verschiedenen Schocktherapien, die früher in therapeutischer Mode waren. Alle diese Gewalttherapien der institutionellen Psychiatrie gegen ihre entmündigten Patienten, mit nicht revidierbaren Schädigungen an ihnen, werden wie die früheren der Scham weichen. Es ist nicht verwunderlich, daß sich viele Kranke nach längeren Klinikaufenthalten vor allem von der Psychiatrie verfolgt fühlen. Auch das ist an vielen Beiträgen in dieser Ausstellung ablesbar, und es ist das Verdienst der Initiatoren der Ausstellung, die künstlerischen Produkte in den Zusammenhang mit dem Elend der Anstaltspsychiatrie gebracht zu haben.
Es ist ein gegenwärtiges Elend, auch wenn der Direktor der Psychiatrischen Universitätsklinik Heidelberg, Werner Janzarik, in einem erzwungenen Vorwort des Katalogs das Gegenteil behauptet. Ich habe selten ein verständnisloseres Vorwort zu einer Unternehmung gelesen, der es doch eigentlich dienen soll. Das Vorwort war von niemandem gewünscht, es war die Vorbedingung Janzariks für die

Ausstellung. Er konnte diese Vorbedingung durchsetzen, weil selbstverständlich die gesamte künstlerische Produktion von Patienten, die Prinzhorn gesammelt hat, heute in der Verfügungsgewalt des Klinikleiters liegen. Wie alle anderen Verfügungsrechte gibt der entmündigte Künstler auch das Urheberrecht an die Klinik ab. Das sieht man bei vielen Exponaten schon an dem dickärschigen Stempel «Universitätsklinik Heidelberg», der an gut sichtbarer Stelle dem Blatt aufgedruckt ist, eine wirkliche Barbarei. Ich möchte einen Satz Janzariks zitieren, der Schlußsatz seiner Marginalie: «Angesichts des therapeutischen Fortschrittes, den die Psychopharmaka brachten, muß man hinnehmen, daß sie dem spontanen kreativen Ausdruck seelischen Krankseins weitgehend den Boden entzogen haben. Auch in diesem Sinne ist die Prinzhorn-Sammlung eine historische Institution geworden.» Verständnisloser kann man sich angesichts des künstlerischen Reichtums, den die Ausstellung ausweist, nicht äußern. Der kranke Künstler drückt halt allemal – auch zum Zwecke der Erleichterung einer Diagnose – sein seelisches Kranksein aus, wie der gesunde Künstler nach Janzarik vermutlich sein seelisches Gesundsein ausdrückt. Ich gäbe ja was drum, so gut wie Janzarik zu wissen, was Kunst denn wohl ist, die gesunde wie die kranke. Wenn dem Patienten diese letzte Ausdrucksmöglichkeit durch Psychopharmaka genommen wird, «muß man es hinnehmen». Natürlich weiß auch Janzarik, daß mit dem riesenhaft angewachsenen Arsenal der Psychopharmaka kein einziger psychotisch erkrankter Mensch wirklich zu heilen ist, aber er stört doch jedenfalls viel weniger, und das ist für die Klinikführung doch sehr angenehm. Leider empfinden die Patienten diese Annehmlichkeit nicht in dem gleichen Maße.

Warum erreicht uns eine Ausstellung der Prinzhorn-Sammlung erst heute, 58 Jahre nach ihrer Einrichtung, 35 Jahre nach dem Ende der Nazizeit? Das hat mit der traditionellen Verachtung des ‹Geisteskranken› zu tun, den verdrängten Ängsten, der staatlich besorgten Verwahrung, aber auch mit den Albernheiten unserer traditionellen Kunstbegriffe, wo nichts krank zu sein hat und nichts störend, und die von den besseren Künstlern glücklicherweise nicht beachtet werden. Insbesondere hat die Verzögerung aber mit unserem speziellen historischen Unglücksfall, der Nazizeit, zu tun und den Vorstellungen vom lebensunwerten Irren, der unseren gesunden Volkskörper aussaugt, im Bunde mit Juden

und marxistischen Schädlingen und jedenfalls von diesen gefördert.
Es war der 1933 zum Direktor der heidelberger Klinik eingesetzte Carl Schneider, der von der Prinzhorn-Sammlung einen sehr eigenwilligen Gebrauch machte. Als Hitler auf dem Reichsparteitag 1933 von der modernen Kunst als den Ausgeburten kranker Hirne sprach (unter nicht enden wollendem Beifall), als er mit der Hilfe vieler Museumsfachleute die Ausstellung «Entartete Kunst» in München plante (Eröffnung am 17. Juli 1937, Eintritt frei, Besuch in Massen), da lieferte ihm Carl Schneider aus der Sammlung Prinzhorn die Beweisstücke, daß die Produkte der «unheilbar Irrsinnigen» nahezu identisch sind mit den Ausgeburten der modernen Künstler, die jüdisch oder kommunistisch, degeneriert, entartet und jedenfalls volksfremd waren. Im «Ausstellungsführer» waren zwei Plastiken von Karl Brendel den modernen Plastiken von E. Hoffmann und des «Juden Haizmann» gegenübergestellt. Man muß seine künstlerische Sensibilität schon an A. Hitlers Zeichenkunst und den Plastiken Arno Brekers geschult haben, wenn man die künstlerische Bedeutung der Kleinplastiken von Karl Brendel nicht wahrnimmt. (Abzubildende Beispiele «Militarismus» und Inv. Nr. 147, Katalog Seite 198, 199; und Prinzhorn-Buch Seite 150, Doppelfigur, mann – weiblich, oder S. 163 «Wilhelm I und II».) Brendel, 1871 geboren, Maurer, zwölfmal bestraft wegen Körperverletzung und Widerstands gegen die Staatsgewalt, führte nach Amputation seines linken Beines einen jahrelangen erbitterten Kampf mit der Krankenkasse um seine Rente und wurde 1906 wegen «Entwicklung eines Größen- und Verfolgungswahnes bei starken Halluzinationen» in der Anstalt Eickelborn interniert, vermutlich bis zu seinem Tode, mindestens bis 1921, als Prinzhorn seine Lebens- und Krankengeschichte aufzeichnete, einer der wenigen Beiträger der Sammlung, über die es etwas ausführlichere Angaben gibt. Die damalige Diagnose hieß Schizophrenie. Brendel, der eigentlich Carl Genzel hieß, begann 1912 aus gekautem Brot, dem plastischen Material vieler Asylanten, kleine Plastiken zu machen, später aus gefundenen Holzstücken, oft farbig bemalt. Er machte Pfeifenstopfer, Pfeifenköpfe, später Holzplastiken bis zu 40 Zentimeter Höhe. Der Lebenszusammenhang mit seinen Plastiken ist evident. Man muß sich die Kunst im Wilhelminismus vor Augen halten, die von Wilhelm II so geliebten plastischen Kunstwerke der Siegesallee in Berlin etwa,

um den Wert und die Herausforderung der Arbeiten Brendels ganz zu sehen. Ich kenne keinen Bildhauer dieser Zeit, der künstlerisch so überzeugend gegen die Verhältnisse produziert hätte wie Brendel, von dem der rührende Ausspruch übermittelt ist: «Wenn ich ein Stück Holz vor mir habe, dann ist da drin eine Hypnose – folge ich der, so wird etwas daraus – sonst aber gibt es einen Streit.»

Die Kunstansichten von Wilhelm II sahen anders aus. Anläßlich der Siegesallee sagte er: «Eine Kunst, die sich über die von Mir bezeichneten Gesetze und Schranken hinweg setzt, ist keine Kunst mehr.» An anderer Stelle: «Die Kunst soll mithelfen, erzieherisch auf das Volk einzuwirken, sie soll auch den unteren Ständen nach harter Mühe und Arbeit die Möglichkeit geben, sich an den Idealen wieder aufzurichten... Das kann sie nur, wenn die Kunst Hand dazu bietet, wenn sie erhebt, statt daß sie in den Rinnstein niedersteigt.» Die obrigkeitlichen Kunstvorstellungen von Wilhelm II gehen, wie leicht zu sehen ist, über Hitler in unsere Gegenwart. Man sehe sich die Reden bei der ersten Verleihung des Bayerischen Filmpreises etwa an, und es gibt Filmkünstler natürlich, die ihn ohne jede Beklemmung entgegennehmen.

Die Internierungen in den psychiatrischen Anstalten haben durchaus etwas mit der herrschenden Kultur und deren Ansichten zu tun. Interniert wurden vor dem 1. Weltkrieg im Deutschen Reich, aber auch in der neutralen Schweiz die sogenannten «Friedensapostel», nicht etwa Wilhelm II, der mit ausschweifender Energie den 1. Weltkrieg vorbereitete.

Carl Schneider, dessen psychiatrische Qualifikation damals außer Frage stand, der Hauptvertreter der organisch-genetischen Theorie vom «minderwertigen Erbgut» der endogen psychotisch Erkrankten und folgerichtig Obergutachter bei der Durchführung des Euthanasieprogramms, war eingeladen, für die Ausstellung «Entartete Kunst» einen Vortrag zu halten, den er 1939 in einer psychiatrischen Fachzeitschrift unter dem Titel «Entartete Kunst und Irrenkunst» publizierte. Im Dienste des hochwertigen Erbguts folgert er dort: «Daher wird der Geisteskranke einer entsprechenden Betreuung zugeführt, und daher rechtfertigt sich die Ausschaltung der ihm nahestehenden entarteten Künstler aus dem Leben des Volkes auch aus biologischen Gründen... In den Zeiten der Kunstentartung... fand nur der Kranke die ausreichenden Lebensbedingungen, der gesunde

Künstler konnte verhungern und konnte dadurch natürlich die Voraussetzungen zur zahlreichen Kinderschar nicht finden.» Das versteht sich.

Unter den von den Nazis ermordeten kranken Künstlern war Paul Goesch, Regierungsbaumeister in Kulm, der sich mit utopischer Architektur beschäftigt hatte, später mit Malerei, und der unter der damaligen Diagnose Schizophrenie seit 1921 in psychiatrischen Anstalten interniert war, bis er 1940 ermordet wurde. (Hier Wiedergabe Inv. Nr. 984, Katalog Seite 207, links oben.) 1977 wurde eine Auswahl von 573 Bildern von ihm in Berlin gezeigt.

Niemand weiß, wieviel Künstler der Prinzhorn-Sammlung umgebracht wurden, von den meisten existiert kein biographischer Hinweis, sie heißen «Bertold (?)» (Abbildung Katalog Seite 160) oder Fall 411, Fall 255 oder «Ohne Inv. Nr.», auf Klosettpapier, Collage auf Zeitung, Kinderjäckchen bestickt, ohne Inv. Nr. Das Kinderjäckchen ist aus größeren Stoffresten, farblich kunstvoll genäht, mit verschiedenen Knöpfen versehen, in mehreren Farben eng bestickt mit der Schrift der Textilbildnerin, Mitteilungen, Briefe, Notrufe, mit Tröstlichem auch vermutlich und einer liebenden Anstrengung, die einem ins Herz schneidet. Für mich ist das ein Kunstwerk ersten Ranges, denn es enthält das Leben dieser Patientin, die Zeit, die Anstalt, es macht mich bis zum Weinen hilflos, weckt meine menschliche Solidarität und meine Wut auf den Hochmut, die Dummheit, die hilflose Gewaltanwendung, die auch die heutige Anstalt beherrscht.

Die wirklichen Fragen in der Psychiatrie sind ungelöst, und es kann die krankmachende Großklinik nicht mehr ertragen werden, auch wenn die Gitter durch Fenster aus schußsicherem Glas ersetzt sind, die früheren Straf- und Zwangsmittel durch chemische Zwangsmittel, auch wenn es allerlei therapeutische Garnierungen gibt, nicht zuletzt die musischen Garnierungen, die Mal- und Schreibfarmen, die sich manche Psychiater zulegen, etwas von der denkbaren Lebensform des Asyls murmelnd, in den «Zaubergarten» blickend, aus dem der psychotisch Kranke Bilder oder Texte wirft, die einer ästhetischen Verwertung harren, womöglich mit Hilfe der großen Pharma-Konzerne. Über dem Zaubergarten sieht der Psychiater nicht die soziale Situation des Patienten und nicht die lebensgeschichtliche. Über der Mal- und Schreibtherapie bleibt ihm das konservative psychiatrische Denken erhalten.

Wer die Anstalt in ihren menschenzerstörenden Aspekten kennenlernen will, der sehe sich diese Ausstellung an, wer die Qual der Sexualität in der Anstalt sehen will, betrachte etwa das «sadistische Lebenswerk» von Joseph Sell (Wiedergabe Kat. Seite 250, Inv. Nr. 2349), oder Gustav Sievers aus dem «festen Haus» oder auch nur K., Inv. Nr. 2653 (Wiedergabe Kat. Seite 117). Es sind künstlerische Lebenswerke zu sehen, sehr verschiedene und sehr reiche. Es käme mir etwas obszön vor, die Gestaltungsprinzipien der kranken Kunst gegenüber der gesunden zu buchstabieren. Der Vorzug, ich habe keinen langweiligen kranken Künstler gesehen, und es kommt nicht gar so häufig vor, auf dem Kunstmarkte einem nicht-langweiligen gesunden Künstler zu begegnen.

Was kann von den kranken Künstlern gelernt werden? Die Direktheit des inhaltlichen Ausdrucks, die Radikalität und die Naivität der Mitteilung und der Mittel. Die Überschreitung der Gattungen, Bild, Text, Collage, Gebrauchsgegenstand. Der im Auge behaltene Zweck. Die Unvollständigkeit. Der enge Bezug zur eigenen Lebensgeschichte und zur eigenen sozialen Situation. Das Komische im Leiden. Das Arbeiten gegen die Erwartung. Das Produzieren gegen die Verhältnisse.

(Wiedergabe «Ein Vienedig im Dunkeln» von Hermann Mebes, Kat. S. 229.)

Ich ziehe meinen Hut und empfehle, nach Heidelberg zu fahren.

Dieser Essay Kipphardts wurde – redaktionell bearbeitet und gekürzt, unter dem veränderten Titel «Die Abweichung hinter Mauern bringen» – veröffentlicht in «Der Spiegel», Nr. 16/1980 (Ausgabe vom 16. April). Hier erstmals gedruckt nach der Manuskriptfassung aus dem Nachlaß. Die Abbildungsvorschläge im Text beziehen sich auf den Katalog «Die Prinzhorn-Sammlung», hg. von Hans Gercke und Inge Jarchov, Königstein 1980.

Nachwort des Herausgebers

«Im Moment interessieren mich zwei Gegenbewegungen», antwortete Heinar Kipphardt Ende 1971 auf eine Interviewfrage, woran er zur Zeit arbeite, «einmal die Leute, die ein Optimum an sozialem und gesellschaftlichem Interesse haben, die Revolutionäre. Dann die Leute mit der äußersten Zurückgezogenheit aus sozialen Bezugssystemen. Das wird ein Film werden über Lebensläufe, Verhaltensweisen und Wahrnehmung von Welt bei Schizophrenen. Ihre Weltsicht ist so etwas wie Naturverfremdung, Verrückung, die aus tiefer Kommunikationsgestörtheit kommt.» Frage: «Die heilbar ist?» Kipphardt: «Die ja eigentlich sowieso nur schubweise auftritt, meist bei besonders sensiblen, intelligenten Leuten. Sie als eine Fluchtbewegung aus den sozialen Bezügen zu nehmen, als verschärfte Neurose, ist eine neue wissenschaftliche Entdeckung. Die Erfolge der Schweizer und amerikanischen Schulen sprechen aber doch dafür, daß diese Theorie eine aussichtsreichere Straße ist als die klassische Psychiatrie.»[1]

Die Irrwege der klassischen Psychiatrie hatte Heinar Kipphardt mehr als zwanzig Jahre zuvor aus eigener Anschauung erlebt. Noch während des Zweiten Weltkriegs hatte er ein Studium der Medizin begonnen; 1947 legte er das Staatsexamen ab, drei Jahre später folgte die Promotion. Kipphardt arbeitete von 1947 bis 1949 als Arzt an Kliniken in Krefeld und Düsseldorf, ab 1949 dann in der psychiatrischen Abteilung der Charité, der berühmten Berliner Krankenanstalt. Aber diese Tätigkeit befriedigte ihn nicht. «Immer die verfluchte Klinik, ich bin doch nun einmal kein Arzt», schrieb er am 6. Februar 1950 seinen Eltern; und wenige Wochen später: «Ich kann es einfach nicht mehr länger aushalten, ich muß aus der Klinik heraus, um mehr zu verdienen, denn ich kann nicht darauf verzichten zu schreiben.»[2] Kipphardts Ambitionen galten ganz der Literatur. Noch im Jahre 1950 wurde er am Deutschen Theater engagiert und konnte sich voll der künstlerischen Arbeit widmen.

In einem Gespräch bekannte Kipphardt 1976: «Wenn ich meine eigenen, weit zurückliegenden psychiatrischen Erfahrungen bedenke, dann empfinde ich so etwas wie Scham. Wenn ich denke, welche Methoden von mir einfach hingenommen wurden, wie selbstherrlich mein Verhältnis zum Patienten war, wie wenig nachdenklich. Auch wenn ich manches anders sah als die Mehrheit der Ärzte, es bleibt genug zurück, an das ich mich nur ungern erinnere.»[3] An anderer Stelle bewertete er seine Erfahrungen der späten vierziger Jahre positiver: «Ich war ganz gerne Psychiater. Mich hat die Abweichung sehr angezogen, und ich spürte auch als ganz junger Mensch, daß da in mancher Psychose ein menschlicher Entwurf anderer Art steckt. Mich interessierten die Leute, die mit dieser Realität nicht fertig wurden, sehr. Ich empfand auch eine ziemliche Nähe zu ihnen.»[4]

Anfang 1973 begann Kipphardt intensiv mit der Arbeit an der März-Thematik.[5] Als erste Bearbeitung des Stoffes entstand ein Film, für das Zweite Deutsche Fernsehen. Zur Vorbereitung recherchierte Kipphardt in verschiedenen Kliniken. Und er studierte die Ergebnisse und Kontroversen der neueren psychiatrischen Forschung, beschäftigte sich mit deren theoretischen Grundlagen und mit zahlreichen Fallstudien. Besonders faszinierten ihn die Zeugnisse künstlerischer Produktivität von Schizophrenen; etwa die vom österreichischen Psychiater Leo Navratil publizierten Texte und Bilder, die in der berühmten Sammlung von Hans Prinzhorn dokumentierten Beispiele, auch die überlieferten literarischen Äußerungen von klassischen Fällen wie Oskar Panizza, Adolf Wölfli und Friedrich Hölderlin.

Der Film, erstmals gesendet am 23. Juni 1975, zeigt die fiktive Lebensgeschichte von Alexander März als Biographie eines Dichters, dem man «von Kindheit an mit beiden Schuhen auf der Kehle steht»[6]. Die Titelrolle wurde von dem Schauspieler Ernst Jacobi mit großer suggestiver Kraft verkörpert, als zur Sympathie herausfordernde Studie eines Mannes, der um den Preis der äußersten Stigmatisierung die Anpassung an herrschende Normen verweigert. Die Reaktionen von Zuschauern und Kritikern waren außerordentlich positiv. Kipphardt wurde für sein Drehbuch mit einer Reihe von Preisen ausgezeichnet.[7] Die Kritikerin Elisabeth Endres schrieb in einem Brief, sie halte dieses Fernsehspiel «für einen überaus bedeutenden Einschnitt in der gegenwärtigen Literatur», weil hier Dokumentarisches eine neue Qualität errang, Authentizität erreicht wurde im realen wie im künstlerischen Sinne des Wortes. «Der Alexander März ist eben kein ‹Fall›, wo man ein bißchen humanitäre Empfindungen mobilisiert und sich darauf beschränkt zu sagen, dem sollte geholfen werden. Er war im höchsten Grad ‹wir›, Identifikationsfigur, Bündel unserer Verletzungen, Ausdruck dessen, was wir ertragen, obwohl es nicht ertragbar ist.»[8]

Noch während der Entstehung des Films äußerte Kipphardt seine Absicht, den Stoff in einem Roman weiter auszuarbeiten. Der Prosatext sollte die «haltbarere Fassung» werden, zugleich ein Werk, in dem «das ganze Umfeld» der März-Thematik beschrieben werden konnte.[9] Der Roman bot die Möglichkeit, umfassender über die Lage der Psychiatrie zu informieren, mit Dokumenten und Statistiken und mit weiteren Krankengeschichten; vor allem aber ausführlicher die Hauptfiguren März und Kofler zu Wort kommen zu lassen. Völlig neu gegenüber dem Film wurde als «Nachtrag» die Graubünden-Episode in den Roman eingefügt. Darin scheint – utopisch, fast märchenhaft anmutend – der Entwurf eines anderen Lebens auf, wie es Hanna und März ersehnen und kurzzeitig jenseits der gesellschaftlichen Zwänge realisieren können. In dem 1980 uraufgeführten Schauspiel «März, ein Künstlerleben», das Kipphardt «die entschiedenste Ausprägung des Stoffes» nannte[10], hat er die Szenen aus Graubünden dann ganz ins Zentrum des Interesses gerückt.

Die Entstehung des «März»-Romans, dessen Erstausgabe im Frühjahr 1976 erschien, ist ohne die Einflüsse der Debatte um eine Anti-Psychiatrie nicht denkbar. Die fundamentale Kritik, die seit den sechziger Jahren etwa von Franco Basaglia, Ronald D. Laing, David Cooper und Thomas Szasz an der überkommenen Anstaltspsychiatrie geübt wurde, hat Kipphardt sehr beeindruckt. Eine Zeitlang erwog er sogar, Basaglia als Figur im Roman auftreten zu lassen.[11]

Jedoch wäre es kurzschlüssig, «März» als einen Psychiatrie-Roman zu lesen. «Die schlimmste Fehlinterpretation wäre, wenn man nur denken würde, das ist ein Roman gegen den mißlichen und elenden Zustand unserer psychiatrischen Institutionen, das wäre also zu eng», hat Kipphardt in einem Gespräch betont.[12] Er verstand diese Prosaarbeit zu Recht als einen Gesellschafts-Roman, in einem durchaus klassischen Sinne: als Bericht über einen Einzelnen, der zugleich wesentliche Züge eines Zeitalters sichtbar werden läßt. Die Lebens- und Leidensgeschichte des Alexander März wird zu einem kritischen Spiegel der Sozietät, die diesen Menschen verstört; der Blick auf den Abweichenden schärft die Sicht für die Fragwürdigkeit des sogenannten Normalen; das Sich-Einlassen auf den Wahnsinnigen und allmähliche Verstehen seiner Weltsicht provoziert das Nachdenken, wer denn am Ende eigentlich ‹verrückt› ist: nämlich abgerückt von der ureigensten Sehnsucht nach einem humanen, nicht-entfremdeten Dasein.

Die Welt aus der Sicht des Außenseiters – eines Narren oder Schelmen etwa – zu beschreiben und durch diese Verkehrung das Gewohnte als fremd, brüchig und bedrohlich zu erweisen, ist ein sehr altes Motiv der gesellschaftskritischen Kunst, vom «Simplicissimus» bis zur «Blechtrommel». Kipphardt knüpft daran an und schreibt eine ihm gemäße Variante: mit dokumentarischer Genauigkeit über die Probleme der Psychiatrie unterrichtend, dabei unversehens die allgemeinen Zustände seiner Zeit behandelnd. Die Biographie des Kranken wird zur Diagnose einer zutiefst kranken Gesellschaft. Das Ergebnis ist einer der radikalsten zeitkritischen Romane in der deutschen Nachkriegsliteratur.

Der zentrale Satz Alexanders in diesem Roman – «manchmal ist Ich sehr schwer» – bekommt seine Bedeutung erst zusammen mit der Äußerung Alexanders, er habe die Gesellschaft als ein «System der Verunstaltung, Sinnenzerstückelung und Ichzerstörung» erfahren. Die Unfähigkeit dieses Menschen, zu einer gesunden Identität zu finden, mit der ein Funktionieren im System möglich würde, enthält die Weigerung, die herrschenden Maßstäbe von Gesundheit und Normalität anzuerkennen. Diese Maßstäbe heißen Leistungs-, Konkurrenz- und Gewaltbejahung, und ihr Ergebnis ist der kybernetische Mensch, der bei seiner Pensionierung «sich leider vergessen hat», wie März notiert. Die Rekonstruktion der vorklinischen Karriere von März wird zum eindrucksvollen Gang durch die persönlichkeitszerstörenden Instanzen von Sozialisation und Arbeitswelt; diese Kapitel erweisen sich als meisterhaftes literarisches Gegenstück zum ersten Teil von Heinrich Manns «Untertan». Diederich Heßling, Hauptfigur im «Untertan», verkörpert exemplarisch die Entstehung eines autoritären, angepaßten Charakters; Alexander März unternimmt dagegen den Versuch, auf sich zu beharren. Das verzweiflungsvolle Scheitern dieses Versuchs ist das Thema des Romans «März».

Der Roman enthält auch die nachdrückliche Warnung, den psychotischen Menschen zu heroisieren. Der Schizophrene ist ein Kranker, Leidender. Der in seinem Erleben verborgene Gegenentwurf zur puritanischen Leistungsgesellschaft ist verstümmelt und daher nur unter großen Mühen zu erkennen. «Die Fremdheit ist schwer zu durchbrechen», notiert der Arzt Kofler einmal, der Kranke verhält sich oft «unzugänglich, kalt, mißtrauisch, versteinert» und beachtet die gewöhnlichen Spielregeln des Umgangs nicht.

Das Faszinierende an «März» ist gerade, wie Kipphardt auch das Unlogische, Läppische, Sinnwidrige, ja sogar das Verstummen als eine Weise der Kommunikation deutlich werden läßt. Dieser Roman handelt in einem umfassenden Sinne von Sprachen. Dem Leser werden dabei Formen der Verständigung und des Ausdrucks nahegebracht, die wir vorschnell als unverständlich und verrückt abzutun pflegen, weil sie unserem genormten Alphabet nicht entsprechen. Besonders der dichtende Alexander März verfügt über ein verblüffendes Spektrum von Möglichkeiten: vom Schweigen, das er «auf der Folterbank seines Lebens lernte», wie er selbst schreibt, bis hin zum präzisen, aus seinem Mund parodistisch wirkenden Gebrauch der psychiatrischen Fachsprache.

Die Gedichte und Reflexionen Alexanders zeugen von Scharfsinn und Sensibilität. Viele seiner Äußerungen enthalten Wendungen und Bilder von frappierender Prägnanz: das Fußballspielen, das «die Mutter an der Hand» nun einmal nicht recht geht; der Arbeitstag des Normalbürgers, der von einer «Tagesnähmaschine» vorgestanzt wird; die erdrückende Wirklichkeit, die März sich bewegungslos auf den Boden der Klinik legen läßt. Auch die fröhliche Subversion, mit der März eines Sommertags auf dem verhaßten Montageband in der MAN-Fabrik daherkommt, die Arme voller Bierflaschen – «eine sinnvolle Montage» –, gehört zu den besonders eindringlichen Metaphern. Daneben stehen Aufzeichnungen und Handlungen, die rätselhaft wirken. In der Wahrnehmung von Schizophrenen zerfällt die Realität in Teile, die nicht mehr zueinander passen wollen; dies spiegelt den Zustand der eigenen Persönlichkeit. Davon zeugen viele Texte Alexanders. Als er einmal aufgefordert wird, eine Frau zu zeichnen, «zeichnete er schließlich eine Art von Ausschnittbogen und bezeichnete die Körperteile. Einige Körperteile benannte er nicht.»[13]

Das Neben- und Ineinander von bestechender Metaphorik und schwer zu entzifferndem Wortsalat, von sinnstiftenden Sprachschöpfungen und hermetischem Selbstgespräch, wie es die März-Figur verkörpert, ist überraschend und irritierend. Kipphardt insistiert auf diesen Widersprüchen, löst das Bild seines Helden nicht

auf in die eine oder die andere Seite. Doch er hat mit der Figur des Arztes Kofler ein Medium geschaffen, das dem Leser eine zunehmende Annäherung an den Dichter März erleichtert. Kofler selbst vollzieht im Roman einen solchen Prozeß auf seinen Patienten zu, durchbricht dadurch auch den Ring des Schweigens, den März zeitweilig um sich gezogen hatte – am Ende jedoch steht der Psychiater zweifelnd vor dem Instrumentarium seines Faches. Koflers Schlußsatz – «Bald gehe ich hier fort» – ist seine persönliche radikale Konsequenz und eine Quintessenz des Romangeschehens.
Interpreten haben die Kofler-Figur als «das literarische Sprachrohr des Autors» gewertet.[14] Gewiß stimmen viele psychiatrie- und gesellschaftskritische Reflexionen Koflers mit den Positionen Kipphardts überein. Eine simple Identifizierung von Autor und Figur verbietet aber schon die auf viele, einander brechende Perspektiven angelegte Montage-Bauweise dieses Romans. Vor allem verkennt die Formulierung vom «Sprachrohr Kofler», welche Nähe auch zur März-Figur Kipphardt empfunden und bewußt gesucht hat.
«Tatsächlich ist mir nach und nach während der Arbeit die Betrachtungsweise, die März hat, immer leichter gefallen», erläuterte er 1976 in einem Gespräch. «Ich kann mich auch heute noch schwer davon trennen. Viele heutige Betrachtungen mache ich durch die Märzfigur, sie ist mir inzwischen so vertraut geworden: eine gewisse Naivität, eine gewisse Kindlichkeit, die auch nicht davor zurückschreckt, kindisch zu sein, etwas Radikales in bezug auf einfache, bildhafte Benennungen, das sich nicht um sonstige Bezugssysteme kümmert, sie querbeet durchschneidet und so zu Verkürzungen kommt.»[15]
Schon während der Arbeit am Film hatte Kipphardt begonnen, «März-Gedichte» zu schreiben: lyrische Texte aus einer dem Schizophrenen nachempfundenen Sicht. «Es ist so eine Art von Rollenpoesie. Die Rolle fällt mir leicht, und sie gefällt mir auch», schrieb er dem Verleger und Freund Klaus Wagenbach.[16] Noch Jahre nach dem Abschluß des «März»-Romans setzte Kipphardt diese Produktion fort; vom März, «der immer mal wieder dichtet», ist 1980 in einem Brief an Wagenbach die Rede.[17] Kipphardts 1977 veröffentlichter Lyrikband «Angelsbrucker Notizen» besteht zur Hälfte aus März-Gedichten.
«Was kann von den kranken Künstlern gelernt werden?» fragte der

Schriftsteller 1980 in einem Essay über die Prinzhorn-Sammlung, und er nennt in seiner Antwort unter anderem: «Die Direktheit des inhaltlichen Ausdrucks [...]. Der im Auge behaltene Zweck. Die Unvollständigkeit. Der enge Bezug zur eigenen Lebensgeschichte und zur eigenen sozialen Situation. Das Komische im Leiden. Das Arbeiten gegen die Erwartung. Das Produzieren gegen die Verhältnisse.»[18] Was Kipphardt hier an der Bildnerei der Geisteskranken festmacht, liest sich zugleich wie ein Statement über die ästhetischen Maximen seiner eigenen Arbeit.
Kipphardt hat eine weitgehende Nähe zur März-Figur angestrebt. In die Lebensgeschichte Alexanders flocht er autobiographische Details und Episoden sein: Ortsnamen und -verhältnisse, Personen, auch eigene Kindheitserfahrungen.[19] In einem grundlegenden Punkt unterscheiden sich der Autor und seine Figur: März wird von Beginn an als ein *Opfer* gesellschaftlicher Verhältnisse beschrieben, Kipphardts Lebensweg war stets der eines aktiven, *Widerstand* leistenden Außenseiters.[20] Um diese Differenz überbrücken zu können, hat Kipphardt intensiv die Fallgeschichten und die produktiven Äußerungen von Schizophrenen ausgewertet. Zahlreiche poetische Texte von Kranken wurden von ihm für die «März»-Bearbeitungen benutzt, teils wörtlich übernommen, meist verändert und nach eigenem Gutdünken umgeschrieben. Besonders die Texte des österreichischen Dichters Ernst Herbeck, eines Patienten Leo Navratils, haben Kipphardt beeindruckt und sind daher in «März» ausgiebig verwendet worden. «Die meisten Gedichte sind neu geschrieben, nehmen aber bestimmte Haltungen von psychopathologischen Texten ein. Um die Würde des Faktischen zu erreichen, kann man gerade in diesem Bereich nicht nur phantasieren, sonst kommen Sie in die Wahnsinnskolportage», erläuterte Kipphardt.[21] Von Herbeck, der ursprünglich unter dem Pseudonym «Alexander Herbrich» schrieb, entlehnte er auch den Vornamen[22] seiner Titelfigur und einige Einzelheiten der Fallgeschichte. Keinesfalls ist jedoch «März» ein Roman über Herbeck, auch viele andere Materialien und Erfindungen sind in der März-Figur aufgehoben.
Heinar Kipphardts Prinzip war es, als Schriftsteller von dokumentarischem Material auszugehen und diesem – durch Auswahl, Anordnung und subjektive Schreibweise – eine allgemeine Bedeutung zu entreißen. Seine Werke sind dabei nicht mit der Schere gear-

beitet, sondern schaffen etwas durchaus Neues. Bei seinem «Oppenheimer»-Stück hat er mit dieser künstlerischen Methode Weltgeltung erlangt. Bei der Arbeit am «März»-Roman sah er sich, um größtmögliche Authentizität zu erreichen, zum ähnlich freien Umgang mit Originaltexten schizophrener Dichter legitimiert. Solche an Brecht geschulte Laxheit in Fragen geistigen Eigentums haben ihm aber im Falle «März» manche übelgenommen, allen voran Leo Navratil.[23]

Der Streit um die Übernahme fremder Textzeilen sollte indes nicht verdecken, wie meisterhaft die Prosa des «März»-Romans gebaut ist: als eine kunstvolle Verknüpfung der Aufzeichnungen und Gespräche verschiedener Figuren. Indem Kipphardt auch Alexanders Eltern und Schwester, seine Kollegen und Mitpatienten, die Pfleger und Ärzte im fiktiven Originalton berichten läßt, erscheint die Wirklichkeit vielfältig gebrochen. Das Mosaik aus subjektiven Äußerungen verlangt vom Leser eine aktive, einem untersuchenden Psychiater ähnliche Perspektive, er «wird in die Fragen miteinbezogen».[24] Die Teile des Romans fügen sich nicht bruchlos zu einem Ganzen; es bleiben Kanten und Risse, die auf Widersprüche der Realität verweisen. Kipphardt hat sich häufig auf seinen Freund John Heartfield berufen, in dessen Fotomontagen er einen beispielhaften Weg sah, die Wirklichkeit künstlerisch zu durchleuchten. Diesem Vorbild folgte er im Roman «März».

Von Kritikern wurde «März» als Kipphardts literarischer Durchbruch bezeichnet, im Sinne einer neuen Souveränität dieses Schriftstellers bei der Wahl und Behandlung seines Stoffes.[25] In der Tat legte Kipphardt mit 54 Jahren seinen ersten Roman vor, und dieser wurde in der literarischen Öffentlichkeit sogleich als virtuoses Prosawerk beurteilt. In der Themenwahl dagegen erweist sich «März» genau besehen als eine plausible Fortführung. Das Verhältnis von Gehorsam und Widerstand, von Pflicht und Verweigerung hat Kipphardt seit seinen Soldatenjahren beschäftigt. In den frühen Kriegserzählungen und -stücken behandelte er die mörderischen Folgen der militärischen Hierarchie; an der Figur des Atomphysikers Oppenheimer untersuchte er dann den Konflikt zwischen Staatsloyalität und humanem Gewissen. Mit «Bruder Eichmann» hat Kipphardt schließlich in seinem letzten Stück den Typus des funktionalen Menschen gezeichnet, der jede Maschine ölt und in unserem Jahrhundert der gewöhnliche Fall geworden ist – mit allen

monströsen Folgen. Alexander März ist in diesem Kontext ein Gegenentwurf; «lieber verrückt als ein Rädchen», lautet seine Maxime. Der nicht zur Anpassung fähige (oder bereite) Schizophrene steht für einen Versuch, der Fremdbestimmung und Normierung zu entgehen.
Nicht ausgeführt hat Kipphardt seine Pläne, den anderen, nämlich politisch bewußten Gegentypus zur Eichmann-Haltung, den Revolutionär, literarisch zu gestalten. Etliche Entwürfe und Stoffbeschreibungen handeln von scheiternden Gesellschaftsveränderern. Mit den Biographien von Karl Radek und Leo Trotzki befaßte er sich, auch mit Guerilla-Kämpfern in der Dritten Welt und mit dem Leben und Sterben von Ulrike Meinhof. Aufschlußreiche Fragmente gibt es von Kipphardts Romanprojekt «Rapp, Heinrich», an dem er bis zu seinem Tod arbeitete und das den Untertitel «Zergliederung einer Verstörung» bekam: dies sollte die Geschichte eines deutschen Kommunisten werden, der als Alkoholiker endet, verzweifelt über die «ekelhafte Verkehrung», welche die revolutionäre Idee in diesem Jahrhundert durch den Stalinismus erlebte.[26]
«Ist die Depression der Vorabend der gegen sich selbst gewendeten Revolution, der Verlust von allem, so daß nichts zu verlieren mehr ist als man selbst?» Diese Eintragung in Kipphardts Notatheften während seiner Arbeit an «März» zeigt einen Zusammenhang, der den Schriftsteller zunehmend beschäftigte. Seinen Alexander März läßt Kipphardt einmal behaupten, auch Jesus Christus sei ein produktiver Schizophrener gewesen, und «der kommende Erlöser werde ebenfalls ein produktiver Schizo sein, Dichter und Revolutionär». Schizophrene, Revolutionäre, Dichter und Jesus verbindet eine oppositionelle Haltung zu dem die Persönlichkeit einebnenden Status quo der Gesellschaft.
Kipphardt hat damit gerechnet, daß solche Sicht der psychisch Kranken das Publikum provozieren würde. In einer später verworfenen Fassung läßt er «März» beginnen mit einem altmodisch gekleideten Mann, der die Zuschauer von einer Bühne aus angeht: «Ich gehöre nicht zu euch, ich habe niemals zu euch gehört, und ich will niemals zu euch gehören, denn ich hasse euch, habe euch kennengelernt, abgerichtete Objekte, Tubenwurstesser, Freizeitgestalter. (nimmt einen Flaschendeckel, zeigt ihn.) Wißt ihr, was das ist? Wenn ihr nichts sonst wißt, das wißt ihr. Das ist ein Deckel der

Firma Coca-Cola, den ich entdeckelt habe. Die Außenseite fragt: Welches Wort kennt man in über 130 Ländern? Die Innenseite antwortet: Coca-Cola. Hier war ein Lachen vorgesehen. Lachen. Sie sollen lachen! Sie machen doch sonst alles, was man ihnen sagt.» Im Verlauf dieser Publikumsbeschimpfung wird der Coca-Cola-Verschluß als «bedeutendes Kulturdokument» propagiert: Sinnbild unseres industriell normierten Zeitalters.[27]

Die tatsächliche Resonanz der Leser auf den «März»-Roman war außerordentlich positiv. Dies belegen nicht nur euphorische Kritiken, eingeschlossen solche von Medizinern[28], und die Verleihung des Bremer Literaturpreises 1977 an Kipphardt. Auch ungewöhnlich viele Briefe erreichten den Autor, von Freunden und Kollegen und von Lesern, die ihre Betroffenheit bekundeten; eine Reihe davon wollten einfach Dank sagen, daß dieses Werk geschrieben wurde. Manche Zusendungen waren Hilferufe aus psychischer Not oder Signale von sensiblen Menschen, sich mit «März» bestärkt und verstanden zu fühlen. Auch aus sozialistischen Ländern – der DDR, Ungarn und Polen – kamen Briefe; sie lassen darauf schließen, daß Leser dort sich ebenfalls mit den Erfahrungen und Empfindungen der März-Figur identifizieren können.[29]

«Wenn das Buch erreichen würde», hat Kipphardt in einem Interview erklärt, «daß Leute nachdenken, ob denn der psychisch Kranke, der sogenannte Irre, nicht ein betrachtenswerter Partner ist, vor dem man nicht nur Angst haben muß; wenn ein Leser sich das krankmachende Feld überlegt, in dem er sich befindet, und ob denn das alles seine Richtigkeit habe, was denn da zu tun sei und ob er nicht mehr auf sich bestehen könne, auf seiner Selbstbestimmung – dann wäre das natürlich viel.»[30]

Dieser Ausgabe des Romans wurde die Textfassung der Taschenbuchauflage von 1982 zugrunde gelegt, die Heinar Kipphardt noch einmal eigenhändig korrigiert hat. Einige weitere offensichtliche Fehler wurden nach einem Vergleich mit Kipphardts Arbeitsexemplar der gebundenen Ausgabe von «März» und seinem als Satzvorlage benutzten Typoskript berichtigt. Eigenwilligkeiten der Interpunktion sind grundsätzlich beibehalten worden.

Für Materialien und Auskünfte möchte ich Jochen Greven (Frankfurt/M.), Reinhold Jaretzky (Rom), Jutta und Walter Karbach (Lüdenscheid), Leo Navratil (Wien), Heinrich Peters (Hamburg) und Michael Töteberg (Frankfurt/M.) herzlich danken; ebenso gilt Dank denen, die ihr Einverständnis zum Abdruck von Briefen und Interviews im Anhang dieses Bandes gaben.

Hamburg, im November 1986 Uwe Naumann

Anmerkungen

1 Vom großen Besänftiger «Kunst». Heinar Kipphardt im Gespräch mit Hella Schlumberger. In: AZ (München), 11./12. Dezember 1971.
2 Briefe an die Eltern, 6. Februar und 19. März 1950; Nachlaß Heinar Kipphardts, Angelsbruck.
3 Das Elend der Psychiatrie. Gespräch mit Adelbert Reif. Abdruck in diesem Band.
4 Ruckediguh – Blut ist im Schuh. Ein Gespräch zwischen Heinar Kipphardt und Armin Halstenberg. (1977.) In: Kipphardt, In der Sache J. Robert Oppenheimer, Theaterstücke, Reinbek 1982, S. 369.
5 In Kipphardts Nachlaß befinden sich Notathefte, worin Vorarbeiten und Materialstudien zur März-Thematik festgehalten sind. Das erste dieser Hefte wurde am 22. Januar 1973 begonnen.
6 Heinar Kipphardt im Gespräch mit Jürgen Schiller, Rias Berlin, 11. Dezember 1976.
7 Film- und Fernsehpreis des Verbandes der Ärzte Deutschlands (Hartmannbund) 1975; Fernsehfilm des Monats, Westdeutscher Rundfunk, September 1975; Prix Italia 1976.
8 Elisabeth Endres an Heinar Kipphardt, 24. Juni 1975; Brief in Angelsbruck.
9 Kipphardt in Briefen an Hansgünther Heyme, 16. August 1974, und Klaus Wagenbach, 2. März 1975. Brief-Durchschläge in Angelsbruck.
10 Nachbemerkung in: März, ein Künstlerleben. Schauspiel. Köln 1980, S. 115.
11 «Kofler besucht die Klinik in Görz und spricht mit Basaglia», heißt es in den frühen Arbeitsnotaten Kipphardts.
12 Gespräch mit Jürgen Schiller, a. a. O.
13 Hier folgt Kipphardt einem Bericht Leo Navratils über eine Zeichnung, die der schizophrene Dichter Ernst Herbeck tatsächlich angefertigt hat. Vgl. Abbildung und Text in: Leo Navratil, Schizophrenie und Dichtkunst, München 1986, S. 276 f.
14 Adolf Höfer: Das Gesunde und das Kranke. Eine Untersuchung zentraler Themen der Gegenwartsliteratur am Beispiel von Heinar Kipphardts Roman «März». In: literatur für leser, H. 2/1980, S. 124.
15 Hella Schlumberger: Fragen nach dem Wahn und der Wahrheit. [Gespräch mit Kipphardt.] In: Nürnberger Zeitung, 6. August 1976.
16 Brief vom 2. März 1975. Abgedruckt in diesem Band.
17 Auch dieser Brief ist im Materialienteil abgedruckt.
18 Vgl. den Abdruck im Materialienteil.
19 Aus Kipphardts Kindheit verbürgt sind u. a. die Episoden mit dem entlaufenen Cocker-Spaniel und vom Verlust der Mütze beim Schlittschuhlaufen. Vgl. Adolf Stock: Heinar Kipphardt. Reinbek 1987.
20 «Ich könnte ihn (März) nicht geschrieben haben, wenn er nicht in mir wäre. Im Roman habe ich seine Kinderzeit in mein Heimatdorf verlegt – Oberpeilau in Schlesien. Auch Details, Nebenfiguren fand ich dort. Uns beiden eignet sicher ein von mir früher nicht erkanntes, aber doch erlebtes Außenseiter-

tum. Mit dem Unterschied, daß ich immer derjenige war, der die anderen zu Opfern machen wollte. Da mußte ich umdenken bei März, der selber Opfer ist.» Heinar Kipphardt (1980), zitiert nach Stock, a. a. O., S. 105.
21 Kipphardt im Gespräch mit Klaus W. Becker. Dokumentiert im Anhang zu: Klaus W. Becker, Heinar Kipphardt: «März». Literarische Perzeption von Schizophrenie. Staatsexamensarbeit (unveröffentlicht), Hamburg 1977.
22 Über den Nachnamen (und Romantitel) hielt Kipphardt in einem seiner Notathefte fest: «Die Fragen nach dem Titel ‹März›, dem Namen. Ob ‹Lenz› im Spiele sei. Etwas Neues: Ob März nicht mit Schmerz zu tun habe. Ich rekonstruiere. Die deutschen Buchstaben, das ä zwischen den konsonantischen Malsteinen, der Frühling, Martius, das Martialische, das Verhältnis zur Revolution, schließlich mein Vetter Franz Merz, den ich brüderlich liebte.»
In Gesprächen betonte Kipphardt, bei der Titelwahl keine eindeutige Absicht verfolgt zu haben. Auch die Analogie zur – von ihm sehr geschätzten – «Lenz»-Novelle Büchners habe nicht den Ausschlag gegeben.
23 Vgl. den Briefwechsel Kipphardt–Navratil im Materialienteil. In einem Brief an den Herausgeber vom 15. November 1986 erneuerte Navratil seine Kritik: «Leider kann ich auch heute kein Wort aus meinem Brief vom 15. April 1976 an Heinar Kipphardt zurücknehmen, und zwar aus folgendem Grund. Mir ging es darum, meinen Patienten die gleichen Möglichkeiten und Rechte wie professionellen Schriftstellern und Künstlern zu verschaffen. Das ist im Laufe der Zeit auch weitgehend gelungen. Gerade diesem Ziel meiner Arbeit war das Vorgehen Kipphardts entgegengesetzt, indem er das Urheberrecht der Patienten mißachtete und deren literarische Schöpfungen so in den Text seines Romans verwob, daß man sie von seinen eigenen Formulierungen nicht unterscheiden kann. In seinem Gedichtband ‹Angelsbrucker Notizen› hat Kipphardt die Texte Ernst Herbecks und anderer Patienten aus dem Romantext wieder herausgehoben und als seine eigenen Gedichte ausgegeben.
In meiner Korrespondenz mit Kipphardt ist von einem Honorar für Alexander die Rede. Es hat sich um einen Betrag von DM 500,– gehandelt, den ich für Ernst Herbeck angenommen habe, ohne zu wissen, was Kipphardt damit abgegolten haben wollte. Zu einer weiteren Honorierung ist es nicht gekommen.
Nach dem Erhalt des Romans ‹März› habe ich mir die Mühe gemacht, jene Wörter und Zeilen, die Kipphardt meinen Büchern entnommen hat, rot zu unterstreichen. Wenn man einzelne Wörter und Wortgruppen außer acht läßt, hat Kipphardt aus 43 Herbeck-Gedichten exzerpiert, und zwar aus: Der Traum, Die Wintertage, Das Leben (1), Die Hoffnung, Der Tod, Ein schöner Mond, Lila, Grau, Das Leben (2), Das Wasser, Das Feuer, Die Luft, Das Eichkätzchen, Die Rose, Die Wüste, Die Höhle, Das Gesicht, Die Maske, Die Weihnacht, Das Schwert, Der Elefant, Der Esel, Die Spirale, Die Uhr, Der Regen, Der Dolch, Die Ziegarrette, Das Lieben, Die Erde, Das Glück, Gedämpftes Saitenspiel, Weiß, Die Maus, Der Mond, Alexander, Die Ausfahrt, Weihnachten 1967, Mein Leben, Die 7 Todsünden, Lieber Dart, Der Ablauf des gestrigen Tages, Herbst.

Die folgenden Gedichte hat er nahezu vollständig von Ernst Herbeck übernommen:
Der Ablauf des gestrigen Tages, S. 99
Der Herbst, S. 101
Der Traum, S. 179 (Es ist die erste Strophe des zweistrophigen Gedichtes von Herbeck.)
Das Leben, S. 179 (In diesem Herbeck-Gedicht hat Kipphardt das Wort juhu! in Klammern eingefügt.)
Der Tod, S. 163, 165, 251
Grau, S. 181
Das Schwert, S. 66, 135 (Hier verwendete Kipphardt nur die letzten drei Zeilen des sechszeiligen Gedichtes.)
Die Spirale, S. 62
Der Dolch, S. 84, 132 (In diesem Gedicht hat Kipphardt die vorletzte und die vorvorletzte Zeile abgeändert. Herbeck schreibt: ‹wie sie schimpfen und auch stehen auf uns untereinander ein›; anstelle dieses komplizierten Wortgefüges hat Kipphardt die Zeile eingefügt: ‹Ich bin klein, mein Herz ist rein›.)
Die Ziegarrette, S. 10, 159, 253
Aus anderen Herbeck-Gedichten hat Kipphardt nur einige Worte oder eine Zeile entnommen. Dabei handelt es sich meist um die schönsten und originellsten Sätze Ernst Herbecks, zum Beispiel:
Landen in der See des Südens Italia, S. 168
Der Mond das Monat ältert sich, S. 158
weiß bleierne Eier, S. 158
Der das Glück hat der kann leben, S. 123, 172
Mit Schuhen kann man gehen hin, S. 159
Das Lieben ist schön
schöner als das singen
....
Das Lieben hat zwei Personen, S. 223
Der Regen ist gut – für jeden Hut, S. 158, 249
Das Gesicht ist der erste Blickfänger der Menschen, S. 21
Wei wa der Baum der Weihnacht naht.
....
Lombra die Nacht und ein Schwung. S. 159
Der Elefant ist schon hier, S. 181
Die Maske ist Lieb, ach wenn sie mir nur blieb, S. 21
Das Fell war well, S. 163
Die Resenrose im Herbst auch blüht, S. 225
Eisklapp die Stumme Sandweit war
so klar war auch mancher Soldat. S. 66
Da am Hause keine Luft ist
ist sie überm Dache fast vier Meter hoch. S. 179
Lila ist unsere Farbe der toten Fahnen. S. 44
langsames Leben ist lang. S. 251
Heida das Feuer ein heiliger Strauch. S. 192, 193
Die Hoffnung drückt das Herz.

Das Herz tut weh. S. 161, 181
Hell lesen wir am Nebelhimmel
wie dick die Wintertage. Sind. S. 251
Die Kerzen zu zünden,
und den Baum zu entmünden, S. 77
Nicht stehlenrauchen – nicht hustenschmauchen, S. 77
Das Gedicht ‹Der Vater› (S. 217) hat Kipphardt nahezu unverändert meinem Buch ‹a + b leuchten im Klee›, Reihe Hanser, Bd. 68, München 1971, entnommen, desgleichen das Gedicht ‹Das Auge› (S. 100), wovon er die letzten beiden Strophen wörtlich wiedergegeben hat. Die beiden Gedichte sind unter dem Pseudonym Aloisius Schnedel erschienen. Sie stehen jetzt in dem von Edmund Mach, dem Autor, selbst herausgegebenen Gedichtband ‹Buchstaben Florenz›, Medusa Verlag, Wien-Berlin, 1982.
Auch die kurzen Texte meines ehemaligen Patienten Karl Z., die an japanische Haikus erinnern (‹a + b leuchten im Klee›, S. 73 ff.) hat Kipphardt in seinen Roman aufgenommen:
Der Winter
Der Winter hat vielerlei Ansichten.
Im Winter liebe ich ein Ordnungsgefühl. S. 214
Das Leben ist überraschend
und manchmal denkt man etwas klein, S. 90
Die Lust zum Schreiben kann auch während des Schreibens erst eintreten. S. 180
Der Schnee kann auch mit Musikstimmung betrachtet werden. (Kipphardt schrieb: Der Schiffsuntergang kann auch mit Musikstimmung betrachtet werden. S. 128)
Das Gras ist grün und bedeckt die Oberfläche der Erde. S. 230
Das Handwagerl
Das Handwagerl macht einen erheblichen Lärm
wenn man es zieht. Die Räder des Handwagerls
sind aus Holz oder aus Eisen, je länger man
fährt umso angenehmer wird das Geräusch. S. 23
Diese ermüdende Aufzählung, wobei nur das Augenfälligste herausgegriffen ist, möchte ich jetzt abschließen und nur noch darauf hinweisen, daß Kipphardt auf nahezu eineinhalb Druckseiten die Krankengeschichte unserer Patientin Alma samt der von ihr verfaßten Erzählung wiedergegeben hat (‹März›, S. 136 f., ‹a + b›, S. 47 ff.).
Die erwähnten Gedichte von Ernst Herbeck findet man zum Großteil in dem von Ernst Herbeck herausgegebenen Gedichtband ‹Alexander›, der 1982 im Salzburger Residenz Verlag erschienen ist. Sie finden sich vollständig in meinen Publikationen ‹Alexanders poetische Texte›, dtv, Bd. 1304, München 1977, und ‹Schizophrenie und Sprache›, dtv, Bd. 355, München 1966.
Die Seitenangaben im Roman ‹März› beziehen sich auf die erste Auflage des Romans, die im Bertelsmann Verlag, München 1976, erschienen ist.»
24 Kipphardt im Gespräch mit Schlumberger, Fragen nach dem Wahn und der Wahrheit, a. a. O.
25 Elisabeth Endres, in: Merkur, Heft 339, 1976.

26 Fragmente im Nachlaß Kipphardts, Angelsbruck.
27 Notathefte zu «März», Nachlaß in Angelsbruck.
28 Z. B. Helm Stierlin, in: Medizinische Klinik, Heft 11/1977.
29 Die Zuschriften befinden sich im Nachlaß in Angelsbruck.
30 Gespräch mit Jürgen Schiller, a. a. O.

Bibliographie

1. Kipphardts Bearbeitungen des «März»-Stoffes

Leben des schizophrenen Dichters Alexander März. Fernsehfilm. Regie: Vojtěch Jasný, Kamera: Igor Luther, Titelrolle: Ernst Jacobi. Erstsendung Zweites Deutsches Fernsehen, 23. Juni 1975.

März. Roman. AutorenEdition bei Bertelsmann, München 1976. Taschenbuchausgabe: Rowohlt Taschenbuch Verlag, Reinbek 1978 (= rororo 4259).

Leben des schizophrenen Dichters Alexander M. Ein Film. Verlag Klaus Wagenbach, Berlin 1976 (= Quartheft 78).

Engel der Psychiatrie. Texte von Heinar Kipphardt, Holzschnitte von HAP Grieshaber. Claassen Verlag, Düsseldorf 1976 (= Engel der Geschichte 23).

März – ein Künstlerleben. Hörspiel. Regie: Ulrich Gerhardt. Erstsendung: Bayrischer Rundfunk, 1. September 1977.

März-Gedichte. In: Heinar Kipphardt, Angelsbrucker Notizen. Gedichte. AutorenEdition bei Bertelsmann, München 1977. Taschenbuchausgabe: Rowohlt Taschenbuch Verlag, Reinbek 1985 (= rororo 5605).

März – ein Künstlerleben. Schauspiel. Uraufführung durch das Düsseldorfer Schauspielhaus, Regie: Roberto Ciulli und Helmut Schäfer, Bühnenbild: Gralf-Edzard Habben, Titelrolle: Wolf Aniol, 16. Oktober 1980.

März, ein Künstlerleben. Schauspiel. Verlag Kiepenheuer & Witsch, Köln 1980. Wiederabdruck in: Heinar Kipphardt, Theaterstücke Band 2. Verlag Kiepenheuer & Witsch, Köln 1981.

2. Interviews zur Arbeit am «März»-Stoff (soweit gedruckt vorliegend)

Vom großen Besänftiger «Kunst». Gespräch mit Hella Schlumberger. In: AZ (München), 11./12. Dezember 1971.

Jäger nicht Gejagter via Mattscheibe. Gespräch mit Rupert Neudeck. In: Fernseh-Dienst Nr. 25, 27. Mai 1975.

Die Lage der Psychiatrie. Gespräch mit Thomas Thieringer. In:

Süddeutsche Zeitung, 23. Juni 1975. Abweichende Fassungen in: medium, Juni 1975; und in: Frankfurter Rundschau, 3. Juli 1975.
Das Elend der Psychiatrie. Gespräch mit Adelbert Reif. Teilabdrucke u. a. in: Stuttgarter Zeitung, 4. August 1976; Nürnberger Nachrichten, 7./8. August 1976; Vorwärts, 12. August 1976; das da, Heft 9/1976; Arbeiter Zeitung (Wien), 9. Oktober 1976; Warum!, Oktober 1976; Selecta, 13. Dezember 1976.
Fragen nach dem Wahn und der Wahrheit. Gespräch mit Hella Schlumberger. In: Nürnberger Zeitung, 6. August 1976. Abweichende Fassung u. a. in: Esslinger Zeitung, 7. Januar 1977.
...und da bewege ich Fragen. Gespräch mit Regina General. In: Sonntag (Berlin, DDR) Nr. 43, 1977.
Ruckediguh – Blut ist im Schuh. Gespräch mit Armin Halstenberg. Gesendet vom NDR Hörfunk, 4. September 1977. Abdruck in: Heinar Kipphardt, Theaterstücke Band 1, Köln 1978. Auch in: Heinar Kipphardt, In der Sache J. Robert Oppenheimer, Theaterstücke, Reinbek 1982 (= rororo 5043).
Gespräch mit Harald Markert. In: Staatstheater Darmstadt, Programmheft 10/1981.

3. Von Kipphardt benutzte Literatur

Basaglia, Franco, und Basaglia Ongaro, Franca: Die abweichende Mehrheit. Die Ideologie der totalen sozialen Kontrolle. Suhrkamp Verlag, Frankfurt 1972 (= edition suhrkamp 537).
Basaglia, Franco (Hg.): Die negierte Institution oder Die Gemeinschaft der Ausgeschlossenen. Ein Experiment der psychiatrischen Klinik in Görz. Suhrkamp Verlag, Frankfurt 1973 (= edition suhrkamp 655).
Ders. (Hg.): Was ist Psychiatrie? Suhrkamp Verlag, Frankfurt 1974 (= edition suhrkamp 708).
Bateson, Gregory, u. a.: Schizophrenie und Familie. Beiträge zu einer neuen Theorie. Suhrkamp Verlag, Frankfurt 1969.
Beck, Adolf, und Raabe, Paul: Hölderlin. Eine Chronik in Text und Bild. Insel Verlag, Frankfurt 1970 (= Schriften der Hölderlin-Gesellschaft, Bd. 6/7).
Binswanger, Ludwig: Schizophrenie. Neske Verlag, Pfullingen 1957.
Büchner, Georg: Sämtliche Werke und Briefe. Erster Band: Dichtun-

gen und Übersetzungen. Historisch-Kritische Ausgabe, hg. von Werner R. Lehmann. Christian Wegner Verlag, Hamburg 1967.

Cooper, David: Psychiatrie und Anti-Psychiatrie. Suhrkamp Verlag, Frankfurt 1971 (= edition suhrkamp 497).

Ders.: Der Tod der Familie. Rowohlt Taschenbuch Verlag, Reinbek 1972 (= das neue buch 6).

Deleuze, Gilles, und Guattari, Felix: Anti-Ödipus. Kapitalismus und Schizophrenie. Suhrkamp Verlag, Frankfurt 1974.

Flegel, Horst: Schizophasie in linguistischer Deutung. Springer-Verlag, Berlin–Heidelberg–New York 1965.

Foucault, Michel: Psychologie und Geisteskrankheit. Suhrkamp Verlag, Frankfurt 1968 (= edition suhrkamp 272).

Goffman, Erving: Asyle. Über die soziale Situation psychiatrischer Patienten und anderer Insassen. Suhrkamp Verlag, Frankfurt 1973 (= edition suhrkamp 678).

Hölderlin, Friedrich: Werke und Briefe. Hg. von Friedrich Beißner und Jochen Schmidt. 2 Bände. Insel Verlag, Frankfurt 1969.

Hochmann, Jacques: Thesen zu einer Gemeindepsychiatrie. Suhrkamp Verlag, Frankfurt 1973 (= edition suhrkamp 618).

Jonke, Gert F., und Navratil, Leo (Hg.): Weltbilder. 49 Beschreibungen. Carl Hanser Verlag, München 1970 (= Reihe Hanser 54).

Kursbuch 28: Das Elend mit der Psyche I: Psychiatrie. Berlin 1972.

Kursbuch 29: Das Elend mit der Psyche II: Psychoanalyse. Berlin 1972.

Laing, Ronald D.: Das Selbst und die Anderen. Kiepenheuer & Witsch, Köln 1973 (= pocket 68).

Ders.: Phänomenologie der Erfahrung. Suhrkamp Verlag, Frankfurt ^{6}1973 (= edition suhrkamp 314).

Ders.: Die Politik der Familie. Kiepenheuer & Witsch, Köln ²1975.

Lange-Eichbaum, Wilhelm, und Kurth, Wolfram: Genie, Irrsinn und Ruhm. Genie-Mythus und Pathographie des Genies. E. Reinhardt Verlag, München–Basel ^{6}1967.

Leibbrand, Werner, und Wettley, Annemarie: Der Wahnsinn. Geschichte der abendländischen Psychopathologie. Verlag Karl Alber, Freiburg–München 1961.

Marx, Karl: Das Kapital. Kritik der politischen Ökonomie. Erster Band. In: Karl Marx/Friedrich Engels, Werke, Bd. 23. Dietz Verlag, Berlin [DDR] 1962.

Marx, Karl, und Engels, Friedrich: Werke. Ergänzungsband: Schriften, Manuskripte, Briefe bis 1844, Erster Teil. Dietz Verlag, Berlin [DDR] 1968.

Materialsammlung zur Enquete über die Lage der Psychiatrie in der BRD. Hg. vom Bundesminister für Jugend, Familie und Gesundheit. 4 Bände. Stuttgart–Berlin–Köln–Mainz 1973-74.

Menninger, Karl: Selbstzerstörung. Psychoanalyse des Selbstmords. Suhrkamp Verlag, Frankfurt 1974.

Navratil, Leo: Schizophrenie und Sprache. Zur Psychologie der Dichtung. Deutscher Taschenbuch Verlag, München 1966 (= dtv 355).

Ders.: Schizophrenie und Kunst. Ein Beitrag zur Psychologie des Gestaltens. Deutscher Taschenbuch Verlag, München ³1968 (= dtv 287).

Ders.: a und b leuchten im Klee. Psychopathologische Texte. Carl Hanser Verlag, München 1971 (= Reihe Hanser 68).

Ders.: Über Schizophrenie und Die Federzeichnungen des Patienten O. T. Deutscher Taschenbuch Verlag, München 1974 (= dtv 4147).

Parow, Eduard: Psychotisches Verhalten und Umwelt. Eine sozialpsychologische Untersuchung. Suhrkamp Verlag, Frankfurt 1972 (= edition suhrkamp 530).

Pirella, Agostino (Hg.): Sozialisation der Ausgeschlossenen. Praxis einer neuen Psychiatrie. Rowohlt Taschenbuch Verlag, Reinbek 1975 (= das neue buch 54).

Prinzhorn, Hans: Bildnerei der Geisteskranken. Neudruck der 2. Auflage: Springer-Verlag, Berlin–Heidelberg–New York 1968.

Redlich, Fredrick C., und Freedman, Daniel X.: Theorie und Praxis der Psychiatrie. 2. Bände. Suhrkamp Verlag, Frankfurt ²1974.

Rorschach, Hermann: Ausgewählte Aufsätze. Hg. von K. W. Bash. Kindler Verlag, München o. J. (= Geist und Psyche 2044).

Szasz, Thomas S.: Die Fabrikation des Wahnsinns. Walter-Verlag, Olten 1974.

Heinar Kipphardt
Werkausgabe
Herausgegeben von Uwe Naumann

Die gesammelten Werke Heinar Kipphardts erscheinen, kommentiert und um Nachlaßmaterial ergänzt, in Einzelausgaben als rororo-Taschenbücher

Bruder Eichmann
Schauspiel und Materialien
(5716)

Traumprotokolle
(5818)

März
Roman und Materialien
(5877)

**In der Sache
J. Robert Oppenheimer**
Ein Stück und seine
Geschichte (12111)

Shakespeare dringend gesucht
und andere Theaterstücke
(12193)

Joel Brand
und andere Theaterstücke
(12194)

Schreibt die Wahrheit
Essays, Briefe, Entwürfe
Band 1
1949–1964 (12571)

Ruckediguh, Blut ist im Schuh
Essays, Briefe, Entwürfe
Band 2
1964–1982 (12572)

Die Tugend der Kannibalen
Gesammelte Prosa
(12702)

Umgang mit Paradiesen
Gesammelte Gedichte
(12805 / Oktober 1990)

Außerdem lieferbar:

Angelsbrucker Notizen
Gedichte (5605)

Heinar Kipphardt
mit Selbstzeugnissen und
Bilddokumenten
dargestellt von Adolf Stock
(rowohlts monographien 364)

Rolf Hochhuth

Juristen
Drei Akte für sieben Spieler.
210 Seiten. Broschiert und als
rororo 5192

Tod eines Jägers
das neue buch Band 68

Eine Liebe in Deutschland
Sonderausgabe.
320 Seiten. Gebunden und als
rororo 5090

Die Hebamme
Komödie. Erzählungen. Gedichte. Essays.
Sonderausgabe.
496 Seiten. Gebunden und als
rororo 1670

Guerillas
Tragödie in 5 Akten.
224 Seiten. Broschiert und als
rororo 1588

Der Stellvertreter
Ein christliches Trauerspiel. Mit Essays von
Sabine Lietzmann, Karl Jaspers, Walter
Muschg, Erwin Piscator und Golo Mann.
Erweiterte Taschenbuchausgabe mit einer
Variante zum 5. Akt. rororo 887

C 967/11

Rolf Hochhuth

Ärztinnen
Fünf Akte.
200 Seiten. Broschiert und als
rororo 5703

Schwarze Segel
Essays und Gedichte
Mit einem Vorwort von Karl Krolow.
rororo 5776

Judith
Trauerspiel
272 Seiten. Broschiert und als
rororo 5866

Alan Turing
Erzählung
192 Seiten. Gebunden

Spitze des Eisbergs
Ein Reader.
Herausgegeben von Dietrich Simon
336 Seiten. Broschiert

Tell 38
Dankrede für den Basler Kunstpreis 1976
Anmerkungen und Dokumente
160 Seiten. Broschiert

Atlantik-Novelle
Erzählungen
256 Seiten. Gebunden

Rolf Hochhuth

Räuberrede
Drei deutsche Vorwürfe
Schiller/Lessing/Geschwister Scholl
224 Seiten. Broschiert

Sommer 14
Ein Totentanz
336 Seiten. Broschiert

Unbefleckte Empfängnis
Ein Kreidekreis
216 Seiten. Broschiert

**Rolf Hochhuth –
Eingriffe in die Zeitgeschichte**
Essays zum Werk
Herausgegeben von Walter Hinck
288 Seiten. Kartoniert

**Donata Höffer liest
Rolf Hochhuth
Die Berliner Antigone.
Gröninger Novelle**
1 Tonbandcassette im Schuber mit 90
Minuten Spieldauer (66017)

Literatur für Kopf Hörer

«Es ist eines, ein Buch zu lesen. Es ist ein neues und recht andersartiges Erlebnis, es von einem verständigen Interpreten mit angenehmer Stimme vorgelesen zu bekommen.»
Rudolf Walter Leonhardt, DIE ZEIT

Erika Pluhar liest Simone de Beauvoir
Eine gebrochene Frau
2 Tonbandcassetten im Schuber
(66012)

Bruno Ganz liest Albert Camus
Der Fall
Deutsch von Guido Meister.
3 Tonbandcassetten im Schuber
(66000)

Elisabeth Trissenaar liest
Louise Erdrich
Liebeszauber
2 Tonbandcassetten im Schuber
(66013)

Erika Pluhar liest Elfriede Jelinek
Oh Wildnis, oh Schutz vor ihr
Keine Geschichte zum Erzählen
1 Tonbandcassette im Schuber
(66002)

Hans Michael Rehberg liest
Henry Miller
Lachen, Liebe, Nächte
Astrologisches Frikassee
2 Tonbandcassetten im Schuber
(66010)

Produziert von Bernd Liebner
Eine Auswahl
Rowohlt Cassetten
C 2321/3

Literatur für Kopf Hörer

Armin Müller-Stahl liest
Vladimir Nabokov
Der Zauberer
Deutsch von Dieter E. Zimmer
2 Tonbandcassetten im Schuber
(66005)

Walter Schmidinger liest
Italo Svevo
Zeno Cosini
Das Raucherkapitel
1 Tonbandcassette im Schuber
(66007)

Uwe Friedrichsen liest
Kurt Tucholsky
Schloß Gripsholm
3 Tonbandcassetten im Schuber
(66006)

Christian Brückner liest
John Updike
Der verwaiste Swimmingpool
Der verwaiste Swimmingpool,
Wie man Amerika gleichzeitig liebt
und verläßt
Deutsch von Uwe Friesel und Monika Michieli.
1 Tonbandcassette im Schuber
(66004)

Christian Brückner liest
Jean-Paul Sartre
Die Kindheit eines Chefs
Deutsch von Uli Aumüller
3 Tonbandcassetten im Schuber
(66014)

Produziert von Bernd Liebner
Eine Auswahl
Rowohlt Cassetten

C 2321/3 a

Václav Havel

**Das Gartenfest
Die Benachrichtigung**
Zwei Dramen
Essays
Antikoden
rororo theater 12736

Vaněk-Trilogie
Audienz – Vernissage – Protest
und
Versuchung. Sanierung
Theaterstücke
Mit einem Vorwort von Marketa
Goetz-Stankiewicz
rororo 12737

Largo Desolato
Schauspiel in sieben Bildern
rororo 5666

Versuch, in der Wahrheit zu leben
rororo aktuell Essay 12622

Briefe an Olga
Betrachtungen aus dem Gefängnis
Neuausgabe
rororo aktuell 12732

Fernverhör
Ein Gespräch mit Karel Hvížďala
Deutsch von Joachim Bruss
288 Seiten. Kartoniert

C 2370/3